海上丝绸之路背景下
南沙渔业集群化发展研究

HAISHANG SICHOUZHILU BEIJING XIA

NANSHA YUYE JIQUNHUA FAZHAN YANJIU

赵　祥　张德明◎著

人民出版社

目　录

导　论

一

　　南沙群岛位于南中国海南部，它东近菲律宾，西濒越南，南望马来西亚、文莱和印度尼西亚，南北相距 500 余海里，东西相隔 400 余海里，总面积约 82.3 万平方公里，有 200 多个岛、礁、沙洲、暗滩和暗沙。南沙渔业资源丰富，是我国海洋渔产种类最多的海区，也是我国最大的热带渔场。在当前我国近海渔业资源衰退、产量下降的情况下，南沙渔业拓展了我国海洋渔业的发展空间，在很大程度上有助于解决近海渔民的就业和生计问题，具有十分重要的经济和社会价值。同时，南沙渔业区也是颇具争议的渔场之一，周边六国七方，均提出主权要求，而渔业作业是一个国家海洋权益的重要手段，势必处于海洋主权争议的风口浪尖。党的十八大提出要提高海洋资源开发能力，发展海洋经济，保护海洋生态环境，坚决维护国家海洋权益，建设海洋强国，勾画了我国海洋开发、利用和保护的总体蓝图。中央对南海有关水域提出"主权属我、搁置争议、共同开发"，以及"开发南沙、渔业先行"的重要举措，对南沙渔业的发展也提出了明确的方向和要求，南沙渔业在国家维护南海主权总体战略中的地位日益凸显。可见，南沙渔业发展不仅具有重要的经济和社会价值，也具有极为重要的政治和战略意义，是我国建设海洋强国的重要战略步骤。

当前我国正大力推进"一带一路"战略，构建全新的对外开放格局。2013 年 10 月，中共中央总书记、国家主席习近平应邀在印度尼西亚国会发表演讲，提出要建设 21 世纪海上丝绸之路。他在演讲中指出，要坚持合作共赢，"计利当计天下利"，中国愿在平等互利的基础上，扩大对东盟国家开放，使自身发展更好惠及东盟国家。东南亚地区自古以来就是"海上丝绸之路"的重要枢纽，中国愿同东盟国家加强海上合作，使用好中国政府设立的中国——东盟海上合作基金，发展好海洋合作伙伴关系，共同建设 21 世纪"海上丝绸之路"。建设 21 世纪"海上丝绸之路"，是以习近平同志为总书记的党中央站在历史高度、着眼世界大局、面向中国与亚太各国合作及长远发展提出的重大战略构想，具有重大而深远的意义。特别是 2014 年 11 月，习近平总书记主持召开中央财经领导小组第八次会议，研究丝绸之路经济带和 21 世纪海上丝绸之路规划，发起建立亚洲基础设施投资银行和设立丝路基金，对"一带一路"建设作出了新的重大部署，其中丝路基金计划投入 400 亿美元，用于陆上和海上丝绸之路沿线重大项目建设，充分体现了中央对"一带一路"建设的高度重视和强力推进，为各方参与海上丝绸之路建设提供了重要历史机遇和广阔舞台。南海是连接中国与东盟各国的天然纽带，渔业是最古老的传统行业，我国与东盟各国的渔业往来历史悠久，南沙渔业应该借国家建设 21 世纪海上丝绸之路的重要机遇，乘势而上，不断发展壮大。这就要求我们必须在新的历史条件下思考和探索南沙渔业新的发展战略和路径。

　　我国南沙渔业生产活动源远流长，历史悠久。据史料考证，早在汉武帝时代，我国南海（海南文昌、琼海等地）渔民就开始在南沙海域从事渔业生产活动，到唐代时就已具备相当大的规模，并在长期发展中形成了"每年冬季借东北风驾船南下南沙群岛海域作业，次年夏季乘西南季风返回销售渔获和补给"的生产模式①。由于历史的原因，我国南沙渔业生产中断过一段时间。1985 年，国家农业部南海区渔政局（本书以下简称南海局）专门组织我国渔民恢复南沙渔业生产，取得较好的经济、社会效益，南沙渔业生产规模逐步扩大。2007年，广东、广西、海南 3 省（区）各地参加南沙生产的企业渔船、群众渔船和港澳流动渔船达 778 艘，全年共生产 2680 航次，88829 天，总产量为 95969.81 吨，总产值达 71629.70 万元。但是，南沙海域面积辽阔，海况复杂，气候多变，自然灾害较多；并且远离祖国大陆，航线长，渔船往返航行途中与南沙海域作业场所的基础设施和后勤补给条件较差。这一系列不利因素导致南沙渔业开发的技术、设备要求和生产成本较高，生产安全风险较大，渔业经济效益不明显。当前，南沙渔业的生产经营主体是分散的渔民个体户，以捕捞出售渔业初级产品为主要的生产经营方式，渔业产业链发育不全，导致渔业规模经济不明显，产品附加值较低，行业抗风险能力低下。近年来，尽管国家对南沙渔业政策扶持力度逐年加大，但去南沙生产的渔船还是普遍处于微利甚至亏损的状态，渔民的生产意愿不高，渔业生产规模受限，南沙渔业发展在现实中遭遇到严重的瓶颈，亟须有所突破。鉴于此，我们必须重新思考南沙渔业发展的战略与途径，构建科学的南沙渔业发展理论体系，为南沙渔业发展提供坚实的理论支撑。

① 参见夏英章主编：《南沙群岛渔业史》，海洋出版社 2011 年版，第 62 页。

　　产业集群是一种高效的产业组织形态，是指在某一特定领域内互相联系的、在地理位置上集中的公司和机构的集合，包括一批对竞争起重要作用的、相互联系的产业和其他实体。① 作为一种产业发展环境，集群在以下几方面有利于行业的发展：第一，集群环境产生的金融外部经济（pecunary extenality）有助于企业高效率获得专业化劳动力及各类中间投入品，分享地区品牌效应和营销优势；第二，集群环境产生的技术外部经济（technology externality）有利于技术、市场等信息的共享和新技术知识的传播，有助于推进产业的技术创新活动；第三，集群环境产生的网络协同效应促进了市场主体之间的合作，提高了地方公共物品供给水平，有助于企业获取稀缺的要素和资源，提高了集体行动效率。自从波特（Porter，1990）将产业集群与地区竞争力联系起来之后，产业集群便被一系列文献用来解释地区竞争优势和地区竞争力的差异（Pyke，Becattini & Sengenberger，1991；Coyle，1997，2001；Stoper，1997；Scott，1998，2001；Schmitz，1995，1998；Schmitz & Navdi，1999；Fujita，et al.，2000）。在当今市场深化和经济全球化的条件下，这种以特定行业空间集聚为主要特征的集群在区域经济发展中扮演着越来越重要的角色，产业集群对中小企业竞争力的促进作用也日益受到决策当局的重视。既然产业集群是一种有利于中小企业成长的产业环境，对企业的诸多生产经营环节都能产生积极的影响，那么它对南沙渔业的发展会产生什么样的影响呢？能否通过制定和实施一项科学的集群化战略来促进南沙渔业的发展呢？这就是本书需要研究的问题。

---

① 参见［美］M. E. 波特：《簇群与新竞争经济学》，《经济社会体制比较》2002年第2期。

二

　　自 20 世纪 90 年代初克鲁格曼（Krugman，1991）提出新经济地理学"中心—外围"模型（CP 模型）以来，很多文献对制造业集聚的形成机理和经济影响进行了研究。该模型在规模报酬递增、"冰山型"运输成本和垄断竞争的假设条件下，分析了制造业从两地区均匀分布演变成"中心—外围"分布格局的形成机制。由于受到集聚的外部经济性和规模报酬递增的影响，中心地区制造业集聚水平上升，成为制造业产品的净出口地，实际工资上升，经济增长加速；而外围地区缺乏制造业，主要从事农业等初级产品生产，实际工资较低，经济增长缓慢。继承经典的 CP 模型的逻辑，新经济地理文献不断改进模型的假设，运用主流经济学一般均衡分析方法，对产业集聚的不同的形成机制和后果进行了深入分析。在这一领域先后出现了自由资本（FC）模型（Martin & Rogers，1995）、自由企业家（FE）模型（Ottaviano，2001；Forslid，1999；Ottaviano & Forslid，2003）、资本创造（CC）模型（Baldwin，1999）、本地溢出（LS）模型（Baldwin，Martin & Ottaviano，2001）、全域溢出（GS）模型（Martin & Ottaviano，1999）、垂直核心—边缘（CPVL）模型（Krugman & Venables，1995；Venables，1996；Fujita，Krugman & Venables，1999）、自由企业家垂直联系（FEVL）模型以及线性自由资本（LFC）模型（Ottaviano，2001）等。随着研究的深入，产业集聚在产业及区域经济发展中的重要角色越来越为人们所确认。产业集聚所产生的外部效应有助于降低厂商的生产成本，促进技术创新和提高生产效率，从而推动了企业成长和区域经济发展（Ciccone & Hall，1996；Baptista，2001；Ciccone，2002；Brulhart & Mathys，2006；Ottaviano & Pinelli，2006；Braunerhjelm & Borgman，2006；范剑勇，2006，2008；世界银行，2009；赵祥，2013）。

产业集群是产业集聚的空间结果和组织形态，很多文献在实证分析的基础上探讨了产业集群促进企业发展的作用机制。马歇尔（Mashall，1890）最早分析了大量专业化中小企业集聚的产业区（industrial districts）的形成机理，指出产业区内中间投入品和劳动力市场共享以及知识外溢所产生的外部经济效应促进了企业的成长。此后，以意大利学者为代表的"新产业区"学派还发现产业集群环境中非经济因素对企业成长的积极影响。这些非经济因素主要体现为紧密的本地化网络协同效应，即企业之间、企业与公共组织之间的专业化分工与合作关系，这种本地化网络在降低企业经营成本和提高生产效率方面起到了很大的作用。伴随着新产业区的兴起，制造业进入了柔性专业化取代福特制生产方式的第二次产业转换时期。在这一时期，企业间的分工协作对形成竞争优势尤为重要，而构建能促进企业间合作的发展环境便成为制胜的关键。在新产业区内，行业组织、社区共同体和共享的规则体系极大地促进了企业间的合作，集群内的企业与零部件供应商、客户企业、地方政府和行业组织等形成了紧密的分工合作网络，提高了集群的集体行动效率，有力地促进了企业发展和本地区经济增长（Piore & Sabel，1984；Becattini，1990；Robellotti，1995，1997；Gertler，1997；Alberti，2001；Albaladejo，2001；Schwanitz，Müller & Will，2002）。

随着知识经济的兴起，以技术外溢为特征的动态外部性成为产业集群研究的另一个焦点。很多文献将产业集群看成一种有效的创新环境或系统，分工联系、制度和空间邻近有利于集群内的知识传播和信息交流，从而极大地推动了集群企业的技术学习和创新活动，企业的生产效率得以持续地提高。欧洲创新研究小组（GREMI，1985）基于欧洲 15 个产业集群区域和美国硅谷的案例研究指出，集群内高效的企业合作、信息交流和技术创新是吸引企业空间集聚的重要因素。Saxenian（1994）将美国硅谷的成功归结于由企业、大学、研究机构和行业协会等机构组成的高效的区域创新网络，而硅谷密切的社会联系和非正式人际交流对该网络的高效运行起到了十分关键的作用。Camagni（1991）"企业—客户—供货商"之间的集体学习过程对于创新有重要意义，而产业集群中企业间紧密的联系和合作以及本地劳动力市场上熟练劳动力的流动，极大地提高了企业集体学习的效率。"企业—客户—供货商"之间的关系不仅仅是纯粹的市场联系，还涉及了其他非经济因素，包括能提高区域创新与合作水平的制度和机构（Bramanti & Ratti，1997；Conti & Giaccaria，2001）。Freeman（1996）进一步认为，在人员流动和知识溢出的过程中，人际关系中的信任与承诺对学习网络都很重要，这些网络中的社会因素补充了经济分析的不足，有助于人们对地区临近重要性的认识。Tallman,et al.（1999）将这些社会因素归结为集群内部行为主体共享的文化传统、规则和制度规范。集群企业的本地根植性使得各创新主体在知识基础、知识处理系统和商业目标等方面较为相似，因而集群技术学习的效率更高，企业的技术创新更容易实现（Lane & Lubatkin，1998；Keeble & Wilkinson，1999）。

　　改革开放以来，我国很多地区也普遍出现了特色产业的企业集群现象，各地产业集群的快速发展和规模扩张为当地经济的发展作出了重大的贡献，因此，国内学者也对产业集群，特别是东部沿海发达地区的产业集群，进行了大量的实证研究。王辑慈（2001）较早将国外产业集群研究的文献引进国内，在一定意义上推动了国内产业集群的研究。此后，越来越多的学者运用集群理论框架来分析我国区域经济的发展，集群化发展战略也越来越为各级地方政府所重视。朱康对（2002）、林闽刚（2003）、郑勇军（2002）、史晋川（2002）、朱华晟（2003）、徐康宁（2005，2008）、胡汉辉（2006）等对江浙地区产业集群进行了研究。王珺（2004，2008）、李新春（2003）、陈雪梅（2006，2008）、赵祥（2008，2013）等对广东珠三角地区产业集群进行了研究。刘世锦等（2008）从国家层面研究了我国各地产业集群的发展情况、竞争优势和政府政策等。我国的产业集群理论研究正处于不断完善和深化的过程中。

目前将集群理论框架运用于海洋渔业发展的研究还比较少，特别是将产业集群与南沙渔业发展结合起来的研究更为少见。邓云峰（2007）着重分析了渔业中介组织的角色与功能，认为渔业产业集群的发展要以市场为导向，以渔户经营为基础，以多种类型的组织为依托，以系列化服务为手段，通过实行产供销、种养一体化经营，将渔业再生产过程的产前、产中、产后诸环节连接为一个完整的渔业系统，引导分散的渔户小生产转变为社会化大生产的组织形式。盛国勇等（2008）在分析湖北渔业现状和存在问题的基础上，对产业集群促进渔业发展的积极作用进行了分析。高健和毛永鑫（2010）以上海为例，探讨了渔业产业竞争力提高的思路以及上海区域渔业产业集群的发展路径。王苧萱（2012）对我国渔港经济区集群化发展战略进行了研究，指出要将促进渔港经济区产业集群化发展和升级确定为建设渔业强国的重要战略举措。在具体措施上，要发挥政府对渔港经济产业集群的作用，加强企业自身以及相关支持主体的合作与创新，并注重渔港产业集群文化因素的培植。郭文路、黄硕琳（2005），陈明宝（2012）对南海争端与南海渔业资源区域合作管理问题进行了研究，并就南海渔业国际合作机制的建立提出了对策建议。车斌、熊涛（2009）分析了南海争端和南海渔业的现状，以及南海争端对我国南海渔业的影响。白福臣、罗鹏（2011）指出当前南沙渔业生产面临渔业资源遭掠夺、渔业生产条件恶劣、涉外事件频发和渔业执法护航力量薄弱等诸多挑战，必须从思想认识、组织形式、管理制度、基础设施和政治努力等方面采取相应对策。

从以上简要的文献回顾中我们可以发现，目前集群理论研究主要包括两个层面：一是区域层面的研究，即把产业的集群化发展作为一项区域经济发展战略加以分析，解释产业集群与区域经济增长之间的伴生关系，分析产业集群推动经济增长的机制。二是产业层面的研究，主要在产业经济学框架内分析集群促进产业和企业发展的组织和市场优势。这一层面的研究目前还主要集中在工业领域内，并正在向农业、服务业领域扩展，但渔业领域的相关研究还不多见。

具体到南沙渔业的研究而言，目前文献主要从一般意义上讨论南沙渔业发展的现状、面临的问题和对策建议，还没有将南沙渔业发展和产业集群结合起来进行研究，特别是未能将南沙渔业发展与国家"一带一路"新的开放战略结合起来进行研究。事实上，现代大渔业的产业链早已跨越了第一产业，越来越多地融合了二、三产业的发展，产业集群的理论框架和基本逻辑同样也适合于渔业经济分析。同时，在长期发展过程中，南沙渔业也逐渐形成了以中心渔港为载体的产业集聚区，包括广东的台山、阳江和电白，广西的北海、合浦和钦州，以及海南的琼海潭门港、三亚、儋州等渔港，南沙渔业集群已初具雏形，其进一步发展迫切需要理论研究的跟进与指导。

正是在上述理论背景下，本书尝试将产业集群理论研究从二、三产业向第一产业扩展，聚焦于南沙渔业集群化发展问题，以期为南沙渔业发展提供一项长期战略。本书的研究意义主要体现在以下四个方面：一是在对现有产业集群理论进行总结的基础上，厘清了产业集群的内涵与要素构成，并在网络分析的基础上对集群进行新的分类，明确了南沙渔业集群的发展方向和目标。二是从理论上阐明了产业集群促进企业和部门成长的途径与机制，将产业集群的竞争优势归结为外部经济效应、规模经济效应和网络协同效应，并分析了它们的形成机理，构建了一个南沙渔业集群化发展的理论与实证分析框架。三是分析了南沙渔业发展与"一带一路"新对外开放战略之间的关系，揭示了南沙渔业发展在海上丝绸之路战略中所扮演的角色。四是在对南沙渔业发展的现状和存在问题进行实证分析的基础上，提出南沙渔业集群化发展的可操作的对策建议。

三

概括起来看，本书主要包括理论研究、实证研究和政策研究三大部分。第一部分是理论分析，主要包括产业集群的内涵与类型、产业集群的形成机理、产业集群的网络结构和产业集群的经济效应四方面的内容，主要是从理论逻辑上把海上丝绸之路战略背景下南沙渔业集群化发展的理论基础讲清楚，为本书提供一个总体的理论支撑。第二部分是实证分析，主要包括：海上丝绸之路与南沙渔业发展的关系，产业集群竞争力理论框架的实证检验，南沙渔业资源、渔场和渔港调查，南沙渔业发展的历史、现状与存在问题分析。第三部分是理论总结与政策研究，主要探讨南沙渔业集群化发展的制度设计与政策措施。本书的总体研究框架，如图 1 所示：

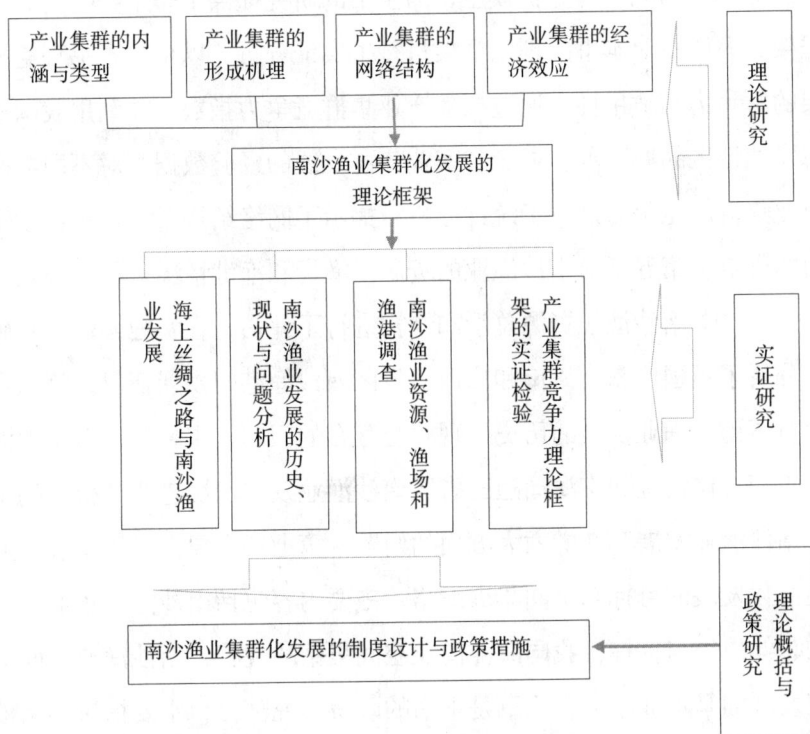

图 1　本书的总体研究框架

　　根据图 1 的分析框架，本书共包括八章内容。第一章分析了海上丝绸之路战略与南沙渔业发展之间的关系，在分析了海上丝绸之路倡议的背景与意义的基础上，着重探讨了南沙渔业发展对我国海洋主权和海上丝绸之路战略布局的影响。第二章对产业集群的理论与经验研究文献进行了梳理和评述，主要包括产业集群的内涵与分类、产业集群的形成与发展机理、产业集群发展的政策研究三方面文献，通过对现有相关文献进行评述，阐明了本书的理论来源与支撑。第三章对产业集群的竞争优势进行了理论分析，主要包括产业集群网络的结构与功能分析和产业集群的经济效应分析，并在此基础上构建了不同类型产业集群的竞争力分析模型，为全书的研究提供了一个统一的分析框架。第四章对本书的理论框架进行了实证分析，以检验本书理论框架的解释力和适用性，通过构建产业集群竞争力指数，并利用我国沿海发达地区的粤、苏、浙三省产业集群发展的经验数据，对不同类型产业集群的竞争力进行了统计分析，揭示了网络结构对产业集群竞争力的影响。第五章对南沙渔业的资源、渔场和渔港情况进行了调查分析，主要对南沙渔业资源总量和结构进行了评估，在实地调研的基础上分析了我国广东、海南和广西三省区南沙渔港的发展情况。第六章分析了南沙渔业发展的历史、现状与存在的问题，主要通过对南沙渔业生产总体情况和南海周边三省区南沙渔业发展情况进行分析，揭示了南沙渔业发展存在的六大方面的问题。第七章主要探讨了南沙渔业集群化发展的目标与空间集聚战略，主要内容包括南沙渔业集群发展的总体思路与目标、我国海洋渔业空间集聚的现状、南沙渔业空间集聚发展的基本战略。第八章是本书的政策研究部分，主要探讨了南沙渔业集群化发展的对策措施，具体包括加强南沙渔业集群企业网络建设、加强集群公共机构网络建设和完善南沙渔业集群发展的配套措施三大方面的对策建议。

第一章　海上丝绸之路与南沙渔业发展

第一节　海上丝绸之路倡议的背景、历史与意义

一、海上丝绸之路提出的背景

建设 21 世纪海上丝绸之路，是中共中央总书记、国家主席习近平 2013 年 10 月访问东盟国家时提出来的，当时习近平主席应邀在印度尼西亚国会发表演讲。他在演讲中指出，要坚持合作共赢。"计利当计天下利"，中国愿在平等互利的基础上，扩大对东盟国家开放，使自身发展更好惠及东盟国家。中国愿提高中国—东盟自由贸易区水平，争取使 2020 年双边贸易额达到 1 万亿美元。中国致力于加强同东盟国家的互联互通建设，中国倡议筹建亚洲基础设施投资银行，愿支持本地区发展中国家包括东盟国家开展基础设施互联互通建设。东南亚地区自古以来就是"海上丝绸之路"的重要枢纽，中国愿同东盟国家加强海上合作，使用好中国政府设立的中国——东盟海上合作基金，发展好海洋合作伙伴关系，共同建设 21 世纪"海上丝绸之路"。中国愿通过扩大同东盟国家各领域务实合作，互通有无、优势互补，

同东盟国家共享机遇、共迎挑战，实现共同发展、共同繁荣。

建设21世纪海上丝绸之路是党中央站在中国与东盟建立战略伙伴十周年这一新的历史起点上，为进一步深化中国与东盟的合作，构建更加紧密的命运共同体，为双方乃至本地区人民的福祉而提出的战略构想；是我国在新时期深化全方位对外开放，拓展发展空间，提高能源资源安全保障，确保经济持续健康发展的重大战略举措。党的十八届三中全会和2013年12月召开的中央经济工作会议作出了明确决策，在当前和今后一个时期，我国要全面推进21世纪"海上丝绸之路"的建设。

"海上丝绸之路"倡议的提出是我国对外开放战略的一次重大调整。党的十一届三中全会以来，我国的对外开放首先是从东部沿海地区开始的，面向亚太及欧美发达国家和地区"引进来、走出去"；而"一带一路"战略的重点是向西开放，主要面向亚太和西部发展中国家全面开放。面向亚太和西部发展中国家是我国对外开放战略的重大转变。这种战略调整主要基于以下几方面背景因素：一是我国东部沿海地区的率先发展已经导致东西部区域发展差距的持续扩大，较大的区域经济差距一方面导致地区之间人民生活水平的巨大差异，影响共同富裕目标的实现；另一方面也降低经济资源的空间配置效率，不利于我国经济可持续发展。二是随着我国经济规模的持续扩大，我国已于2010年成为世界第二大经济体，我国经济的高速发展对周边国家产生双重的影响，周边国家一方面利用我国经济发展的机遇推进自身的发展；另一方面也对我国日益增长的经济实力感到不安，有的国家甚至因为历史、主权和边界争议等原因而产生严重的防范心理。近年来，这种防范心理与美国"亚太再平衡"战略一拍即合，导致我国与日本、越南、菲律宾等周边国家的海上主权争端迅速激化。这种周边地区的地缘现实已在很大程度上对我国与周边国家的经济合作产生了较大的负面影响。三是在对外经贸关系上，我国面临着美国主导的TPP 和 TTIP 等全球性区域经济集团的竞争压力，美国利用其优势地位，拉拢欧洲、亚太地区的盟国以及其他国家积极组成新的区域经济集团，以对抗消减我国经济影响力。因此，我国发展的传统国际空间受到挤压，亟须开拓新的对外开放的国际空间。鉴于此，我国学者提出西进战略，把对外开放的眼光投向西部发展中国家，将我国的西部大开发战略与面向西部发展中国家的开放战略结合起来，从而在国家层面提出了"一带一路"的战略倡议。

二、海上丝绸之路的历史

两千多年前开始逐渐形成的"海上丝绸之路"，跨越浩瀚大海，把中国与世界连接起来，促进了中外文化的交流，增进了中外人民的友谊，丰富了中国文化的内涵，推动了世界文明的进程。"海上丝绸之路"主要由两大干线组成，一是由中国通往朝鲜半岛及日本列岛的东海航线，二是由中国通往东南亚及印度洋地区的南海航线，两大干线中以南海航线影响最大。

广州、北海、泉州、宁波、福州、蓬莱、扬州、漳州等中国最主要的"海上丝绸之路"城市，犹如璀璨的明珠，点缀在中国漫长的海岸线上，放射出耀眼光芒。通过这些"海丝城市"，中国的丝绸、茶叶、瓷器等物产越洋过海，远销他乡；海外远国的珠宝香料、异兽奇药、梯山航海，源源不断地输入中国；中外使臣执节往返，各国商人往来货物逐利，宗教信徒舍生弘法，多种文化交流融合……

在秦朝以来两千余年的发展历程中，"海上丝绸之路"发生很大的变化。总体来说，大致可划分为五个发展阶段。

（一）秦汉时期（形成期）

秦始皇统一岭南后，当地发展很快。当时，番禺地区已经拥有相当规模、技术水平很高的造船业。南越王墓出土的具有波斯风格的银盒、两河流域工艺制作的金珠泡饰、非洲原支象牙等珍贵文物，见证了当时以"番禺都会"（今广州）为中心的"海上丝绸之路"贸易实况。

西汉史书明确记载了"海上丝绸之路"。公元前111年，汉朝平南越，汉武帝派使者前往南海地区。《汉书·地理志》记载，其航线为：从徐闻（今广东徐闻县境内）、合浦（今广西合浦县境内）出发，经南海进入马来半岛、暹罗湾、孟加拉湾，到达印度半岛南部的黄支国和已程不国（今斯里兰卡）。这是目前可见的有关"海上丝绸之路"最早的文字记载。

这样，从中国广东番禺、广东徐闻、广西合浦等港口起航西行，与从地中海、波斯湾、印度洋沿海港口出发往东航行的海上航线，就在印度洋上相遇并实现了对接，标志着贯通东西方的"海上丝绸之路"已经打通，广东成为"海上丝绸之路"的始发地。此后，远至印度、罗马帝国的外国商人、使节，都沿着这条航路，往来沿海地区，进入中国内地。

（二）魏晋南北朝（发展期）

这一时期南方政权（东吴、东晋、宋、齐、梁、陈）因为与北方对峙，更注重向海洋发展，造船、航海技术的进步以及航海经验的积累，也为"海上丝绸之路"的发展提供了良好条件。

魏晋以后，开辟了一条沿海航线。这条航线自广州起航，经海南岛东面海域，直穿西沙群岛海面抵达南海诸国，再穿过马六甲海峡，直驶印度洋、红海、波斯湾。这条航线穿越印度洋后，向西延伸到了阿拉伯半岛。那时，中国南方与斯里兰卡之间已经保持着比较密切的官方联系。不少前往印度求法的中国僧人也取道海路，如东晋高僧法显沿陆路到印度，由海路返回中国。

（三）隋唐时期（繁荣期）

隋唐时期，中国经济重心南移，中国与西方的交通由以陆路为主转向以海路为主，海上丝绸之路进入大发展时期。广州成为唐朝最大的海外贸易中心，朝廷设立市舶司，专门管理海外贸易。

唐朝的"广州通海夷道"是最重要的海上交通航线，具体走向为：从广州起航，沿东南方向航行至屯门山（今广东深圳南头），然后西行，经海南岛东部海面，越过西沙群岛，穿过马六甲海峡，进入印度洋；抵印度南部后，沿半岛西岸北上，再沿海岸线西行直达波斯湾，从波斯湾沿阿拉伯半岛西南行可到非洲东岸。这条海路是 8 至 9 世纪间世界上最长的远洋航线。

在南海，东南亚诸国基本上进入以广州为中心的南海海洋贸易圈内。考古发现显示，唐代广州极可能已开辟直航菲律宾的航线。唐朝陶瓷开始成为主要出口商品，湖南长沙窑、河南巩县窑、河北邢窑、浙江越窑、广东潮州窑等地产品远销世界各地，因而海上丝绸之路又被称为陶瓷之路。

（四）宋元时期（鼎盛期）

宋代的造船技术和航海技术明显提高，指南针广泛应用于航海，中国商船的远航能力大为加强。更重要的是，宋代社会经济发展远超前代，私人海上贸易在政府鼓励下得到极大发展。元朝在经济上采用重商主义政策，鼓励海外贸易，海上丝绸之路发展进入鼎盛阶段。

据陈大震《南海志》记录，宋元时期与中国直接或间接有交往的国家或地区多达 140 多个，从地中海西部的西班牙南部，经过地中海、非洲东部，穿过印度洋地区各国，再到中南半岛和南海诸岛，直至中国东南沿海各地，都属海上丝绸之路所编织的海洋贸易网络。

宋代不断颁布和修订海外贸易管理措施。其中最重要的举措有两个：一是完善市舶司机构建制，并向全国推广；二是颁布了中国历史上第一部海洋贸易管理条例——《广州市舶条》(1080)，并成为宋代贸易管理的制度范本。

宋元两朝海外私商贸易得到极大发展。中国海商只要在官府挂上号，就可以自由出海，商品交易种类也因此发生变化。这在中外贸易史上是一个重要转折。据不完全记载，元代进口"舶货"有 200 种以上，包括香料、珍宝、纺织品、皮货等；出口货物主要是丝绸、瓷器、金属制品、日常用品、农产品等。由于香料和药物在进口货物中占较大份额，因而有学者称海上丝绸之路为香药之路。

（五）明清时期（衰落期）

15 至 18 世纪是人类历史上发生重大变革的时代。欧洲人相继进行全球性海上扩张活动，特别是地理大发现，开启了大航海时代，开辟了世界性海洋贸易新时代。与古代海上丝绸之路相比较，明清时期海上丝绸之路发生了根本性的变化。

明朝建立之初，即采取海禁政策，长期没有解除。清朝初年，实施严厉海禁与迁界，限制中外正常交往。康熙二十五年（1686)，广东设置十三行。这些行商依照规定专营对外贸易，简称洋行，习惯上称为十三行。乾隆二十二年（1757）以后，禁止欧美商人前往福建、浙江贸易，只保留广州"一口通商"。

经过西方人的航海扩张，从西欧出发有两条航线可以直通广州：一条是沿非洲西海岸南下，绕过非洲南端好望角，横渡印度洋，经苏门答腊岛西南部海面穿越巽他海峡，北上进入南海，到达澳门和广州，或者绕道马六甲海峡，从南海到达广州。另一条是横渡大西洋，从美洲绕过麦哲伦海峡，横渡太平洋，航行至菲律宾群岛，再从菲律宾出发，直航到广东和东南沿海其他地区。后来美国加入对华贸易，美国船舶又开辟了新的太平洋航线。

长期活跃在东方海域的亚洲海商，在"仗剑经商"的西方商人的竞逐下纷纷退出历史舞台，或者沦为次要的海商群体；中国商人在东亚海域国际贸易领域里依然占据重要地位，但已很少越过马六甲海峡与印度、阿拉伯商人做生意。西欧商人的海上扩张，改变了传统海上丝绸之路以和平贸易为基调的特性，商业活动常常伴随着战争硝烟和武装抢劫。

16 至 18 世纪，西方国家采取各种措施扩大与中国的贸易，中国对外贸易的主要对象由东南亚国家转向欧美国家，进出口商品结构也发生很大变化。中国出口货物主要是丝绸、茶叶、瓷器，还有土布、糖、冰糖、麝香、大黄、鬼桂子、姜黄、朱砂、樟脑、明矾、铜、水银、锌、铁锅等。从欧美诸国输入的是毛织品和棉花，此外还有银元、皮货、香料、药材、鸦片、玻璃器皿、玻璃镜、自鸣钟等。

三、海上丝绸之路倡议的意义

"海上丝绸之路"战略的提出与实施具有重大的历史与现实意义，主要表现在以下几个方面：

第一，"海上丝绸之路"倡议向全世界传递了我国和平发展的理念，有助于减轻少数国家对我国发展壮大的疑虑与防范心理。海上丝绸之路最早形成于两千多年以前的秦汉时期，在明代郑和下西洋时期达到了发展的高潮，沿着海上丝绸之路，我国与各国的友好交往在东南亚、西亚和非洲等国家留下了许多珍贵的历史资料和遗迹。这些历史资料和遗迹表明，历史上的丝绸之路是一个和平的贸易通道，我国并没有通过开辟贸易航线去掠夺、占有这些沿线国家。这与近代西方世界的地理大发现和新航路开辟后充满掠夺与占有的贸易通道形成鲜明对照。站在历史的高度着眼未来，21世纪海上丝绸之路建设同样体现这种和平发展的理念，我国仍然致力于与海上丝绸之路的沿线国家继续保持和平友好关系，实现互惠互利、共同发展。我国海上丝绸之路倡议要传递的信息是，我国绝不会重复西方列强海上争夺霸权、进行海外殖民的老路；中国的发展不仅不会威胁海上丝绸之路沿线国家的经济与政治安全，反而会给这些国家带来更多的发展机遇和资源。

第二，"海上丝绸之路"战略的成功实施推动了亚洲互利共赢发展新格局的形成，有利于打造亚洲命运共同体。历史上亚洲国家曾经创造过辉煌的中华文明、印度文明、波斯文明和阿拉伯文明，而丝绸之路是这些古老文明相互交流和融合的重要纽带和历史见证。今天中国的经济影响力正在辐射亚洲、非洲和拉丁美洲，中华文明的复兴只有与这些区域文明一起复兴，才能相得益彰，共同发展。因此，构建现代海上丝绸之路就是要通过海上互联互通以及全方位经济合作，将中国、东盟国家、南亚国家、海湾国家等联系起来，辐射非洲和欧洲地区，将复兴中华文明的中国梦与实现亚洲国家百年复兴的伟大梦想结合起来，增进各国利益，扩大经济合作与经济援助的范围，提供国际公共治理和公共产品，让丝绸之路各国分享中国经济发展的红利，打造亚洲命运共同体，树立中国良好的负责任大国形象。

第三，新海上丝绸之路具有重大的经济战略意义，有利于保障我国的资源、能源和经济安全。我国在东南亚和印度洋区域具有重要的战略利益，我国有80%的石油、50%的天然气进口，以及超过40%的进出口商品要经过这条海上丝绸之路。海上丝绸之路沿线国家和地区是我国重要资源供应地与产品出口市场。海上丝绸之路倡议将欧亚地区国家普遍认同的古丝绸之路精神与中国的经济优势相结合，以经济为纽带，拓展并深化中国与沿线国家的经济利益，密切彼此的合作关系，实现共同发展和共同安全，有助于消除中国威胁论，形成有利于中国的地缘政治和经济格局。

第四，"海上丝绸之路"战略有利于实现中国建设海洋强国的战略目标。党的十八大提出，我国要建设海洋强国。历史经验表明，经略海洋、利用海洋是大国崛起的必要条件。海上丝绸之路是中国兴盛的标志，而实行海禁（明代郑和下西洋之后）和闭关锁国则是中国走向衰落的重要原因。建设海上丝绸之路将成为中国利用海洋、开发海洋的重大战略，必将有助于我国建设海洋强国战略目标的实现。

第二节　海上丝绸之路与南沙渔业发展

建设 21 世纪"海上丝绸之路",是以习近平同志为总书记的党中央站在历史高度、着眼世界大局、面向中国与亚太各国合作及长远发展提出的重大战略构想,具有重大而深远的意义。特别是 2014 年 11 月,习近平总书记主持召开中央财经领导小组第八次会议,研究丝绸之路经济带和 21 世纪海上丝绸之路规划,发起建立亚洲基础设施投资银行和设立丝路基金,对"一带一路"建设作出了新的重大部署,其中丝路基金计划投入 400 亿美元,用于陆上和海上丝绸之路沿线重大项目建设,充分体现了党中央对"一带一路"建设的高度重视和强力推进,为各方参与海上丝绸之路建设提供了重要历史机遇和广阔舞台。

南海地区是海上丝绸之路的首站,如何更好地开发利用南海,发展与南海周边国家的友好合作关系是推进海上丝绸之路战略首先要解决的问题,而南沙渔业的发展,以及与南海周边国家的渔业合作将极大地推动我国与南海周边国家的全方位合作关系的发展,对新海上丝绸之路倡议的顺利开展具有重要的意义。

一、南沙渔业发展符合海上丝绸之路的战略布局

21 世纪海上丝绸之路建设的本质是要以海洋为载体,进一步拓展中国与沿线国家之间的利益交汇点,通过扩大互利共赢的双边和多边经济合作,推进沿线国家共同发展、共同繁荣。从"海上丝绸

之路"的历史轨迹和我国新时期的现实需要两个角度来看，21世纪"海上丝绸之路"的重点战略布局应包括三个方向：一是西线方向，即经由南海联系亚非欧的重要通道，是我国保障资源能源安全、扩大国际贸易与可持续发展的海上命脉；二是东线方向，即连接太平洋岛国至拉美、北美的海上联系通道，是我国拓宽国际经济联系渠道、扩大对外合作和保障国家安全的重要通道；三是北线方向，是利用北冰洋航道加强东北亚合作的重要通道，对我国融入北极地区资源开发与合作具有重要的战略意义。其中西线方向是我国海上丝绸之路的传统线路，具体从中国东部沿海地区港口出发，向南经过南海，经马六甲、龙目和巽他等海峡，沿印度洋北部，到波斯湾、红海、亚丁湾等海域，通达中东、非洲和欧洲地区，而东盟及其成员国既是这一传统线路的首站，也是其辐射带动效应发挥的基本依托。一方面，要求我们要立足联通太平洋和印度洋，以建设中国—东盟自由贸易区升级版为核心，向外辐射扩展至印度洋沿岸——波斯湾、红海、亚丁湾等区域，并与中巴经济走廊、孟中印缅经济走廊及"丝绸之路"经济带相衔接，构筑通畅、安全、高效的贸易运输、经济发展和文化传播海上大通道。另一方面，要用好中国—东盟海上合作基金，积极开展务实的海洋合作，优先推进海上互联互通、海洋经济、海洋环保与防灾减灾、海洋文化等领域合作，提升沿线国家民众的海洋福祉，分享共建21世纪海上丝绸之路的惠益。可见，与南海周边国家的全方位合作是海上丝绸之路在西线方向成功拓展的必然要求，而大力推进南沙渔业发展以及我国与南海周边国家的渔业合作，对海上丝绸之路战略的实施具有十分重大的意义。

南海是连接中国与东盟各国的天然纽带，渔业是最古老的传统行业，我国与东盟各国的渔业往来历史悠久，南沙渔业应该借国家建设 21 世纪海上丝绸之路的重要机遇，乘势而上，不断发展壮大。随着海峡两岸 ECFA 签订实施和中国东盟 ACFTA 生效，我国水产品进出口贸易迅猛增长，南沙渔业与周边海域六国七方发展空间巨大，通过推动"中国—东盟渔业产业合作及渔产品交易平台（包括建立中国—东盟海产品交易所）"等项目落地实施，加大与东盟各国水产贸易往来。充分利用我国捕捞生产能力先进、技术比较成熟等优势，与南沙周边东盟各国开展渔业合作，对苗种繁育、水产养殖、病害防治、设施渔业、水产加工、质量安全等领域进行研讨，让南海成为友谊之海、合作之海、共赢之海。

南沙渔业发展以及与周边国家的渔业合作是我国推动海上丝绸之路建设的一个现实选择，海上丝绸之路建设是一项复杂的系统工程，在总体战略定位和发展框架已经明确的前提下，当前其实施的关键在于要准确地确定国际合作的重点领域，而加强与南海周边国家的海洋渔业合作，促进南沙渔业发展，就是推动海上丝绸之路建设的重点领域。这是因为：一是丰富的海洋渔业资源为南沙渔业发展和国际渔业合作提供了广阔的合作空间。南海周边国家大多数拥有丰富的岛屿、海湾、滩涂等海洋地貌，南海广阔的海域蕴藏了丰富的渔业资源，完全可以容纳各方渔业合理发展的需求。二是我国与南海周边国家海洋渔业发展具有较大的互补性，具有开展渔业合作的内在需求。相对于东盟国家，我国在海洋渔业生产加工技术、物流贸易等方面具有明显的优势，如果能够将这种技术、经济优势与东盟国家的资源优势充分结合起来，势必会发挥"1＋1＞2"的效果，形成各方互利共赢的局面。三是我国与东盟国家的海洋渔业合作还具有先天的地理区位优势，东盟国家是我国天然的陆上和海上邻居，相互临近的地理区位使我们成为天然的合作伙伴。自古以来，中国与越南、菲律宾、马来西亚、新加坡等东南亚国家就进行着不间断的经济、文化交流，与东盟各国在地域上属于自然利益共同体。四是在当前南海还存在主权争议的复杂背景下，南沙渔业发展和南海渔业合作一方面有利于持续彰显我国的主权存在，另一方面也有利于降低各类地缘政治因素对海上丝绸之路战略的干扰，切实推进中国——东盟自由贸易区建设，实现南海周边国家的共同发展和共同繁荣。

二、南沙渔业与我国海洋主权

南沙群岛是中国最早发现、命名、开发和管辖的，它自古以来就属于中国。但从 20 世纪 70 年代开始，《联合国海洋法公约》生效前夕，南海周边国家从自身利益出发，纷纷抢占南沙岛礁，而我国由于历史的原因未能对其及时予以制止驱赶，南沙群岛及附近海域逐步形成了"岛礁被占领、海域被分割、资源被掠夺、渔业被袭扰"的不利局面，我国南沙群岛海洋主权面临复杂严峻的态势和被非法侵犯的危险。近年来，菲律宾在域外大国的挑拨怂恿下，甘当马前卒，在国际上公然挑战我国在南海的合法权益，并向海牙国际法庭申请仲裁与中国南海主权纠纷，全然置我国签署《联合国海洋法公约》关于主权纠纷的特别声明于不顾，越方蠢蠢欲动，也有效仿的意图，导致南海局势进一步恶化。

从中国实现民族伟大复兴的战略考量出发，在南海这盘大棋上，我国要有大策略大格局，要下好软硬两手棋。当前，我国经济总量已处于世界第二位，军事实力也位列世界前茅，中国正在崛起已是不争的事实，在南海一味忍让只会引起国际上的不认可甚至嘲讽，甚至为那些别有所图者提供可趁之机。因此，我们应在坚持"主权属我"的前提下，积极应对，有所作为。一方面，要在我们实际控制的南沙礁盘大胆开展建设，建设完善我国南沙渔民的避风、补给和仓储等基础设施，通过加强岛礁建设坚决捍卫我国南海海洋主权。另一方面，我们也要大力推进涉及南海的国际合作，比如为南沙过往船舶提供灯塔等国际公共产品，借当前我国正在大力推进的"一带一路"倡议，推出更多惠及沿带沿线的举措。其中，在南沙海域大力发展渔业生产、开展国际渔业合作与贸易应是其中的重要一环。从历史和现实出发，我国 30 多年前就提出"主权属我、搁置争议、共同开发"，"突出存在"和"开发南沙，渔业先行"的南沙维权方略，充分体现了渔业开发在南沙维权体系中特殊而不可替代的作用。

（一）南沙渔业是"主权属我"的历史根基

我国渔民在南沙海域从事渔业开发活动至今已有两千多年历史。据史料考证，早在汉武帝时代，中国南海（海南文昌、琼海等地）渔民就开始在南沙海域从事渔业活动。至唐宋时代已具有一定规模，并形成了每年冬季借东北季风驾帆船南下南沙作业，次年夏季趁西南季风返回销售渔获并进行补给的传统生产模式，不随船返回的渔民则留下驻岛定居。至明清时代，随着文昌、琼海等地前往南沙生产渔船渔民的不断增多，广东阳江、徐闻等地的渔船渔民也开始陆续加入，中国南沙渔业开发活动进入兴盛时期，中国渔民对南沙海域及岛礁的分布情况、地理特征等不断熟悉，开始给岛礁取名，并用文字详细记录到南沙生产的航行路线、航海要素、岛礁名字、渔获品种，如明末出版的《须风相送》以及在南海渔民中广泛流传的《更路簿》等。

《更路簿》始创于明朝民间，在世代相传的南沙渔业开发活动中得到不断补充完善，不同地区有不同版本，它所记述的南沙群岛地名、方位有 70 多个。《更路簿》是中国南海渔民开发南沙渔业有力的历史证明，是中国历代赴南沙渔民的经验总结和智慧结晶。近年考古发现，中国古代渔民在南沙生产、生活的足迹遍及 110 多个岛礁，在不少岛礁上至今还留有他们种植的椰树，修建的房屋、庙宇、坟墓，开挖的水井以及他们在生产生活中遗留的物品等。

在海南省琼海市，有不少渔民家庭世世代代沿袭传统到南沙捕鱼，是名副其实的"南沙渔民世家"。在该市林同村老南沙渔民符大炎家一间 30 多平方米的房子里，至今还专门珍藏着祖辈们和他从南沙采集回来的形态各异、色彩斑斓的贝壳。中国渔民最早开始开发经营南沙群岛的历史事实，在外国出版的文献中也有记载，如 19 世纪 60 年代英国出版的《中国海指南》记载，南沙群岛有"海南渔民，以捕取海参、介壳为活，各岛都有足迹"，而书中记载的南沙岛礁英文名，也是中国渔民对岛礁称谓的译音，如"Sin Cowe"和"Namyit"，显然是中国渔民对景宏岛的称谓"称钩"和对鸿庥岛的称谓"南乙"；日本人小仓卯之助编写的《暴风之岛》中记载，1918 年他组织的探险队在南沙北子岛遇到三位来自海南文昌县的渔民，在中业岛、西月岛、太平岛等见到中国渔民修筑的水井、庙宇和坟墓等。20 世纪 30 年代，法国殖民主义者入侵南沙群岛时，对中国渔民在安波洲、南威岛、太平岛、双子礁等的渔业开发活动也都一一记载，其中关于中业岛的记述是："中国海南岛之渔夫有五人在此居住，有淡水井一口，足供五人之饮料，捕鱼之外，从事椰子、香蕉、番瓜之种植，且采掘磷矿。"

我国南沙渔民是南沙群岛的主人，同时也是南沙群岛主权的捍卫者。1933 年，法国殖民当局以武力侵占中国南沙群岛 9 个岛屿，当时就遭到在南沙从事生产活动的中国渔民的反抗。渔民们以自制的火炮还击法国侵略者，并砍倒其旗杆、撕毁其旗子，群起抗议，显示了中国渔民不畏强暴维护南沙主权的坚定决心。事后，法国政府曾向当时的中国政府交涉，恶人先告状，但并未占到便宜。

在传统的国际法中，一个国家对领土的取得，主要依据"先占"（包括"首先发现"）和"管辖"两个原则。南沙群岛是中国人首先发现的，中国历代政府都把南沙群岛作为自己领土的一部分行使主权；中国渔民的南沙渔业开发活动，从唐宋时代形成"冬去夏返"的模式后就世代沿袭相传至 20 世纪 80 年代初，他们边开发生产，边守护着自己的家园，维护着中国的南沙主权。因此，传统南沙渔业是"南沙群岛自古以来就属于中国"的历史根基和有力印证，也是当今乃至未来中国维护南沙主权权益的有力历史依据。

（二）南沙渔业在"突出存在"中发挥了特殊作用

虽然我国的南沙渔业生产活动受到气候、海况乃至历史等各种不利因素的影响，但长期以来南沙渔业生产从未中断，而且规模不断扩大。1985 年，海南行政区的琼海群众渔业和湛江渔业公司共 13 艘渔船开赴南沙渔业生产，他们作为"突出存在"、"开发南沙"的先行者赴南沙东北部礁盘区进行捕捞海参等作业，渔获总产量约 4.1 吨，总产值约 39.15 万元，取得了明显的生产效益，成功地探索了继续组织渔船渔民赴南沙开发南沙渔业、"突出存在"的维权之路。1989 年，穗渔、南渔、北渔三家国营渔业公司开始派出渔轮开发南沙拖网渔场，同时，广东电白、阳江、台山和广西北海等地的群众渔船也开始陆续加入。至 1992 年，粤桂琼各地参加南沙生产的渔船增加到近 400 艘，作业方式逐步发展为以拖网为主，刺网、钓业、笼捕等相结合的日趋合理的结构模式，捕捞对象也开始演变为以经济鱼类为主，作业海域开始扩展到南部和西南部渔场，作业时间逐步延长，有些渔船开始尝试常年到南沙开发生产，当年累计总产量约 21952 吨、总产值约 8337 万元。从 1999 年开始，国家逐步加大扶持力度，进一步激发了广大渔民的积极性，港澳流动渔船渔民开始加入，有效地促进了南沙渔业生产的稳定发展，并逐步形成了群众渔船、国有渔船、港澳流动渔船三支骨干队伍和结构合理的生产模式。2003 年以来，全南海区平均每年领取《南沙专项捕捞许可证》到南沙生产的渔船基本保持在 500 艘左右，整个南沙海域常年有中国渔船作业、活动，年均总产量达到 8.3 万吨、总产值约 6.2 亿元。

可以说，飘扬着五星红旗的中国渔船就像流动的国土，到哪里都突出着祖国的存在，都凸显着中国对南沙群岛的主权；广大南沙渔民就像守卫边防的钢铁战士，日夜巡逻在辽阔的南沙海域，维护着中国的南沙主权。因此，周边某些国家多年来一直把中国南沙生产渔船渔民视为"眼中钉、肉中刺"，不断采取武力手段进行干扰、袭击、抓扣，妄图把他们从南沙海域赶出去。据不完全统计，1989—2010年，周边某些国家采取武力手段干扰、袭击、抓扣中国正常生产渔船渔民事件累计 382 宗，涉及渔船 776 艘（次）、渔民 11000 多人（次），其中无理没收或撞毁渔船 74 艘，抓扣判罚渔民 826 人，打死渔民 25人，打伤 24 人，造成直接经济损失 3 亿多元。面对外国的武力干扰、袭击、抓扣，我国广大渔民高举爱国主义旗帜，不畏强暴，始终坚持南沙渔业生产，坚决维护国家南沙主权权益。如 2009 年 3 月 8 日，美国"无瑕"号监测船在海南岛附近海域进行侦察活动，海南某公司的几艘南沙生产渔船发现后马上向上级报告，并听从上级指挥，采取有效措施将其驱离，坚决维护了国家主权；2011 年 6 月 9 日，广西几艘渔船在南沙万安滩海域生产时，发现越南租用的石油勘探船正在那里作业后，马上向上级报告，经外交紧急交涉、抗议，越南被迫终止勘探，维护了中国南沙主权权益。

事实证明，现代南沙渔业在"搁置争议"时期有效地发挥了"突出存在"的特殊作用，是维护中国南沙主权非军事化斗争的最佳手段，同时为解决南海渔民生产生活出路、发展海洋渔业经济作出了突出贡献。南沙广大渔船渔民，是维护中国南沙主权权益的排头兵和中坚力量。

（三）南沙渔业体现我国主权的有效形式

近年来，由于周边国家对南沙群岛的主权要求和利益诉求不断扩大化、专属经济区和大陆架主张重叠所产生的矛盾冲突不断扩大化、以海洋权益为核心的竞争不断扩大化以及以美国为首的区域外国家插手南海问题的趋势不断扩大化，南中国海地区的和平与稳定面临重大挑战，围绕中国南沙主权问题的纷争日渐升温，已成为国际社会关注的热点问题之一。依据《联合国海洋法公约》等国际法规，要体现一个国家在某海域主权的存在，法理依据之一就是要有该国国民的生产活动，而在海上体现一个国家的国民生产活动，无非是渔业、油业等形式，而渔业生产无疑是最好的形式之一。

我们知道，南沙主权纷争问题积累多年，复杂敏感，指望短期内解决并不现实，那么"搁置争议，共同开发"就不失为寻求各方共赢的明智之策，甚至今后很长一段时间内这都将是化解南沙主权纷争、稳定南沙局势的有效选择。但中国现在面临的问题是，越南、菲律宾等周边国家已在南沙海域各自或与域外集团合作大搞油气等资源开发，获得了巨大的利益，而不愿与中国共同开发。截至 2009 年，周边国家在中国南沙传统疆界线内海域已钻井近 1000 口，累计开采油气 5 亿多吨，每年从中国南海中部掠夺油气资源几千万吨油当量，而中国至今在南沙海域还没有一口钻井。既然越南、菲律宾等国都不愿与中国在南沙海域"共同开发"，那么中国在加大南沙资源维权力度的同时，就应该择机主动开发，加强开发，积累谈判筹码，才能真正促成"共同开发"。"搁置争议"体现在"共同开发"，"共同开发"不彰，"搁置争议"就可能流于形式。

与南沙油气开发相比，发展南沙渔业就相对比较容易。首先，我国渔民自古以来就到南沙海域捕鱼，南沙渔业开发是他们的传统产业，南沙就是他们的家园，他们熟悉南沙岛礁、海域和渔业资源、海洋气候等情况，发展壮大南沙渔业资源开发、解决生产生活出路，是南海区广大渔民的共同愿望；其次，南沙渔业的国民活动人数多。现在中国的南沙渔业生产队伍已经具有一定规模和开发能力，每年赴南沙生产的渔船将近千艘，直接从业人数将近万人，间接带动陆地相关产业人员就更多了。他们生产活动的海域几乎遍及整个南沙，有效地体现我国在南沙的主权存在。三是相对于油气资源开发，南沙渔业资金投入少、见效快，而且可以快速实现"全覆盖"南沙群岛及海域的开发。四是渔业资源属于可再生资源，可永续开发利用，据科研单位近年调查，整个南沙海域渔业资源现处于中度开发状态，特别是中部和北部海域，金枪鱼资源开发和灯光围网、罩网作业还有很大潜力。五是发展南沙渔业容易得到周边国家认同。南沙海域面积约 80 万平方公里，周边有"六国七方"，渔业是沿海国家传统作业方式，可以说是维护海洋权益的柔性举措。即使将来中国对南沙群岛及海域真正实现了主权管辖，渔业开发对守护主权的特殊作用也必不可少。因此，中国今后必须把渔业开发作为南沙海域"共同开发"的突破口和最佳抓手。

此外，当前是发展南沙渔业的最好时机。当前，南海问题越炒越热，以美国为首的域外国家企图通过南海问题遏制中国的崛起，但这是不可能的。当前，我国经济实力早已跃居世界总量第二，南沙岛礁建设已初步成形，南沙大型钢质船队建设也已基本到位，可以说，当前是大力发展南沙渔业最好的时机。一是堵住美日等国的嘴巴。以美国为首的有关国家对我国在南沙自己家园的建设行为指手画脚，在国际上到处煽风点火，菲越两国更是冲在前面，日本蠢蠢欲动，企图在国际上制造舆论对我国形成打压之势，妄图给我国扣上在南沙岛礁搞军事化的帽子。我国应增加战略定力，按自己行动进行建设，此时大力发展南沙渔业，在岛礁进行渔业码头仓库等设施的二期建设，向世人证明这是南沙渔业的配套一环，是国民生产的正常需要，并可向周边国家的渔船提供应急避风的正常需要，时机成熟之时可进行渔业产品的国际贸易。二是大力推动南沙渔业集群化发展。南沙岛礁渔业码头、仓库的建设完成之后，打开了南沙渔业生产的想象空间，长期以来掣肘南沙渔业仓储难、成本高的问题得到较好解决，此举必将大力提高南沙渔民的生产积极性，拉动相关配套产业的发展。通过大力发展南沙渔业，进一步突出我国在南沙的存在，渔业生产维护国家海洋权益的作用将更加凸显。

（四）积极应对菲律宾挑起的南海仲裁案①

由菲律宾单方面提起的南海仲裁案，于近期作出裁决，这在国

---

① 本书完稿之后不久，2016 年 7 月 12 日，海牙国际仲裁法庭对南海仲裁案作出"最终裁决"，判决菲律宾"胜诉"，并否定了"九段线"，还宣称中国对南海海域没有"历史性所有权"。同日，我国外交部发布《中华人民共和国外交部关于应菲律宾共和国请求建立的南海仲裁案仲裁庭所作裁决的声明》《中华人民共和国政府关于在南海

际上闹得沸沸扬扬，对南海主权的下一步斗争走向将产生较大影响。我们在此梳理一下此案的来龙去脉：2013 年 1 月 22 日，菲律宾外交部照会中国驻菲大使馆称，菲律宾就中菲有关南海"海洋管辖权"争端提起强制仲裁，并声称其依据是《联合国海洋法公约》的有关规定。中国政府已多次郑重声明，中国于 2006 年就根据《联合国海洋法公约》规定作出了排除性声明，领土主权争议不是《联合国海洋法公约》的规定事项，菲律宾单方面提出的南海仲裁案本质上都属于领

———————

的领土主权和海洋权益的声明》。我国国防部发言人杨宇军表示中国军队将坚定不移捍卫国家主权、安全和海洋权益，坚决维护地区和平稳定，应对各种威胁挑战。中国国家主席习近平在会见欧洲理事会主席图斯克和欧盟委员会主席容克时强调，南海诸岛自古以来就是中国领土。中国在南海的领土主权和海洋权益在任何情况下不受所谓菲律宾南海仲裁案裁决的影响。中国不接受任何基于该仲裁裁决的主张和行动。中国一贯维护国际法治以及公平和正义，坚持走和平发展道路。中国坚定致力于维护南海和平稳定，致力于同直接有关的当事国在尊重历史事实的基础上，根据国际法，通过谈判协商和平解决有关争议。截至 2016 年 7 月 12 日，有 90 多个国家的 230 多个政党和政治组织表示公开支持中国在南海问题上的立场。7 月 13 日，联合国官方微博声明，"常设仲裁法院"与联合国没有任何关系；海牙国际法庭（又称国际法院）同时发表声明指出，国际法院作为完全不同的另一机构，自始至终未曾参与所谓的南海仲裁案。但是，美国国务院发言人 7 月 12 日发表新闻声明称，菲律宾南海仲裁案仲裁庭公布的所谓"裁决"对中菲双方"都有法律拘束力"，希望双方遵守"有关义务"，并以此为契机恢复和平解决争议的努力。日本外务大臣就仲裁庭公布最终裁决称，根据《联合国海洋法公约》有关规定，"裁决"为"最终结果"，对当事国"具有法律约束力"，当事国有必要接受"裁决"，并称强烈期待当事国接受裁决。澳大利亚领导人声称，有关裁决对当事方"具有约束力"，希望各方予以遵守，澳将继续行使国际法赋予的航行和飞越自由权利。7 月 14 日，菲律宾新当选总统杜特尔特表示，他拟派前总统拉莫斯作为特使前往中国，协助开启菲律宾和中国在南海问题上的谈判。2016 年 12 月 17 日，菲律宾总统杜特尔特表示，他将搁置南海仲裁裁决，不会向中方强加任何东西，菲不准备对抗中国。当前，中菲两国关系正逐步改善，经贸合作不断加强。可以说，当前围绕南海问题的纷争只是暂告一段落，表面上相对平静，但底下暗流涌动，域外国家还不时插手南海问题，甚至派出军舰前来南海作所谓的"自由航行"，唯恐南海不乱，未来围绕南海问题的斗争将会更加的复杂化，我们要做好长期应对的准备。

土主权争议和海洋划界问题，在领土主权和海洋权益问题上，中国绝不接受单方面诉诸第三方争议解决办法。中国政府对菲律宾南海仲裁案的立场和态度一直很清楚：不接受、不参与，未来裁决结果作出后，也将不承认、不执行。

但这并没有令菲律宾有"回心转意"的想法，反而在以美国等为首域外大国的背后教唆下，菲律宾在这条道上走到底，与中国较起了劲。而且他们互相呼应，在国际上不断制造舆论，企图给中国贴上"大国欺负小国，中国不遵守规则"等负面标签。对此，我们除坚持一直以来的坚定立场外，还要积极主动作为，把南海仲裁案不断引向对我国有利的角度。

第一，在国际上不断争取更多的朋友支持我国立场。中国政府的立场法理依据充足，依据中国政府签署的《联合国海洋法公约》及排除性声明，对涉及主权争议和海洋划界的问题，国际仲裁法庭没有管辖权。无论最后裁决结果如何，均不影响我国在南海的主权权利。在坚持不参与应诉的基础上，我们要更加积极主动地在国际上制造舆论，把中国政府的立场和法理依据讲清楚，让大家知道，中国是最热爱和平的国家，我们主张在平等的基础上，由当事方直接展开对话，通过谈判协商解决主权争议。美国等域外国家不应参与进来，更不应到南海展示肌肉，充当主角。相信大多数国家都会站在中国的一方。可喜的是，当前已有40多国表态支持中国政府的立场。我们也借此机会打好中国牌，与各国加强交流，打造更大和更牢固的"朋友圈"。

第二，做好各种应对措施。由于美日等国的背后操控，我们要做好南海仲裁案裁决结果不利于我国的准备，并积极做好各种应对措施。坚持有理有利有节的原则，掌握好斗争的力度和火候。菲律宾完成总统换届，这也为我们通过开展双边直接谈判、协商解决南海争端提供了新的契机。

第三，进一步大力发展南沙渔业。从当前南海纠纷的情势看，错综复杂的主权和海洋权益斗争将是常态化，绝非几次交锋就可以定调，对此我们要有清醒的认识，要进一步提升对南沙渔业重大意义的认识。可以说，今后大力发展南沙渔业是维护我国在南沙主权的重要抓手。

三、南沙渔业发展与南海渔业合作的基本构想

在国家大力推进"一带一路"战略实施的大背景下，南沙渔业发展应主动顺应"海上丝绸之路"建设的需要，从更高层次、更广的范围进行战略布局，充分发挥政府、企业、行业组织和渔民、渔户的作用，形成合力，共同推进南沙渔业发展。

第一，进行"点、线、面"的立体规划与建设，引导南沙渔业发展。我国应根据建设"海上丝绸之路"的战略目标和总体规划，研究南沙渔业发展潜力，从南海全疆域的角度进行渔业发展的"点、线、面"规划，以我国实际控制的岛、礁为战略支点，构建以点带面、连点成线的渔业空间布局。扩大与东盟国家渔业合作，在南海沿岸国建设码头、冷库及渔船修造厂等基础设施，设立加工、销售中心或者综合性经营基地，进一步深化与东道国的合作，巩固"海上丝绸之路"渔业布点。

第二，发挥传统渔业优势，鼓励企业走出去。我国在水产养殖、水产品仓储、保鲜、加工方面有一定优势，应鼓励渔业企业积极走出去：一是鼓励企业到东盟等有关国家进行投资，在海上网箱养殖、良种繁育、养殖生产、饲料加工、鱼料和产品质量检验等方面开展深入

合作。二是鼓励和扶持远洋渔业综合基地建设，在马来西亚、菲律宾、印尼、缅甸等周边国家建设远洋渔业基地，构建完善的远洋渔业仓储、加工、营销产业链，形成捕捞、运输、国内外销售一体化的合作经营模式。

第三，加强渔业技术创新，推动海洋渔业技术合作。大力推动与南海周边国家加强海洋渔业科研、技术开发等方面的合作。健全对外渔业科技服务体系，借助中国东盟海洋科技合作论坛平台，推动与东盟各国海洋渔业领域的科技交流与合作，共享海洋科技成果。

第四，完善管理机制，提高南沙渔业协同管理水平。在建设"海上丝绸之路"的背景下，南沙渔业的健康发展离不开国内、国际两个协同管理机制。在国内，我们必须建立完善农业、发改委、外交、商务、海洋、海警等部门间的协调联动机制，可以考虑设立专门的涉外渔业管理机构，对远洋渔业、渔船实施综合管理服务；加强海洋渔业协会建设，提高行业组织化程度，引导企业增进合作，提高行业自律。此外，加强南海渔业管理的国际协调，要求渔业从业者自觉遵守国际渔业协定、双边渔业合作协议以及东道国的法律、法规，避免出现违法和违规作业活动。同时，加强对国际政治经济形势的研究，制订涉外渔业应急预案，建立和完善预警机制以应对国际渔业合作中各类突发事件，努力降低渔业从业者损失，保护其合法利益不受侵犯。

第二章 产业集群的理论与经验研究

第一节 产业集群的内涵与分类

一、产业集群的内涵

产业集群概念诞生于对发达国家区域产业发展的经验分析。马歇尔（Mashall，1920）最早在《经济学原理》中，把专业化产业聚的特定区域称作"产业区"（industrial district）。在这种产业区内，企业之间存在着紧密的专业化分工协作关系，并呈现出以下几方面特点：（1）产业区内的市场主体以本地中小企业为主；（2）企业的投资经营活动具有较强的本地化倾向，行业内上下游企业之间形成了垂直交易关系，而与区外企业的联系较少；（3）产业区内的劳动力市场具有高度的灵活性，形成了一个共享的劳动力池（labor pool），劳动力供需双方更容易实现市场匹配；（4）区域内发展起独特的地方产业文化和"产业氛围"，与当地社区同源的价值观念系统和协同创新的环境，促进了新技术知识的扩散。马歇尔"产业区"可以说是产业集群概念的早期形态，源自于中间投入品关联、劳动力市场共享和技术外溢的外部效应，是这种产业区发展的经济动力。

在马歇尔提出产业区概念之后，以"第三意大利"①为代表的一些欧洲地区经济发展迅猛，并伴随着大量特色产业地域性集中现象。这些地区既有类似于马歇尔"产业区"的一般特征，又表现出一些新的特点，研究文献一般称之为"新产业区"（New Industrial District），并对其独特的特征进行了探讨。新产业区是以柔性专业化生产方式为主的发达经济区域的典型代表，它们为企业的技术创新活动提供了特殊的环境，其基本的特征是：区内企业之间形成了各种正式与非正式的合作关系，而本地同一的文化和制度环境有助于在长期内稳定这种合作关系，正是高效稳定的企业与机构合作网络形成了新产业区的竞争优势（Piore and Sabel，1984；Lazerson，1988；Brusco，1990；Zeitlin，1989；et al）。意大利学者将新产业区的特点归结为以下几个方面：（1）新产业区是相同或相近行业中小企业所组成的"弹性专精（flexibility plus specialization）"的地方生产系统，企业之间形成了严密的柔性专业化分工网络；（2）新产业区的基本标志是本地网络和地方根植性（embeddedness），区内行为主体具有一种相对同质的社会和文化背景，在经济联系之外创造了一种广泛被大家接受的行为标准，社会网络与相互信任促进了企业之间的合作，提高了集体行动的效率；（3）公共网络和私人地方机构提供广泛的商业服务，支持集群经济的运作；（4）产业网络的开放性特征明显，区内企业与外部的商

---

① "第三意大利"概念由意大利社会学家巴格那斯科提出（Bagnasco，1977），并被其他学者使用，其地域范围指意大利东北部以及中部一带的地区，有别于历史上经济发达但逐渐衰落的西北部（第一意大利）和经济落后的南部（第二意大利），具体包括翁布里亚、马尔凯、艾米利亚—罗马涅、弗留利—威尼斯—朱利亚、威尼托、特兰提诺—阿尔托·阿迪杰和托斯卡纳7个大区。第二次世界大战结束后，这些地区依托产业集群经济快速发展。

业联系紧密，有助于企业摄取稀缺经济资源。

自 20 世纪 90 年代以来，集群的概念正式被使用。波特（Porter，1990）在分析国家竞争优势时将产业的集群化发展（Industrial Clustering）看成是重要的竞争战略。波特指出，产业集群是指在某一特定领域内相互联系的、在地理位置上集中的公司和机构的集合，包括一批对竞争起重要作用的、相互联系的产业和其他实体。它们包括零部件、机器和服务等专业化投入的供应商和专业化基础设施的提供者；集群还经常向下延伸至销售渠道和客户，并从侧面扩展到辅助性产品的制造商，以及与技能、技术投入相关的产业公司。最后，集群还包括提供专业化培训、教育、信息研究和技术支持的政府和其他机构——例如大学、标准的制定机构、智囊团、职业培训提供者和贸易联盟等。[1]

在波特集群定义的基础上，范迪克（Dijk，M.P.van，1997）[2] 指出，产业集群（industrial cluster）可以被定义为是由专业化的企业和机构（organizations）所组成的生产网络，它们的价值链通过产品、服务以及知识的交换而相连。具体来说，产业集群通常具备以下几个特点：（1）企业在空间上的彼此接近。根据对欧洲各工业区的实际调查，企业之间的距离从 1 公里到 500 公里不等；由于许多相同或相近行业的企业集中于特定区域内（大约每平方公里 50 家企业），经济活动因而在空间上高度密集。（2）区域内企业基本从事相同、

---

[1] Porter，M.E.，Clusters and the New Economics of Competition，Harvard Business Review，1998，Vol.76，No.6，pp.77-91.

[2] Dijk，M.P.van.，Small Enterprise Clusters in India and Indonesia，an Evolutionary Perspective，n paper series of European Institute for Comparative Urban Research，Erasumus University，Rotterdam，1997.

相似和辅助性的生产和经营活动，上下游企业间的纵向分工和同类企业之间的横向合作使得企业在生产和经营上联系紧密，并不断发展成为完善的企业网络。(3) 当地行业与市场机构、政府组织对集群的形成和发展至关重要，弥补市场失灵，并提供集群发展所必需的地方公共物品。(4) 共享的文化背景、价值观念和制度环境降低了经济活动的交易成本，促进了专业化分工和市场的扩展，给集群发展注入了活力。

20 世纪 80 年代以后，由于知识经济的兴起，在传统的金融外部性（pecuniary extenality）①之外，集群网络在新技术知识传递和共享，以及技术创新上的外部效应日益受到重视。罗兰德和赫特格（Rolelandt & Hertog, 1998）就十分强调产业集群作为知识生产和传递网络的功能，他们认为产业集群就是那些相互依赖性很强的企业、知识生产机构（大学、研究机构和工程设计公司）、中介机构（经纪人和咨询顾问）和客户通过产品价值链相互联系形成的网络。而集群中各类市场主体结网的目的是为了获取新的互补技术，从互补资产和知识联盟中获益，并降低交易成本，取得协作经济效益和分散创新风险。为了与时俱进地准确界定产业集群的内涵，经济合作与发展组织（OECD, 2000）对基于发达国家经验的产业集群理论进行了总结，具体如表 2-1 所示。从中可以看出，进入 21 世纪以来，发达国家的集群理论越来越将价值链关联、知识生产与技术创新网络作为产业集群的基本内核。

---

① 金融外部性也称静态外部性（static externality），是指产业的前后向关联效应，可以通过市场价格机制（中间投入品市场、产品市场和劳动力市场等）降低企业的经营成本，提高经营效率。

表2–1 发达国家产业集群的内涵

国家	定义	国家	定义
德国	相似公司的集聚和创新模式	美国	供应链网络和生产网络
意大利	产业知识流	加拿大	创新系统
荷兰	价值链和生产网络	澳大利亚	创新网络和生产网络
英国	区域创新系统	法国	由知识连接起来的独特产业组合
爱尔兰	价值链和生产网络		

资料来源：Theo J.A.Roelandet.Cluster Analysis and Cluster-based Policy Making In OECD Coutries：An Introduction to the Theme.Boosting Innovation：The cluster Approach. OECD PROCEEDING，2000。

对欧美发达国家的经验研究也引发了对发展中国家产业集群的关注，发展中国家也大量存在着从事特定产业的中小企业在地理上集中的现象，很多学者对此进行了研究（Schmitz，1995；McCormick，1998；Nadvi，1999 等）。但与发达国家处于"高阶"（high order）发展阶段的集群相比，发展中国家的产业集群发展还相当不成熟。其中绝大部分集群属于初级生存型的产业集群，这类集群基本上由小型企业组成，行业进入的资本与技术门槛较低，大多采用传统家庭作坊式的生产方式，企业的管理水平和产品的技术含量低下，企业间的分工合作关系只是不固定地发生（Altenburg & Meyer-stamer，1999；McCormick，1998）。只有一小部分集群内部的企业之间发展起了紧密的分工协作关系，企业具有较强的竞争实力，产品成功进入了国际市场（Cawthorne，1995；Nadvi，1999；Schmitz，1995）。但即使是这些集群也不具备发达国家"新产业区"的全部特征，集群的竞争优势主要依赖低廉的要素成本（Knorringa，1996；Rabellotti，1997；Sandee，1995；Visser，1996；Schmitz，1999）。

集群内涵涉及的另一个因素是空间维度，集群是特定行业的企业在"一定空间范围"内的集中，但"一定空间范围"究竟应如何理解，不同的学者给出了不同的界定，具体如表 2–2 所示，从中可见集群的空间范围很难有一个固定的标准。

表 2–2　产业集群的地域范围（对世界 160 个集群专家的调查）

集群的空间范围	回答人数（人）	比重（%）
一个城市内的一小部分地域	23	14.4
扩展到一个城市的大部分地域	15	9.4
一个城市及其周围地域	57	35.6
城市以外的某一乡村地区	7	4.4
延伸到一个国内区域的大部分地域	40	25.0
延伸到多个临近的区域	3	1.9
延伸到一个国家的大部分地域	7	4.3
其他	8	5.0

资料来源：Michael J. Enright，Regional clusters：What We Know and What we should Know，The University of Hong Kong，November 2001。

二、产业集群的分类

（一）基于单一维度特征的集群分类

首先，有的文献根据集群的内部结构进行分类。仇保兴（1999）根据集群内部企业之间的关系不同，认为存在着三种类型的企业集群：一是市场型中小企业集群，这类集群内部企业之间的关系以平等的市场交易联系为主；二是椎型（也称中心卫星工厂型）集群，这类集群是以大企业为中心、众多中小企业为外围而形成的；三是混合网络型集群，群内中小企业以信息联系为主，以计算机辅助设计和柔性生产方式来组织生产。米特拉卡和法里尼利（Mytelka and Farinelli，2000）根据产业集群内部企业之间的关系，把集群分为非正式集群、有组织集群和创新型集群三种类型。麦凯恩等（McCann，Arita and Gordon，2002）依照集群内部企业间的合作联系紧密程度，将产业集群划分为简单集聚体、产业综合体和社会关系网络三种类型。王珺（2001）按照企业间分工形式的不同，将广东地区专业镇（产业集群）划分为横向一体化网络与纵向一体化网络。盖文启（2002）根据群内企业的组织形式，将产业集群划分为水平一体化（网络化）型、垂直分离与水平一体化共存型和垂直分离型三种类型。

其次，有的文献基于集群形成的原因对产业集群进行分类。车维汉（2000）根据集群形成的原因，将产业集群划分为两种类型：一是空间指向型集聚，是指为充分利用地域的某种优势而形成的企业集群；二是经济联系型集聚，是指因生产过程的社会化分工所形成的企业集群，它又分为纵向联系集聚和横向联系集聚。类似地，王珺（2002）也根据集群的形成原因将集群划分为两种：一是外生型集群，它们的形成与跨国公司等外部资源的进入有关；二是内生型集群，它们是以本地的资源禀赋和市场为启动，少数具有创新精神的企业家进入某一行业，由盈利示范效应带动许多同类企业涌现而逐渐形成的中小企业集群。阿莱克尔斯（1998）根据集群内实体间的关系，将集群划分为基于创新链的集群和基于产品链的集群，前者是指分散合作进行技术、产品创新的企业和机构的集中，后者是指沿产品增值链所形成的公司和机构的集合。

（二）基于多维度特征的集群分类

首先，有的学者依据两个维度对产业集群进行类型分析。海特（Hayter，1997）按照集群企业的所有权集中和协作程度，将集群划分为四种类型：所有权集中度和协作度双高的集群；所有权集中度高和协作度低的集群；所有权集中度低和协作度高的集群；所有权集中度和协作度双低的集群。斯托波（Storper，1997）以地域化（territorialization，指经济活动对本地关系依赖的程度）和国际流（international flow，指生产要素在国际上流动的程度）为划分标准，将产业集群划分为以下四类：高度地域化和强国际流的新产业区；低度地域化和强国际流的跨国生产系统；低度地域化和弱国际流的特殊区域；国际联系很少的高度地域化系统。

其次，还有一些文献按照多个维度对产业集群进行类型划分。马库森（Markusen，1996）根据集群的构造、企业之间的联系以及集群治理结构的不同，将产业集群划分为五种类型：马歇尔式工业区（Marshallian district）、轮轴式产业区（hub-and-spoke district）、卫星平台式产业区（satellite platform district）、国家力量依赖型产业区（state-centered district）、混合式产业区。联合国贸易发展组织秘书处（UNCTAD，1998）根据企业的技术水平、市场的扩展和企业之间的合作程度这 3 个指标的组合，将集群划分为五种类型：非正式的合作网络、有组织的合作、创新性集群、科技园区和出口加工区。鲁格曼和沃伯克（2003）根据集群的结构、集群与外部的联系等因素，将集群划分为四类：一是典型的波特集群，它们由波特钻石模型所揭示的要素构成，没有核心企业。二是由许多中小规模的企业构成的集群，这些企业具有较强的外部市场倾向，与国外市场保持着各种联系。三是由一个或几个大型跨国公司支撑的集群，跨国公司是集群的主导力量。四是非对称、跨边界的产业集群，跨国公司作为这类集群的核心企业，通过促进不同集群间的相互作用来优化价值链，跨国公司扮演了集群的国际联系领导者角色。[①]

第二节　产业集群的形成与发展机理

一、马歇尔的产业区理论

马歇尔（Mashall，1890）在其著名的《经济学原理》一书中，首次分析了大量专业化中小企业在空间上集中发展的情况，提出了产业区（industrial districts）概念。他从三个方面对产业的地区性聚集进行了解释，即技术外溢（technology spillover）、中间投入品关联和劳动力市场共享（labor force pooling），这三个要素构成了马歇尔的"外部经济"概念，正是这三方面的外部经济促使从事相同或相近行业的中小企业聚集在一起。马歇尔的"产业区"理论基本抓住了19世纪中小企业集群的一些主要特征，强调区内产业分工以及企业空间聚集给中小企业带来的"外部经济性"是企业集聚的重要原因。

二、新经济地理理论

克鲁格曼（Krugman，1991）沿着马歇尔"外部经济"这一理论脉络对集聚的形成机理进行开拓。他通过一个简单的模型说明了一个国家或区域为实现规模经济而使运输成本最小化，从而使得制造业企

---

① 参见任胜钢：《基于跨国公司视角的集群研究新进展》，《外国经济管理》2004年第1期。

业倾向于将区位选择在市场需求大的地方，但大的市场需求则又取决于制造业的分布。所以，中心—外围模式的出现依赖于运输成本、规模经济和制造业聚集程度。但克鲁格曼的理论与马歇尔的"外部经济"概念也有差异，他注重一般性的外部经济，而不是特定于某一产业的外部经济。克鲁格曼认为，特殊的历史事件会在产业区形成的过程中产生巨大的影响力，也就是说现实中的产业区的形成是具有路径依赖的，而且产业空间聚集一旦建立起来，就倾向于自我延续辖区。后来，不断有学者对克鲁格曼的理论进行补充，形成了比较成熟的"新经济地理"思想，在他们关于企业聚集现象的研究文献中，企业聚集的原因通常被归结为地理集中所带来的三个优势：降低了的运输成本、高质量的劳动力市场和当地技术存在的外部性。

三、集群理论

波特（Porter）于 1990 年提出了著名的"钻石模型（diamond model）"[①] 来解释一国产业集聚（industrial clustering）形成的国际竞争优势，他把集群纳入了竞争优势理论的分析框架，创立了集群的新竞争经济理论。不过，"钻石模型"的分析对象主要集中于宏观上的国家层次的产业集群，它们往往跨越了很广的空间范围。1998 年，在《集群与新竞争经济学》一文中，波特对集群作出更进一步的解释。在波特看来，集群是指在某一特定领域内相互联系的、在地理位置上集中的公司和机构的集合。集群包括一批对竞争起重要作用的、相互

---

① 钻石模型的构成要素包括生产要素、需求、相关支撑产业、厂商结构、战略与竞争，同时，政府与机遇因素的作用也很重要。

联系的产业和其他实体。例如，它们包括零部件、机器和服务等专业化投入的供应商和专业化基础设施的提供者。集群还经常向下延伸至销售渠道和客户，并从侧面扩展到辅助性产品的制造商，以及与技能技术或投入相关的产业公司。最后，许多集群还包括提供专业化培训、教育、信息研究和技术支持的政府和其他机构——例如大学、标准的制定机构、智囊团、职业培训提供者和贸易联盟等。波特认为，集群形成的原因可以归结为历史原因；不寻常的、复杂的或紧迫的地方需求；目前已经存在的供应商产业、相关产业甚至是整个相关集群都为新集群的出现做了铺垫。集群一旦开始形成，就会出现一个自我强化的循环，这个循环能促进它的发展。这是由于这些机构在地理上的集中和相互之间的紧密联系，使集群可以通过三种方式影响竞争：首先，增强该地区企业的生产力；其次，推动创新，为未来生产力的增长奠定基础；最后，鼓励新企业的形成，扩大并增强集群本身。

四、新产业区理论

20 世纪 70 年代末，以意大利东北部地区为主的"第三意大利"地区产业发展迅猛。"第三意大利"现象引起了国际上的广泛重视，由此带动了对其他发达国家"产业区"的研究。学者们发现，类似的产业区在欧洲其他地区也存在，并具有一些共同的特征：（1）产业区是一个在空间上集中的地域生产系统，其中存在着大量处于生产工序的不同阶段或采用不同方式生产同一或类似产品的企业，而这些企业中的绝大多数均是小企业或微型企业（micro-enterprises）。（2）产业区内企业之间的专业化分工发达，采用"柔性专业化"（flexible Specialization）的生产方式。（3）产业区中同时存在竞争和协作的关系，竞争是基于创新而不是在压低工资的基础之上进行的。（4）其他市场机构和组织，包括企业、金融机构、地方商会、培训机构等在产业区内发挥积极作用。（5）区域内具有共同的文化背景和制度环境。正是以上这些因素的互相作用，使位于产业区内的企业比单独发展的企业具有更大的竞争力（Lazerson，1988；Brusco，1990；Best，1990；Bianchi，1992；Zeitlin，1989；Pyke，et al.，1990；Murray，1991；Piore & Sabel，1984；Strprper and Scott，1992）。为了与马歇尔所分析的 19 世纪的产业区相区别，人们一般将这种产业区称作"新产业区（New Industrial District）"。该理论认为，新产业区的形成可能是由于以下原因：其一，随着研究与开发费用的增高以及产品生命周期的缩短，创新的重要性加强，但创新的难度加大，而以企业网络为基础的创新环境会促使企业创新活动的发展；其二，随着技术的进步和劳动社会分工的复杂化、多样化、细致化，众多中小企业为寻求外部范围经济而进行专业化生产；其三，根据客户需求定制的弹性生产、即时生产和看板管理模式的普及，使得柔性专业化生产方式取代了传统的大批量垂直一体化生产方式；其四，特定的社会文化氛围，包括基于信任的创新性产业文化和区域文化促进了企业的集中。

"新产业区"理论是对马歇尔产业区理论的进一步拓展，对新的技术条件和需求环境下发达国家中典型的企业集群现象进行了分析。与马歇尔产业区理论相比，"新产业区"理论的拓展主要表现在以下几方面：（1）"新产业区"理论将产业集群看成一种聚集形态的企业网络，导致"企业网络（enterprise network）"理论作为一种新的分析视角也被广泛运用于对集群的研究。企业网络理论以"资源依赖"为分析基础，认为不同企业之间控制的资源存在差异，为实现自己的战略目标，企业之间必须要建立各种联系和互动关系以利用对方资源。企业网络的实质就是企业之间的合作关系，这是一种既不同于公平市场交易又有异于企业内部化交易的一种中间组织模式。但企业网络模型在解释集群现象时也有缺陷：它只能用来解释合作行为，而且企业网络的范围很大，网络中主体的距离可远可近，并不一定强调特定空间的聚集。(2)"新产业区"理论提出了"柔性专业化"生产方式。对"柔性专业化"作出精辟解释的是皮埃尔和赛伯（Piore and Sabel）。他们认为，福特制生产方式开始转变为柔性专业化的生产。柔性生产是指熟练劳工使用多种用途设备进行小批量、多品种生产，以满足不断变化的细分市场需求；而专业化则指企业更多利用分包安排，发展企业之间的劳动分工。柔性专业化生产方式的兴起使中小企业对经济发展的重要作用增加。而实行柔性专业化生产的企业往往是聚集在一起的。这种生产方式有两种类型：一种是以大企业为主导的，如日本丰田生产体制；一种是以小企业为主导的，如意大利。这一理论从生产管理方法的角度对发达国家的集群现象进行了较好的解释。(3)"新产业区"理论指出产业集群是一种典型的集地理区域分工与产业分工于一体的现象。斯蒂格勒（Stiglar）指出，市场需求的变化影响企业内和企业间的劳动力分工；威廉姆森（Williamson）解释了劳动力分工和企业垂直一体化和分散化的决定因素是交易费用，集群内由于空间邻近以及信赖关系所产生的低交易费用是区域内深度劳动分工现象的一个重要原因。

五、集体效率理论

与以上多个理论不同的是，集体效率理论以传统的经济学分析为基础，对于解释发展中国家产业集群的形成和发展更加深入。施密茨（Schmitz）在其代表文献之一《集体效率：小规模产业的成长路径》一文中，以外部经济为起点，认为产业集群成长主要来自两个部分，即外部经济和集体行动（collective action，也译为"联合行动"，既包括两个企业间的"双边合作"行为，也包括多个企业间的"多边合作"行为）。企业在地域上的集中产生了经济上的外部效应，但是单纯的外部效应很难产生规模效应，还需要群内企业进行集体行动才能更具有竞争优势。集体效率模型吸收了马歇尔外部经济概念和战略管理中的企业联盟与合作的概念，特别强调了聚集区域内企业之间的合作对于提升小企业竞争力的重要性。

六、全球价值链理论

该理论的内核最早来自波特提出的价值链概念。价值链分析方法强调应该从产品生产的整个链条来看待一个产品，要分析一个产品从概念形成到最终消费的全过程。卡普林斯基（Kaplinsky）对波特的价值链模型进行了扩展，将公司间的联系也考虑进去。格雷夫（Gereffi）是全球价值链理论领域最具有影响力的学者，他的分析角度从单纯局限于一个国家扩展到整个全球商品链，强调不同国家在全球商品链上合作的重要性及其关联。全球价值链理论模型的一大优势在于，它可以解释发展中国家的产业集群现象，正确认识到目前许多发展中国家的产业集群都是全球商品链的一部分，但对发展中国家的集群如何更有效地成长与培育则很少涉及。

以上理论对产业集群的成长机制给出了不同视角的分析，根据施密茨的理论，我们可以把集群的内在机制概括为"外部经济"和"协作行为"两大类，前者是指一旦相关产业在一定的空间范围内聚集给企业所带来的种种优势，但这是一种"被动"（passive）的效应；集群的竞争优势的体现更需要集群内各主体之间有意识的联合行动，这既包括两个企业之间的合作行为，也包括多个企业间的集体行动，这才是一种更为"主动"（active）的集群效应。不同的理论对这两种机制的强调是不同的，具体如表 2-3 所示。

表 2-3 不同理论对"外部经济"以及"协作效应"的强调

外部经济	协作效应
外部经济理论 聚集经济理论 新经济地理思想 集群理论 新产业区理论 集体效率模型	集群理论 新产业区理论 企业网络理论 劳动分工理论 柔性专业化理论 GCC 模型 集体效率模型

第三节 产业集群发展的政策研究

产业集群作为一种有效的地方生产系统，其发展绩效引起了广泛的关注，当企业集聚与产业竞争力的关联度显著提高以后，对一个地区来说，如何促进当地企业集聚和产业集群的发展就成为整个经济发展的基本问题。越来越多的学者发现，由地方公共机构（local institutions）①针对集群的特征和发展过程中遇到的困境，实行的一系

---

① 这里所指的地方公共机构主要包括地方性行业协会、商会、地方权力中心、发展机构、创新中心、商业服务组织、培训机构、咨询机构等非盈利性的公共组织。

列不同类型的干预措施，在产业集群发展和壮大的过程中起到了巨大的作用。

一、基于发达国家的研究

波特（Porter）对集群中的政府作用进行了全面的分析。在"钻石模型"中，他认为政府通过努力可以改变影响竞争优势的 4 个主要因素的状态，从而有助于提升产业集群的钻石结构。政府的角色应该是着力改进影响企业竞争力的环境，使企业集群的发展与升级更顺畅。政府促进集群成长的经济政策包括法规改革、吸引外商直接投资、科技政策、发展先进与专业化生产要素、聚集与散布经济资讯、拓展外销等。特别是必须确保有高质量投入的供给，执行竞争的规则和提供大量对集群成长有重要影响的公共品或准公共品。波特还为各级政府如何促进产业集群发展提出了一个基本框架，阐述了在产业集群发展不同阶段的干预措施。随着集群发展与成熟，它们的竞争优势的来源开始转变，政府政策干预的优先顺序也应随之改变。早期的优先顺序涉及改善基础建设，和解决钻石体系中的不利因素；后期的角色则更偏重于去除限制创新的障碍。

范迪克（Dijk，M.P.Van）指出，促进集群成长的关键性政府政策应该包括建立创新中心、促进企业间转包活动、增进活动的集聚化（clustering）、商业团体和网络的创建，而最大的挑战则是如何整合集群内企业间的合作与激烈竞争之间的关系。他认为，不同类型集群中起主要作用的内在机制是不同的，因此，政府干预政策也应该是有针对性的。对于地理位置型集群（Locational cluster）而言，要着重促进中小企业的发展和促进企业间的网络化；对于市场型集群

(Market cluster) 而言，需要促进出口并提供发展空间以及基础设施；对于劳动分工型集群（Labor division cluster）而言，促进分包的发展以及企业间的联系，使企业间建立信任是至关重要的；创新型集群（Innovative cluster）则需要建立创新中心以及强化技术传递的机制；在成熟的产业区（Full-fledged industrial district），地方政府要提供可以使企业充分发挥活力的环境；促进研究与开发（R&D）机构以及知识系统的发展则是技术极（Technopoles）中的关键因素。

　　施密兹和穆斯科（Schmitz & Musyck）对发达国家的四个产业集群——"第三意大利"、德国的巴登—符腾堡（Baden-Württermberg）、丹麦的竹特兰（Jutland）以及比利时的西南福兰德斯（South-West Flanders）——中的地方公共机构进行了研究，并以此为基础提出了基于地方公共机构的产业政策的新模型（a new model of industrial policy based on local institutions）。他们认为，这些产业集群的出现并不是中央或地方政府有意识的产业政策的结果；但是，地方公共机构的干预的确随着产业集群的发展而变得日益重要。地方公共机构由于具有社会根植性（social embeddedness）①，它们往往能从本地的实际出发并更具有发展本地经济的责任感，执行更为透明的扶持措施。地方公共机构对产业集群的促进政策包括：提供资金、对工人以及企业家进行培训、提供真实服务以及工资谈判。他们还提出了一个地方公共机构干预措施的框架，具体包括：政府机构应对非政府机构充分授权，干预措施应通过靠近接受服务的企业的机构来执行，通过商会（business association）以及生产者公会（producer consortia）来实现

---

①　根植性的概念来源于社会学理论，可以追溯到格兰诺维特的社会关系思想（Granovetter，1985）。它的含义是经济行为深深嵌入当地的社会环境之中。

中小企业的自助发展（self-help）。

对"第三意大利"的专门研究表明，"第三意大利"在国家层面上是缺乏制度干预的，对于意大利新产业区的干预主要是在地方的层面上。最突出的是在 20 世纪 70 年代，意大利为了促进地方制造业的发展，而设立了地方金融机构和发展委员会，主要的手段是金融激励（Bianchi, et al., 1986）。新产业区中一个更有代表性的特点就是存在大量"真实服务（real service）中心"为中小企业提供非金融支持的"真实服务"。所谓"真实服务"，是一种通过集体提供企业发展服务导致企业集群及企业内部产生结构性变化的服务活动。"真实服务（real service）中心"这种公共社会服务机构的目标是通过引导企业层面和集群层面的结构性变动，使中小企业获得进入国际市场的有利时机。在意大利 56 个产业集群中形成了超过 130 个真实服务中心，这些中心有些是由地方政府主办的，但大部分是由地方政府与当地的制造商协会、商会或其他中小企业服务机构合办的。例如，曼泽洛（Manzano）桌椅生产集群中的普若莫斯迪亚（Promosedia）、莫德纳（Modena）纺织业集群中的 CITER（Centro Informazione Tessile Emilia-Romagna）、圣丹尼拉（San Daniele）火腿制造集群中的 CPSD（Consorzio del Prosciutto di San Daniele）、布兰塔（brenta）制鞋业集群中的 ACRIB 等，这些中心提供了大量高质量服务，包括信贷担保，出口保险和出口奖励，展览会组织，获取市场、技术变化的有关信息，客户评定，咨询，培训，废物管理，污染控制，质量保证，商标授予，产品推广，创新支持，大批量原料采购以及产品检验等（Brusco, 1988；Becatini, 1989；Pyke and Sengenberger, 1990；Capecchi, 1990）。

若兰特等人（Roelandt et al.）研究了 OCED 国家中的产业集群政

策。他们将集群看作是一个以市场为基础的创新系统，认为政府能够创造一个有效率的激励性结构来去除创新系统中的系统缺陷；建立一个稳定的可以预见的政治和经济环境；为自由市场机制有效发挥作用创造一个有利的环境并消除市场缺陷；促进集群中的各种主体之间的互动和知识的交流；提供战略性的信息以消除市场信息的不完整等。许多OECD国家（如芬兰、丹麦、瑞典、新西兰、英国、美国、澳大利亚、意大利等）的集群政策都致力于消除创新系统中的市场失效（具体见表2-4）。除了一些比较小的发达国家，近年来他们所采取的产业集群政策主要都是由地方政府来推动的（Enright and Ffowcs-Williams，2000）。

表2-4　针对系统性缺陷（systemic imperfections）的集群政策

系统性缺陷	政策反应	采取集群政策的国家
市场运行的低效率	促进有力的竞争和调整性的改革政策	几乎所有国家
信息缺乏	• 前沿技术的学习	• 瑞典、新西兰、德国
	• 战略性市场信息和战略性集群的研究	• 加拿大、丹麦、芬兰
创新系统中主体缺乏互动	• 经纪人和促进网络化的其他机构和计划	• 澳大利亚、丹麦、新西兰
	• 提供建设性对话的平台	• 澳大利亚、丹麦、新西兰、美国、芬兰、英国、瑞典、德国
	• 促进网络中的合作	• 比利时、芬兰、英国、美国、新西兰
公共知识机构供给与市场需求的矛盾	• 加入先进的产业研究中心	• 比利时、丹麦、芬兰、西班牙、瑞典、瑞士、新西兰、德国
	• 促进联合性的产业研究与合作	• 西班牙、芬兰、瑞典
	• 人力资源投资	• 丹麦、瑞典
	• 技术转移计划	• 西班牙、瑞典

续表

系统性缺陷	政策反应	采取集群政策的国家
缺乏挑剔的顾客	• 公共采购政策	• 澳大利亚、新西兰、瑞典、丹麦
政府失败	• 私有化	• 所有国家
	• 取消对产业的补助	• 加拿大
	• 公平地地制订政策	• 丹麦、芬兰、加拿大
	• 公共咨询	• 加拿大、新西兰
	• 缩减政府干预规模	• 加拿大、美国

资料来源：Th. J. A. Roelandt, V. A. Gilsing & J. van Sinderen, "New Policies for the New Economy Cluster-based Innovation Policy：International Experiences", Paper presented at the 4th Annual EUNIP, 7-9 December 2000。

二、基于发展中国家的研究

欧美发达国家的干预政策主要是针对一类成熟型的集群，而广大发展中国家大量存在的是发展仍处于初级或成长期的集群，休弗瑞和施密兹（Humphrey & Schmitz）就曾指出，欧洲的经验并没有指出如何使萌芽状态的集群成长。发展中国家大量存在的是处于发展初期或成长期的集群。促进这类集群的成长，需要运用与发达国家有差异的干预政策。

联合国相关机构通过对大量发展中国家的案例研究，得出了一系列有指导意义的观点（UNCTAD，1995）。产业集群是在特殊的历史和社会——经济环境下自发形成的，但在帮助已形成集群保持、提升竞争力方面，不同类型的公共与私人机构的干预政策却能够起到十分重要的作用。其中有代表性的案例包括印度的班加罗尔软件业集群和巴基斯坦医疗器械业集群。虽然从头创建一个有活力的集群是一件十分困难的事情，但一些国家的确也出现了成功的案例——通过公共干预政策成功促进了企业间网络的建立。例如，智利的 PROFO 计划。对政府在企业集群发展中的作用，UNCTAD 提出了一些政策建议：政府政策的焦点应该放在创造以及维持一个有助于企业之间合作的整体性的经济环境，这包括"硬环境"和"软环境"两个方面；政府应该确保法规制度环境有利于企业间的合作；政府，特别是发展中国家和转型国家的政府，应该把政策焦点放在创造一个授权的宏观环境，一个有效的法律法规框架，提供基本的基础设施和服务（包括教育）来促进企业间的合作和集群的生成；政府与私人机构之间应进行持续、有效的对话；政府应同时促进企业之间的竞争与合作；政府应资助中小企业参加贸易博览会等活动，使企业家了解新的技术、市场；政府应该加强企业与外界之间的联系。

休弗瑞和施密兹（Humphrey & Schmitz）的研究发现，在发展中国家处于发展初期的中小企业集群中，有效的干预政策是一种"三C"方案（Triple C approach）。这"三C"是指：第一，以顾客为导向（customer-oriented）。具体的支持措施包括：（1）组织中小企业参加商业博览会。对于缺乏活力的企业集群来说，博览会能起到一个催化剂的作用——为企业带来了新的订单、新的生产技术并能激发后进企业的"追赶"意识。（2）公共采购（public procurement）。通常这是一份需要多个企业共同完成的生产订单，而且还需要有一个自助的组织来协调采购方与生产方的关系以达到以下的目标：降低交易成本、使生产方的各成员企业形成共同的责任感、为生产方的各成员提供合作和学习的机会。（3）促进中小企业与大企业之间的联系。第二，公共政策应是"集体性"（collective）的，即干预措施应针对整个产业集群而不是其中的某个企业。第三，公共政策应是"累积性"

（cumulative）的，干预政策的最终目的是创造出能自我生存和发展的富有竞争力的中小企业，而不是造成中小企业的依赖性。

奥特伯格和麦尔斯坦默（Altenburg & Meyer-stamer）对拉丁美洲的企业集群进行了实证研究，认为有针对性的公共干预措施对集群的成长十分重要。对于生存型的企业集群，由于其中几乎全部是传统落后的小型企业，公共政策的重点是使其与其他地区的现代化企业建立联系、支持它们参观商业博览会（trade fair）、促进区内企业间的"结网"合作来提高企业的竞争力、采用集体担保的机制为企业提供金融服务。对于存在核心大企业的企业集群，干预措施的重点是促进集群的升级，特别是在创新以及技术学习方面。首先要使企业家意识到升级的重要性，这可以通过"标杆"（benchmarking）效应来实现（以国际市场上领先企业作为标准，区内企业与之进行对比），帮助企业通过集群内的联合行动以达到国际上最先进的标准。除此之外，还应该创造私人企业发展的环境；加强区内中小企业与大企业的合作，使中小企业通过与大企业的互动而学习（learning-by-interacting）到后者的先进管理经验和技术；提供信息以及咨询方面的服务；为企业提供培训；建立技术中心并使其得到广泛使用。

麦考密克（Mccormick）在对非洲地区六个集群研究的基础上，指出政府促进集聚化（clustering）的政策包括：提供完善的基础设施和其他激励措施以促进生产者以及相关服务的提供者在指定区域集中；创造有利于商业活动的政策环境；稳定市场，允许所有规模的商业活动；促进协会的行动，这并不是指要从上至下建立一个协会，而是提供一个制度性的框架，允许他们形成、发展并更好地应对其成员企业的需求。

在有些发展中国家，也形成了一些比较成熟的产业集群，集群内企业间发展出现了深入的劳动分工关系，企业具有较强的竞争实力，产品成功打入国际市场。对这一类集群的干预政策主要体现在：当这些集群遇到外部危机挑战时，地方公共机构如何及时作出反应，使集群成功渡过危机而持续成长（Cawthorne，1995；Nadvi，1999；Schmitz，1995）。

在印度提若普（Triuppur）针织集群中，企业曾遭遇出口危机。位于区内的服装出口促进委员会（APEC），通过配额制管理成衣出口，代表地区与进口商进行双边贸易谈判，同时组织贸易代表团搜集国内外的市场数据，进行商情预测与分析，积极为企业开拓新的出口渠道。区内的另一个同业公会——南亚纺织研究协会（SITRA）则在教育、培训和检测设备方面给予企业大力支持。APEC 和 SITRA 共同成立的研究开发测试实验室和培训学会，一方面为企业提供衣料和染色的测试设备，确保企业适应全球不断提高的质量要求；另一方面帮助企业优化复杂的衣料模板制作和成衣设计的 CAD 技术（UNCTAD，1998）。

印度南部的维罗尔（Vellore）地区有一个皮革制品集群。在集群的发展过程中遇到两次比较严重的危机。第一次是 20 世纪 70 年代，当集群主要生产皮革半成品时，印度政府限制这类产品的出口而鼓励出口成品。龙头企业很快作出反应进行产业升级。政府支持成立的皮革研究所为企业（主要是小企业）提供培训、检测设备以及认证服务。有几个镇还成立了合作协会帮助小制革厂进行工艺升级。第二次危机是该地区许多企业因污染严重超标而遭法院关闭。在地方政府资金和技术的支持下，大部分乡镇选择建立集体污染处理厂。通过企业家的集体行动和政府的支持，顺利解决了该地区的污染危机（Kennedy，1999）。

　　巴基斯坦塞尔科特（Siakot）地区不锈钢外科手术仪器集群，在面临美国食品及药物管理局（FDA）的出口禁运危机时，集群的公共机构发挥了关键作用。外科手术仪器制造商协会（SIMA）对来自产品质量的外界压力迅速作出反应，代表集群直接与 FDA 协商。在解除出口限制后，协会继续游说政府提供资金和技术支持。通过 SIMA 努力，巴基斯坦政府与美国当局协商为集群提供帮助，政府也同意援助建立一个 FDA 认可的质量保证协会，SIMA 为整个集群引进质量顾问，协助改变当时的困境，并使集群内的大多数企业获得了专有技术，帮助企业达到国际认可的 GMP 质量标准（Nadvi，1999）。

　　在巴西的鞋业制造基地塞诺谷（Sinos valley），在政府的支持下建立了企业协会组织 FENAC，为企业提供培训、技术支持与销售服务，举办博览会，吸引外部销售商，带领本地制造商参加海外展销等等。除了 FENAC 外，还有各种职业协会、纠纷处理组织、提供培训和技术服务的中心等。这些组织的建立意味着在政府等机构的协助下，企业有意识地投资于企业间关系，使企业间合作关系更趋稳定。该地区在 20 世纪 90 年代受中国产品进入美国市场的冲击，出口大幅下滑，但现在，该地区通过"更高的合作精神"，加强了企业间的合作，缩短了交货时间，提高了产品的质量和档次，恢复了出口的增长（Schmitz，1999）。

　　从这些发展中国家的经验来看，地区商业协会在集群里起到了重要的作用，他们为企业提供各种类型的服务。总体来说，发展中国家的大多数工业战略都是由中央制定的，地方的层面由于被中央集权阻碍很少有自己的策略，并且还缺乏财政的独立，因此地方政府的作用比较有限。

三、国内学者的研究

相比国外集群文献，国内学者对产业集群的研究基本上属于应用型研究，大多数文献均运用产业集群的基本理论解释我国地方集群经济的发展，并进行相关政策探讨。我国学者的共识是：虽然企业集群大都是在市场机制的作用下自发形成的，但是，在引导集群合理有序发展，创造一个有利于创新的良好外部环境，推进产业集群升级，以及防止企业集群退化甚至走向衰退方面，政府政策的作用是重要的。当然，这种干预必须建立在市场经济体制的基础之上，政府行为和政策研究是国内集群文献关注的重点问题。

首先，早期的研究主要在一般意义上分析了政府干预对产业集群形成与发展的影响。符正平（2001）认为，集群政策要有针对性，对初级型集群，主要政策干预目标是：促进区内中小企业之间的网络化和增强它们之间的相互联系，通过提供空间和基础设施开办专业市场，吸引外地贸易商和出口商加盟，以解决产品销售渠道这个制约中小企业发展的瓶颈。对于成熟型集群，则要鼓励企业间开展劳动分工；建立创新中心和技术转移机构，提高企业技术水平；加强与大学、技术院校合作，对区内的企业家和工人开展管理培训和技能培训。蔡宁、杨闩柱和吴结兵（2003）在分析了集群所具有的周期性、结构性以及网络性风险后，提出了基于企业集群生命周期的对策建议。在集群的创建期，关键是要有意识地努力形成必要的网络；在企业集群发展关键的成长期和成熟期，政府要引导企业积极参与网络（关系）建设和维护。对于集群中组织化程度低的问题，可以通过组建行业协会，加强行业自律，提高网络组织化程度，避免本地网络内企业间低价倾销等无序竞争行为。要在企业集群内部建立质量测试中心、统一质量标准、统一价格机制以维护共同的利益；同时，可以通过建设硬环境一流、管理规范的工业园区，举办产品的博览会，扩大区域品牌影响力和美誉度，开拓新市场，吸引更多的顾客。鲁慧君（2003）认为，在集群发展中，企业是主导者，而政府则是催化剂和润滑剂，是信息平台、服务机构和规划制订者。她强调地方政府的干预政策要区分集群的不同成长阶段。对于萌芽状态的集群，政府应该营造集群的生成条件，并对其能否成长为集群的潜力进行评估。对于符合条件的集群，地方政府的政策干预要点为：(1) 提高政府办事效率，降低企业运营成本；(2) 完善中介服务体系；(3) 改善金融机构服务，拓展集群的外部融资渠道；(4) 制定有效的产学研结合政策；(5) 引导小企业集群与大企业间的协作；(6) 通过各种政策扶持创新企业；(7) 引导集群文化形成；(8) 提高集群整体知名度，树立区域品牌。对于已经形成的成熟型集群，政府支持的重点是帮助其实现升级改造，使集群具备持续的增长潜力，其具体措施包括：(1) 政府应成为多种形式的产学研的推动者；(2) 推进集群企业开拓国际市场，提高集群与国际大市场的对接能力；(3) 推进本地区集群与外界集群的合作交流；(4) 促进企业间、企业与机构间信赖合作关系的建立，促进龙头企业形成；(5) 引导企业加强行业自律，维护区域品牌形象等。魏守华和王缉慈（2001）从浙江嵊州领带业集群的案例研究出发，指出了地方政府在企业集群发展中的作用，具体包括：解决生产要素供给的"瓶颈"，提供必要的公共服务，开展区域创新环境建设和产品质量监管。朱华晟和盖文启（2001）对浙江诸暨大唐袜业集群进行案例研究，认为大唐袜业集群的发展过程中，地方政府（市及乡镇政府）的引导和调控作用尤为重要，他们的引导措施包括：提供市场和技术信息服务；合理规划功能小区，促进集群健康发展；树立区域形象，改善区域投资环境。丘海雄等

（2002）认为，广东专业镇发展过程中地方政府的作用主要包括：一是地方政府牵头举办展销会或者组织当地企业参加其他地方的展销会；二是划地作为生产基地和专业市场；三是为企业之间以及企业与其他组织之间的合作和贸易往来牵线搭桥；四是参与解决制约特色产业发展所面临的障碍，为企业的发展提供咨询和扶持；五是推动行业协会的建立。黄振荣、邱加盛（2003）认为，在广东南海南庄陶瓷专业镇的形成和发展过程中，本地政府起了至关重要的作用。南庄陶瓷产业发展模式的精髓就在于：在产业发展的不同阶段，政府恰当地扮演了合适的角色。这个过程可以用"二进一出"来描述。第一阶段是指 20世纪 90 年代初期，镇政府要求各管理区（村）集资建厂，并在税收和金融政策上予以扶持，从而使产业集群快速成长起来；第二阶段是 20世纪 90 年代末期，镇政府拍卖集体企业，政府退出市场。体制创新带来民营企业的大发展，他们产品创新能力得到发挥，营销手段多样化，品牌意识加强；第三阶段是进入 21 世纪后，镇政府以另一种方式介入专业镇的发展，通过优化区域创新环境来提高集群的产业结构。

其次，近年来随着我国经济整体进入转型发展阶段，不少文献开始着重探讨集群经济转型升级问题。王战营（2012）认为，随着集群内企业数量的不断增多、集群内分工的日趋专业化、集群内企业协同机制的缺失、产业集群同质化现象严重等问题的出现，政府干预便成为集群健康发展必不可少的条件。适度的政府干预可以有效防止交易费用的增加、促进网络协同效应的有效发挥、促进集群产业结构的优化和升级。绳立成（2012）运用 agent 方法，从集群内部企业的行为入手，分析集群内企业对产业政策响应机制，建立产业集群——政府作用模型，揭示了政府政策干预对产业集群升级的作用。王晓霞（2013）认为，作为集群升级的重要行为主体，政府应当完善集群升级政策支持体系，进行相应的制度设计和创新，主要包括推进集群创新网络重构与协同升级体系建设、构建区域层面的超集群学习机制和异地转移机制、强化集群升级公共服务平台支撑、创新集群升级的地方治理制度和加强集群升级政策的保障体系建设。雷宏振、张敬博（2013）以动漫产业集群为例，构建了包含政策投入和集群知识创新的理论模型，研究了政策投入与集群企业知识创新之间的关系，探讨了政府投入性政策对动漫产业集群知识创新及集群绩效可能产生的影响。阮建青等（2014）认为，产业集群会经历三个动态演化阶段：集群发展早期处于数量扩张期，在这一阶段，集群可能陷入内生质量危机；若能克服质量危机，集群将演化到质量提升期，在这一阶段的末期，宏观经济的发展逐渐影响着区域间相对比较优势，集群经济较发达的区域将面临要素成本不断上涨的压力；若产业集群能够将利润重心从生产环节升级到技术研发、品牌创新与市场开拓环节，则集群就会成功地演进到研发与品牌创新期。但是，上述三阶段之间的演进并非自然发生的事情，需要地方政府提供具有集群外部性的公共产品，适当的政策干预是必不可少的。李兴旺、郭毅（2014）构建了反映产业集群政策作用机理的 P—F—E 模型，运用结构方程对产业集群政策的作用机理进行了实证研究。他们发现，集群政策对集群成长关键因素具有显著影响作用，集群成长关键因素对集群绩效具有显著影响作用，而集群成长关键因素在集群政策和集群绩效之间具有部分中介作用。李晨光、张永安（2015）结合社会结构矩阵和网络拓扑分析方法，构建了分析产业集群科技政策实施和响应机理的路径关键度模型，提出了"文本挖掘—要素网络—矩阵绘图—拓扑分析—统计验证"的政策路径研究框架，基于布尔权重筛选出 12 项关键要素，实证分析了集群科技政策要素作用路径及响应效果。

第三章　产业集群竞争优势的理论分析

第一节　产业集群网络的结构与功能

一、产业集群网络的结构

通过对现有研究的简单梳理，我们可以发现产业集群的内涵不仅随时间而发生动态的变化，而且会因为国家所处的经济发展阶段差异呈现出不同的特征。现有研究基本上是在马歇尔产业区概念的基础上，结合具体的案例对产业集群的内涵进行界定的。尽管不同的区域案例在一些方面具有共性，但差异也比较大。为了尽可能多地涵盖世界各地出现的集群现象，我们借鉴联合国工业发展组织（UNIDO，2001）的研究将产业集群定义如下：即产业集群是生产或销售一系列相关或互补产品的企业、提供专业化生产性服务的机构、提供地方化公共产品的组织在一定空间范围内的网络化集中，这种集中能够提供外部经济性，有助于集群内市场主体更好地应对共同面临的挑战和机会。在这一定义的基础上，我们将产业集群看成一个专业化生产网络，并用图3-1来刻画一个典型集群生产网络的构成要素及其相互联系。作为地域性生产网络，成熟的产业集群应具有以下几方面特征：(1) 集群内企业和其他行为主体在空间上较为接近，一定地理空间的经济密度较高；(2) 集群内企业从事相同、相近的生产活动，上下游企业间的纵向分工和同类企业之间的横向分工较为发达；(3) 市场中介组织、政府组织等在集群形成和发展过程中起到了不可或缺的作用；(4) 集群内行为主体共享了本地化的制度体系和社会网络，经济行为深深嵌入到了社会网络之中；(5) 集群内行为主体构成了竞争性及互补性

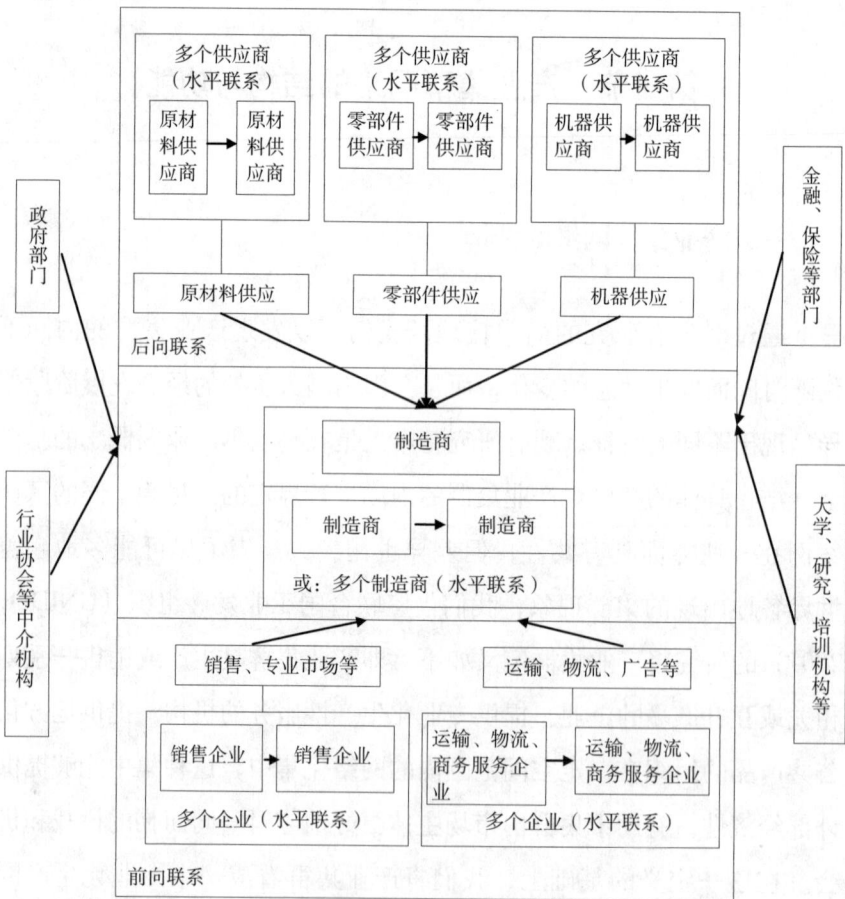

图 3-1　产业集群的内涵与要素构成

网络，网络协同效应的发挥提高了集群的外部经济和规模经济水平。

从图 3-1 可以看出，一个典型的产业集群内部存在三种类型的网络：一是企业的纵向分工网络。这种网络是由产品价值链上、中、下游企业所组成的，包括上游的原材料供应商、零部件供应商和机器供应商，中游的成品制造商，以及下游的运输、物流、营销和商务服务等企业。这些企业根据各自的比较优势专业化于产品价值链的某一环节，通过各种市场和非市场交易活动相互联系，共同协作完成产品的生产和销售活动，相互之间是一种协作关系。二是企业的横向分工网络。这种网络是由生产相同或相近产品的企业，以及提供相同或相近服务的企业所组成的，包括上游多个原材料供应商、零部件供应商和机器供应商之间的分工，中游的多个成品制造商之间的分工，以及下游多个运输、物流、营销和商务服务等企业之间的分工。这些企业相互之间是一种水平分工关系，它们共同面对相同的市场，相互之间进行着激烈的市场竞争。三是公共机构网络。这种网络是由各种市场中介组织、准政府组织以及政府组织所组成的，包括行业协会、商会等市场中介组织，金融、保险等金融中介组织，创新中心、大学、研究机构、培训机构等知识创造与传递组织，以及为集群企业提供各种公共服务的政府组织。上述三类网络并不是相互孤立的，它们之间也通过各种市场和非市场渠道发生联系，集群成长所需要的各种稀缺资源就在其中流动，因此，集群内部各种网络的发育水平和结构差异对产业集群的发展十分重要。

二、产业集群网络的功能分析

从网络的观点来看，在产业集群中单个的中小企业如果想要克服自己在生产经营过程中所面临的技术、资本、人才和市场等障碍，就必须借助于外部网络的支持，包括从外部网络输入资本、信息、人才、知识等资源，或直接得到其他网络主体的各种专业化生产性服务。但是，不同类型的网络对企业获取稀缺资源具有不同的影响，进而在产业集群竞争力形成过程中扮演着不同的角色。

（一）纵向分工网络的功能

集群企业可以从所在的纵向专业化分工网络中获取所需资源和服务支持。20 世纪 80 年代以来，工业生产的方式发生了从以大规模、大批量生产为主要特征的福特制生产方式向柔性专业化方式的转变。在柔性专业化生产方式中，小批量、快节奏、无存货的弹性专精生产体系替代了传统的大规模垂直一体化生产体系，传统的大型企业垂直一体化为"分包制"等形式的企业间纵向专业化分工所取代。众多中小企业通过外包的方式为一家或几家大企业生产零部件和提供专业化服务，这样就形成了以大企业为核心，中小企业围绕在其周围的"中心卫星式"生产网络。大企业从事成品生产和销售，中小企业为大企业提供中间产品配套服务，这导致了大企业与中小企业产品的市场需求差异。对大企业产品的需求来自外部产品市场，而中小企业并不直接面对外部市场，其产品需求来自居于产业链高端的大企业，产品需求差异使得大企业和中小企业之间不存在市场竞争关系，而它们之间的长期交易联系大大降低了企业之间的交易成本，促进了基于共同利益的企业合作行为。这对产业集群整体竞争力的提升起到了很大的作用。

在具有大量产业内分工情况的企业集群中，纵向分工网络对降低企业交易成本、提高集群内部产品配套交易效率具有重要的意义。

马库森（Markusen，1996）轮轴式产业区概念描述的就是这类企业集群，通常有一些大企业居于产业链的末端，诸多供应商、采购商、销售商、配套企业、咨询机构和服务部门等聚集在一起。这类产业集群内部典型的交易关系发生在核心大企业和其配套厂商之间，由于一个集群通常只生产某一类产品，厂商的生产设备和知识具有高度的专用性，特别是那些中间产品制造商。核心企业和配套企业通常保持着长久的交易关系，企业一般不轻易更改自己的交易伙伴，并能在长期内相互调适交易条件，几乎不会发生合约执行上的违约情况。在长期交易关系中，核心企业和配套企业所采取的合约形式更类似于麦克内尔（Macneil，1974）所说的关系合同①，虽然交易双方也就每批商品的买卖形成书面契约，但这种契约在交易条件方面是可以相互调适的，配套企业随时根据成品企业的要求调整产品的规格、型号和质量，货款的支付通常是按固定时间结算。表面上看来，成品企业对配套企业处于有利的"敲竹杠"地位，但实际上双方都投入了专用资产，由于成品企业之间的目标市场已充分细分，并且有时客户还指定成品企业选择的配件，成品企业重新选择配套厂商的转换成本也比较高，而且

---

① 麦克内尔将现实中的契约形式分为"古典契约"、"新古典契约"和"关系契约"三种类型。威廉姆森从节约交易费用的角度进一步把不同类型的交易与契约形式结合起来分析。他根据交易的不确定性、资产专用性和频率三个维度对经济主体间交易行为进行了分类。古典合同是在一个有组织的市场上参与者买卖的一种标准化契约，单位合同之间可以完全互相替代，合同中的交易条件完全不受交易方身份的影响，是一种典型的非专用性交易，这类交易通常采用市场治理的形式。对于那些具有中等和高度专用性交易，相互之间关系的维持对于交易参与者来说意义重大。因为交易中的专用性投资一旦作出，各方为了避免专用性资产价值损失必须完成交易，此时市场治理和古典合同不能满足需要。包含中等和高度专用性投资的重复交易需要采取专门的治理结构，由于交易的非标准化特征，交易关系的持续具有极大的经济价值，关系合同适用于这样的情况。

"敲竹杠"的名声也会令成品企业难以在当地更换交易伙伴，如果在集群以外进行产品配套则会导致生产成本上升，因此在没有特殊外部事件冲击的情况下，成品企业也有积极性去维持和配套厂商之间的长期交易关系。特别值得注意的是，稳定的长期交易关系也有助于建立起交易双方的"双边声誉机制"（bilateral reputation mechanism），这种双边声誉机制塑造了一种合作的文化氛围，有助于降低集群交易费用，提高产品配套的效率①。

　　此外，纵向分工网络内的长期交易联系也有利于促进企业间的合作行为。由于直接面对外部产品市场的激烈竞争，集群中的大企业有强烈的技术创新动力，通过持续的产品和工艺创新来获取竞争优势和持续稳定的市场份额。而集群中的中小企业要按照大企业订单的质量、规格等要求按时生产、提供中间配套产品，为了保证大企业的订单不流失，它们需要不断地提高生产工艺水平，以达到大企业的质量要求，这导致它们也面临着较大的技术创新压力。就技术创新能力而言，集群中大企业的资源优势使得它们在产品和工艺两方面的技术创新能力均较强；而随着分工的深化和市场竞争的加剧，大企业与中小企业之间不仅进行着生产方面的合作，它们还在技术创新上进行合作。作为"发包方"的大企业利用自己在资金、人才、信息等创新资源上的优势，积极地进行技术创新，然后，通过业务分包网络将创新成果和创新资源向中小企业扩散，为上游中小企业提供技术援助。而稳定的分工合作关系使得核心大企业能够更好地为作为其供应商的中

---

① 格雷夫（Greif，1994）认为，在中世纪无政府状态中的热那亚个人主义社会里，基于双边声誉机制上的"文化结构"维持着商业活动中的信用和秩序。同样地，在我国目前法律规制有效性不足的情况下，这种来源于双边声誉机制的合作文化结构有利于提高交易的效率，降低集群交易成本。

小企业提供创新支持，中小企业因而可以更快地提升技术水平和生产效率。

(二) 横向分工网络的功能

横向分工网络中的企业生产差异化同类产品，更多地体现了同类产品企业的"扎堆"，企业之间没有形成有机的分工联系；并且，企业面对共同的产品市场，相互之间进行着激烈的市场竞争。在这种情况下，一方面，企业很难从网络中汲取所需的稀缺资源；另一方面，企业之间的合作行为也相对较少。从长期来看，横向分工网络对企业的技术升级和效率提升作用有限。

首先，横向分工网络中的企业技术与生产组织简单，以家庭经营的中小企业为主，拥有的资源较为同质化。由于缺乏足够的资金和技能积累，这些企业只能选择从事资金需要量不大、生产技术门槛不高的劳动密集型行业，如纺织、制鞋、制衣、玩具和家具等。这些行业的产品价值链相对较短，在最终产品形成前只需要经过少数几个环节的简单加工和装配，因而开办这类企业需要的专业化技术水平相对不高，从原材料到最终产品的几乎所有生产环节都在本企业内部完成。当集群内一些企业家根据市场需求变化首先成功地创立了某一类企业后，其生产技术和经营经验就会通过各种正式、非正式渠道扩散给其他人，他们也就通过模仿性的学习进入这类产业。于是，这种以产品横向分工为基础的集群生产网络便得以形成。由于绝大多数企业的生产规模不大，大都从事传统的制造、加工等行业，不论在产品创新和工艺创新上的能力都比较薄弱，产品品牌效应不强，整个网络缺乏为成员企业所急需的异质性资源。

其次，由于面对共同的产品市场，企业之间存在着激烈的市场竞争关系，横向分工网络中的企业合作行为较少，只有被动的知识技术外溢效应，企业进行技术模仿的倾向较强，有时过度的技术外溢削弱了企业进行技术创新的动力，阻碍了整个集群的技术进步和竞争力提升。产业集群环境中的技术外溢效应（technology spillover）一直被视为集群竞争优势的来源之一。大量研究表明，基于共同的地方网络、文化和制度环境，产业集聚有利于企业之间的互动和技术知识外溢，从而有利于创新知识在企业之间的传播。产业集群内部"企业—客户—供货商"之间的集体学习（Camagni，1991；Bramanti and Ratti，1997；Conti and Giaccaria，2001）、经济主体之间的社会互动（Rosenfeld，1996；Saxenian，1994；Romijn & Albaladejo，2002）、缄默知识的有效传递（Nonaka，et al.，2000；Cooke，et al.，1997）等因素进一步提高了创新知识的外溢程度。可见，产业集群本身就是一种信息高速流动的环境，"企业相互靠近"使新的技术很容易被其他企业抄袭或模仿，企业能够轻易地从集群内其他企业的研发投入中获益，因而，在产业集群内可能会存在严重的技术创新上的免费搭车问题，这在以横向分工网络为主体的集群中尤为突出。技术创新上的搭便车行为使得企业创新的市场效果大打折扣，势必会削弱企业的创新热情。由于企业技术创新的知识在产业集群内部迅速扩散，其他企业也掌握了能降低成本或增加产品效用的新技术，创新企业难以通过技术领先加强自己在市场竞争中的优势地位，企业进行技术创新的动力不足。如果缺乏适当的创新激励和保护政策措施，横向分工网络中的企业创新行为就较少，产业集群发展就会出现技术锁定，这十分不利于整个集群竞争力的提升。

(三) 公共机构网络的功能

集群企业还可以从公共机构网络中获取稀缺资源和地方公共产品供给，公共机构网络在企业生产效率和集群竞争力提升过程中扮演了重要的角色。公共机构网络由政府组织和行业组织构成，它们本身就是为了促进集群的成长而存在的。由于产业集聚对区域经济竞争力的影响日益显著，如何促进当地企业集聚就成为区域经济发展的基本问题。越来越多的理论研究表明，由地方公共机构 (local institutions) 针对集群的特征和发展过程中遇到的问题，实施一系列不同类型的干预措施，并提供多样化的公共服务，对本地产业集群的发展至关重要。

波特 (Porter，1990) 在"钻石模型"中指出，政府组织应着力改进影响企业竞争力的环境，使产业集群的发展与升级更顺畅。政府促进集群成长的经济政策包括法规改革、吸引外商直接投资、科技政策、发展先进与专业化的生产要素、聚集与散布经济资讯、拓展外销等，特别是，政府组织必须确保有高质量投入的供给，执行竞争的规则和提供大量对集群成长有重要影响的公共品或准公共品。范迪克 (Dijk，M.P.van.1997) 指出，公共组织可以在以下几方面推进集群的成长，包括建立创新中心，促进企业间转包活动，增进活动的集聚化，支持商业团体和网络的创建等。他认为，不同类型集群的形成机制和运行特征存在差异，因此，公共机构对集群的干预措施也应有所不同。对于地理位置型集群 (Locational cluster) 而言，重点是促进中小企业的发展和企业间分工网络的发育；对于市场型集群 (Market cluster) 而言，需要促进出口并提供发展空间以及基础设施；对于劳动分工型集群 (Labor division cluster) 而言，促进分包及企业间的分工联系，建立企业间信任关系十分重要；对于创新型集群（Innovative cluster）而言，则需要建立创新中心以及技术传递的机制；对于成熟的产业区（Full-fledged industrial district）而言，地方政府要努力提供可以使企业充分发挥活力的市场与制度环境，促进 R&D 机构以及知识系统的发展。

总之，我们可以把公共机构网络对集群企业生产经营活动的积极作用概括为以下四个方面：一是通过提供金融、信息、咨询、培训和检测等专业化生产性服务，向企业输入异质性稀缺资源，改善企业面临的要素供给条件，提高企业的生产效率；二是通过加强市场营销基础设施建设、地区品牌推广和商贸服务等，提高企业的市场销售能力，扩大市场份额；三是通过规范协调减少产业集群内部的市场失灵，促进企业之间合作关系的形成与发展，提高集群内部的集体行动水平；四是通过制度设计和产业政策实施，为产业集群的发展提供一个良好的制度和政策环境。

第二节　产业集群的经济效应分析

一、产业集群的外部经济效应

产业集群的外部经济效应总体可以分为金融外部性（pecuniary externality）和技术外部性（technology externality）两类。金融外部性是指集群环境有助于企业通过市场价格机制（中间投入品市场、劳动力市场、资本市场和产品市场等）高效获取生产要素，降低生产成本，提高经营效率，具体包括以下几方面的外部经济性：

1. 中间投入品关联效应。生产中间产品的企业与生产最终产品的厂商在空间上集中，一方面有助于在原材料、零部件和专用设备等中间产品供给上形成规模经济，降低了中间产品企业的成本；另一方面也降低了中间产品的价格和运输费用，使最终产品企业可以更高效地获得本地中间产品配套。通常情况下，最终产品的生产都需要使用专门的零部件与设备，以及专业化的生产性服务等中间产品。由于资产专用性的限制，如果最终产品企业数量较少，就难以形成足够的市场需求以维持众多专用中间产品供应商的生存，而大量最终产品企业在特定区域的集聚可以扩大对某些专用中间产品的市场需求，有利于形成中间产品供给上的规模经济，这大大降低了中间部门厂商的生产成本。同时，集群内中间产品供应商的数量越多，它们争夺市场的竞争越激烈，中间产品的价格指数就越低，再加上下游企业在空间上距离较近，中间产品的运输费用也较低，这有助于最终产品企业以较低的成本获得高效的中间产品供给。

2. 劳动力市场共享效应。产业集群是众多从事同类或相近行业的企业在空间上集中的结果，而大量同行业企业的集中有助于扩大本地区劳动力市场规模，吸引熟练的专业化劳动力在本地聚集，形成一个共享的本地化劳动力市场，有助于提高劳动力市场的匹配效率，降低企业的用工成本。首先，地方化的劳动力市场共享可以减少企业和劳动力双方的市场搜寻成本，企业更容易招募到符合业务需要的职工，而劳动力也更容易找到适合自己的工作。其次，劳动力市场类似于创建了一个人力资源蓄水池，企业还可以根据自身生产的需要，及时调整工人的数量，而无须在平时储备大量劳动力，这降低了企业的工资成本和职工劳动保障方面的费用。而从事同一行业的劳动力也更容易在集群内自由流动，既降低了劳动力的失业风险，也促进了知识和生产技能的扩散，从而在数量和质量上提高了本地区劳动力供给水平。

3. 资本市场增进效应。产业集群环境能在一定程度上缓解资本市场上的逆向选择和道德风险问题，有助于增进资本市场功能，解决市场失灵问题，在增加集群企业资本要素可获得性的同时，也降低了企业的融资成本。首先，集群企业通常围绕特定行业的一种或少数产品系列开展生产经营活动，企业的行业特性和发展趋势比较容易把握，本地金融机构在长期经营中积累了大量行业专门性知识，这有助于金融机构更好地分析和预测贷款企业的发展态势。由于集群企业要么存在水平分工联系，要么存在纵向分工联系，单个企业在产业链条上的位置都很明确，金融机构很容易从客户企业在产业链条中的地位、关联企业的状况等方面判断企业的实际经营状况。同时，由于在地理上相互接近，金融机构对集群企业的经营状况比较容易了解，金融机构可以从本地商会、协会等中介组织中了解到企业的各方面信息，企业信息的收集成本也较低。所有这些都有利于降低金融机构与贷款企业之间的信息不对称程度，金融机构能有效地对贷款企业进行事前的风险甄别，减少了信贷市场上逆向选择行为的发生。其次，企业的地理集中也增加了贷款使用和偿还的可预期性，大大降低了贷款的事中监督成本和事后道德风险。一般情况下，中小企业的业务稳定性较差，中长期发展战略不清晰，这一方面导致企业获得贷款后比较容易更改贷款用途，用于从事高风险的项目；另一方面也使得企业贷款违约的可能性加大，金融机构贷款面临的监督成本和违约风险上升。但是，产业的集群化发展使得企业严重依赖本地化的产业网络，它们的发展也高度依赖本地区专业化市场、协作配套商、熟悉的客户和制度环境等。因此，企业一般都进行了大量针对本地产业网络的人力资本、生产设备和营销渠道等专用性资产投资，大量的专用性资产如果要转换用途会遭受巨大的损失。另外，企业业务转换和退出本地产业网络的代价较大，这对贷款企业的违约行为形成了较大的制约，有效地降低了金融机构贷款的事中监督成本和事后道德风险。

4. 销售市场共享。从需求方面来看，产业集群的发展有助于扩大集群企业所面临的市场需求规模，企业会从持续扩大的本地市场需求中获益。由于产品的差异化特征、购买者偏好不确定性以及购买者的信息不完全性，消费者在购买商品时会付出一定的搜寻成本，产品的差异化越大，搜寻成本越高。因此，购买者为了降低搜寻成本，更倾向于到销售者数量较多的地区进行选购，而产业集群集中了大量差异化产品生产企业，自然会产生吸引更多消费者的"市场规模效应"。同时，同类产品企业大量集中导致价格竞争更趋激烈，产生"价格缩减效应"，这又进一步增加了集群对购买者的吸引力，扩大了产品的销售市场规模。

市场需求的扩大有利于企业充分利用规模经济，降低生产成本，提高盈利能力。此外，集群企业还可以分享地方专业化市场和地区性品牌所带来的好处，本地区共享的物流、商贸等市场基础设施以及地区品牌，降低了产品的运输、库存和销售费用，有利于形成产品的价格竞争优势，扩大本地产品的市场销售份额。

5. 地方基础设施共享。交通、通信、能源等基础设施投资的特点是投资规模大、投资回收期长，而且在使用上的排他性较低，因此，基础设施投资面临的一个重要约束条件就是需求上的规模经济性。如果一个地区企业数量较少，就会导致基础设施的使用者数量不足；基础设施投资面临着需求上的规模不经济，这会降低地方基础设施投资的经济激励；基础设施供给水平较低，而较低的基础设施供给水平会提高产品的贸易成本，对企业的生产活动造成负面影响，由此形成企业发展缓慢与基础设施投资相互抑制的恶性循环。可见，产业集群的存在会大大增加地方基础设施使用者的数量，提高基础设施投资在需求上的规模经济水平，强化了基础设施投资的经济激励，地方基础设施条件得以改善，由此便可以形成企业集聚与基础设施条件相互促进的良性循环。

除了金融外部性以外，产业集群环境还具有较强的技术外部性，为高效的知识外溢和技术创新合作提供了适宜的环境。首先，技术外部经济不是通过市场来传递的，需要借助于个人和组织之间的互动，在这一过程中，空间扮演了重要的角色。这是因为信息获得需要付出一定的空间成本，空间成本的高低与距离的远近有关，企业在空间上的邻近有利于人与人之间、组织与组织之间的信息传递和知识交流，这加快了新技术的传递与扩散。地理接近有助于企业获得上游供应商、同行竞争对手、下游营销渠道和客户的相关信息，可以更好地贴近市场，发掘潜在的市场机会，了解产业发展趋势、新产品和新工艺的开发信息。其次，创新过程包含两种类型知识，即编码知识（Codified knowledge）和默会知识（tacit knowledge）。编码知识是以系统化的书面方式传播的，不需要直接经验的参与。而默会知识是难以系统表述和书面化的经验知识，它的传播依赖于口头表达和面对面的交流，传递成本较高。在产业集群区内，分工联系、社会网络和信任等正式、非正式规则促进了技术知识，特别是默会知识的流动，新技术知识的传递效率得以提高，企业可以更容易地相互学习，实现技术创新，从而提高生产率。① 再次，在垂直分工较为发达的产业集群

---

① 参见赵祥：《趋同还是趋异？——一个关于区域经济差距变动的新视角》，《江淮论坛》
　　2012 年第 4 期。

中，龙头企业和配套企业通常保持着长期交易关系。这种稳定的长期交易关系加深了企业之间的相互依赖，使得上下游企业有较强的经济激励开展技术创新合作。龙头企业利用自身的资本、市场和技术优势进行研发和创新活动，向产业链上配套的中小企业扩散创新信息和成果，为它们提供技术支持，上下游企业间的技术合作提高了集群产业的整体技术水平。最后，集群内的产业工人一般具有本地化通用的人力资本，可以较为容易地在集群企业之间流动，劳动力在不同企业间的流动也在一定程度上促进了新技术知识在集群中的扩散。

二、产业集群的规模经济效应

产业集群的发展可以通过部门间联系扩大区域规模经济水平，形成推动区域经济规模迅速扩张的乘数效应（具体见图3–2）。[①] 首先，产业集群引发的众多企业集中会带来人口的空间集中，一个区域集中的厂商越多，本地差异化产品的种类和数量越多，商品价格指数就越低，这相当于增加了工人的实际收入，这样就会吸引更多的工人（既是生产者也是消费者）迁移到该区域。随着工人数量的增加，市场对差异化产品的需求扩大，本地市场规模扩大，这会进一步吸引更多的厂商迁移到该地区，而更多的厂商集聚又引发新一轮的人口集中和市场规模扩张，持续的市场规模扩张使得本地区经济发展中规模报酬递增成为可能。其次，产业集群通常包括一大批相互联系的厂商和其他实体，包括原材料、零部件、专用设备和服务等专业化投入的供应

---

① 参见赵祥：《趋同还是趋异？——一个关于区域经济差距变动的新视角》，《江淮论坛》2012 年第 4 期。

商，以及专业化基础设施的提供者。集群还经常向下游延伸至销售渠道和客户，并从侧面扩展到辅助性产品的制造商，以及与技能技术或投入相关的产业公司；许多集群还包括提供专业化培训、教育、信息研究和技术支持的政府和其他机构等。因此，产业集群发展不仅会导致生产加工企业的空间集中，还会引起金融、物流、商贸、技术、法律等生产性服务业的发展，多元化的产业相互需求，引发了更多的产业投资活动。最后，产业和人口的集中会引起对土地、住宅、能源、交通、通信、文化教育、医疗卫生等本地非贸易品的需求，导致城市服务业兴起，城市化水平提高，城市规模扩大，而城市规模的扩大又进一步推动了区域投资和产业集群的扩张。

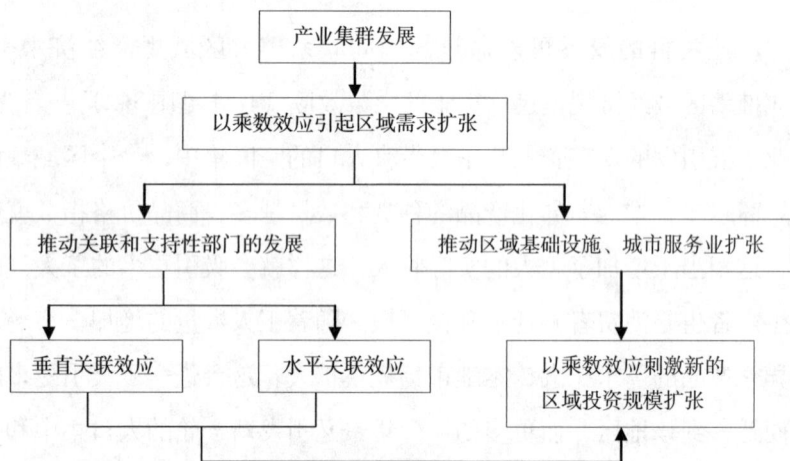

图 3-2　产业集群的区域规模经济效应

三、产业集群的网络协同效应分析

作为一种专业化生产网络，产业集群内各行为主体之间的互动还会产生网络协同效应，单个企业可以借助集群网络的支持，从网络中输入资本、信息、人才、知识等资源，或直接得到其他网络主体的专业化生产性服务，以克服在生产经营过程中所面临的资本、技术、人才和市场等障碍。网络协同效应是以集群内行为主体的集体行动为基础的，施密茨（Schmitz，1995）最早在其代表作《集体效率：小规模产业的成长路径》① 一文中提出了产业集群的集体效率模型，强调集群企业之间的合作对于提升小企业竞争力的重要性。产业集群成长主要有两个原因，即外部经济和集体行动（collective action），其中集体行动也称为"联合行动"，既包括两个行为主体之间的"双边合作"行为，也包括多个行为主体间的"多边合作"行为。企业的空间集中产生了经济上的外部效应，但是单纯的外部效应难以产生规模效应，还需要集群内企业或机构进行集体行动才能更具有竞争优势。因此，我们可以根据施密茨的理论把产业集群竞争优势来源概括为"外部经济"和"合作行为"两大类。前者是指一旦相关产业在一定的空间范围内聚集能给企业所带来的种种优势（前文已述，此处不赘），但这是一种"被动"（passive）的经济效应。但产业集群竞争优势的实现更需要集群内各主体之间有意识的联合行动，也包括企业与其他企业之间的合作，也包括企业与其他行为主体之间的合作，相对于外部经济效应，这是一种更为"主动"（active）的集群效应，对集群企业成长具有更重要的意义。需要指出的是，集群的网络结构特征会影响到各行为主体之间的合作行为，因此，不同类型的网络对企业获取稀缺资源具有不同的影响，并在集群网络协同效应的形成过程中扮演不同的角色。

---

① Schmitz, H.Collective Efficiency：Growth Path for Small Scale Industry，The Journal of Development Studies，1995，31（4）：pp.529-566.

（一）企业纵向分工网络的影响

20世纪80年代以来，工业生产的方式发生了从以大规模、大批量生产为主要特征的福特制生产方式向柔性专业化方式的转变。在柔性专业化生产方式中，小批量、快节奏、无存货的弹性专精生产体系替代了传统的大规模垂直一体化生产体系，传统的大型企业垂直一体化被"分包制"等形式的企业间纵向专业化分工所取代。

在垂直分工网络发达的产业集群中，垂直分工网络对降低企业交易成本，提高集群内部产品配套交易效率具有重要的意义。这类产业集群内部典型的交易关系发生在核心大企业和其配套厂商之间，由于一个集群通常只生产某一类产品，厂商的生产设备和知识具有高度的专用性，特别是那些中间产品制造商。核心企业和配套企业通常保持着长久的交易关系，企业一般不轻易更改自己的交易伙伴，并能在长期内相互调适交易条件，几乎不会发生合约执行上的违约情况。在长期交易关系中，它们所采取的合约形式更类似于麦克内尔（Macneil，1974）所说的关系合同。虽然交易双方也就每批商品的买卖形成书面契约，但这种契约在交易条件方面是可以相互调适的，配套企业随时根据成品企业的要求调整产品的规格、型号和质量，货款的支付通常是按固定时间结算。表面上看，成品企业对配套企业处于有利的"敲竹杠"地位，但实际上双方都投入了专用资产，由于成品企业之间的目标市场已充分细分，并且有时客户还指定成品企业选择的配件，成品企业重新选择配套厂商的转换成本也比较高，而且"敲竹杠"的名声也会令成品企业难以在当地更换交易伙伴。如果在集群以外进行产品配套则会导致生产成本上升，因此在没有特殊外部事件冲击的情况下，成品企业也有积极性去维持和配套厂商之间的长期交易关系。特别值得注意的是，稳定的长期交易关系也有助于建立起交易双方的"双边声誉机制"（bilateral reputation mechanism），这种双边声誉机制塑造了一种合作的文化氛围，有助于降低集群交易费用，提高产品配套的效率。

此外，垂直分工网络内的长期交易联系也有利于促进企业之间的生产与技术合作。由于直接面对外部产品市场的激烈竞争，集群中的大企业有强烈的技术创新动力，通过持续的产品和工艺创新来获取竞争优势和持续稳定的市场份额。而集群中的中小企业要按照大企业订单的质量、规格等要求，按时生产、提供中间配套产品，为了保证大企业的订单不流失，它们需要不断地提高生产工艺水平，以达到大企业的质量要求，这导致它们也面临着较大的技术创新压力。就技术创新能力而言，集群中大企业的资源优势使得它们在产品和工艺两方面的技术创新能力均较强；而随着分工的深化和市场竞争的加剧，大企业与中小企业之间不仅进行着生产方面的合作，它们还在技术创新上进行合作。作为"发包方"的大企业利用自己在资金、人才、信息等创新资源上的优势，积极地进行技术创新，然后，通过业务分包网络将创新成果和创新资源向中小企业扩散，为上游中小企业提供技术援助。而稳定的分工合作关系使得核心大企业有较强的动力为作为其供应商的中小企业提供创新支持，中小企业因而可以更快地提升技术水平和生产效率。

（二）企业横向分工网络的影响

首先，水平分工网络中的企业生产差异化同类产品，它们具有相同或相近的要素需求，它们对各类中间投入品的需求形成了需求上的规模经济。为了降低要素投入成本，集群企业可以利用这种规模经济形成对供应商的谈判力量（bargaining power），联合采购各类中间投入品。

其次，由于生产相同或相近的产品，水平分工网络中企业的生产活动所涉及的技术类型和技术特征比较相近，企业更容易进行集体学习。大量研究表明，产业集群内部"企业—客户—供货商"之间的集体学习（Camagni，1991；Bramanti and Ratti，1997；Conti and Giaccaria，2001）、经济主体之间的社会互动（Rosenfeld，1996；Saxenian，1994；Romijn & Albaladejo，2002）、缄默知识的有效传递（Nonaka，et al.，2000；Cooke et al.，1997）进一步提高了创新知识的外溢程度。可见，集体学习在产业集群内可能会引发技术创新上的免费搭车问题，这在以水平分工网络为主体的集群中尤为突出。技术创新上的搭便车行为使得企业创新的市场效果大打折扣，创新企业难以通过技术领先加强自己在市场竞争中的优势地位，企业进行技术创新的动力不足。因此，如果缺乏适当的创新激励和保护政策措施，水平分工网络中的企业创新合作行为就较少。

最后，水平分工网络中的企业面对同样和相近的产品市场，企业可以通过合作营销来扩大产品的市场销售规模，营销合作的具体方法包括建立区域品牌、营销渠道共享、联合促销等。积极的营销合作可以帮助集群内单一企业克服规模小、产品单一和营销能力不足等局限性，降低营销成本，共享市场资源，避免低层次价格竞争，提高集群企业的整体盈利水平。

（三）公共机构网络的影响

集群企业还可以从公共机构网络中获取稀缺资源和地方公共产品供给，由地方公共机构（local institutions）针对集群的特征和发展过程中遇到的问题，实施一系列不同类型的干预措施，并提供多样化的公共服务，对本地产业集群的发展至关重要。① 具体表现在以下四个方面：一是通过提供金融、信息、咨询、培训和检测等专业化生产性服务，向企业输入异质性稀缺资源，改善企业面临的要素供给条件，提高企业的生产效率；二是通过加强市场营销基础设施建设、地区品牌推广和商贸服务等，提高企业的市场销售能力，扩大市场份额；三是通过规范协调减少产业集群内部的市场失灵，促进企业之间合作关系的形成与发展，提高集群内部的集体行动水平；四是通过制度设计和政策创新，为产业集群的发展提供一个良好的制度和政策环境。

公共机构网络由政府组织、准政府组织和市场服务组织三类行为主体构成，其中，行业协会等准政府组织的职能介乎政府组织与市场主体之间，可以在很大程度上弥补集群公共产品供给上的市场失灵② 和政府失灵③，在集群网络协同效应的形成中扮演了核心协调者的

① 波特（Porter，1990）的"钻石模型"指出，政府促进集群成长的措施包括法规改革、吸引外商直接投资、科技政策、发展先进与专业化的生产要素、聚集与散布经济资讯、拓展销售市场等。范迪克（Dijk, M.P.van, 1997）认为，不同类型集群的形成机制和运行特征存在差异，因此，公共部门对集群的干预措施也应有所不同。对于地理位置型集群（Locational cluster），重点是促进中小企业的发展和企业间分工网络的发育；对于市场型集群（Market cluster），重点是促进出口并提供发展空间以及基础设施；对于劳动分工型集群（Labor division cluster），重点是促进分包及企业间的分工联系，建立企业间信任关系；对于创新型集群（Innovative cluster），重点是建立创新中心以及技术传递的机制；对于成熟的产业区（Full-fledged industrial district），地方政府要努力提供可以使企业充分发挥活力的市场与制度环境，促进R&D机构以及知识系统的发展。
② 这里所说的"市场失灵"主要是指市场的价格机制在协调竞争性水平较低的公共物品供需时存在较高的交易成本，会造成社会福利的效率损失。
③ 这里所说的"政府失灵"主要是指政府官员对控制权回报的追求会使有关公共产品的决策偏离效率的标准，从而导致较高的交易成本。

角色。从制度经济学的视角来看，市场在治理私人物品上具有交易成本① 优势，政府在治理非竞争性程度较高的公共产品上具有交易成本优势。但二者的优势是相对的、有限的，现实中还存在一系列社会物品组合（如图 3–3 中 AB 区间所示），无论是市场还是政府组织在交易成本上都不具有优势，这类社会物品最好的提供者是准政府组织。在图 3–3 中，曲线 M 是市场组织的交易成本曲线，曲线 G 为政府组织的交易成本曲线，曲线 NG 为准政府组织的交易成本曲线。从

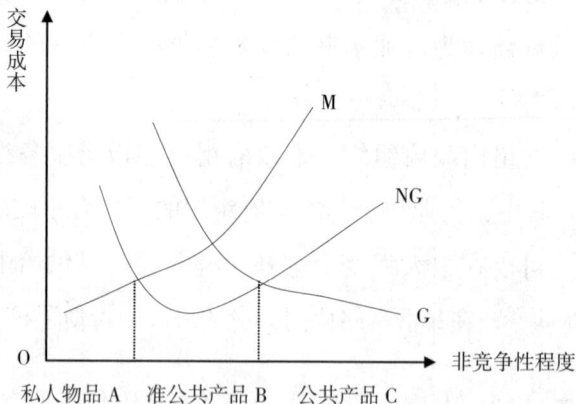

图 3–3　市场、政府与非政府组织的交易成本分析

① 交易成本概念自提出以来至今并未获得一个准确的界定。有的学者继承科斯的传统（Coase，1937），从交易信息搜寻、契约谈判和契约实施的费用方面来看待交易成本，其中尤以威廉姆森的定义最为全面。他将交易成本分为事前和事后费用两部分，事前费用包括信息搜寻、合约起草、谈判、签订和维护费用等，事后费用则包括：（1）当交易偏离了所要求的一致性后引起的不适应成本；（2）为矫正事后不一致性而导致的契约再谈判费用；（3）专门规制结构的设立和运行成本；（4）使承诺可信的保证费用。另一些学者则从较为宏观的层面讨论交易费用，阿罗（K.Arrow，1969）是一个重要的代表，他在康芒斯关于交易定义的基础上，指出交易成本是利用市场价格机制的费用，同时将交易成本泛化为经济制度的运行费用。可见，交易成本的内涵十分丰富，它不仅包括一种制度形式的实际运行费用，还包括这种制度形式所造成的效率损失等。

图中可以看出，在私人物品的 OA 区间，政府组织的交易成本最高，准政府组织次之，市场机制具有治理优势，交易成本最低；在公共物品的 BC 区间，市场机制的交易成本最高，准政府组织次之，政府组织的交易成本最低，具有治理优势；在准公共产品的 AB 区间，非政府组织具有治理优势，交易成本最低。① 因此，从理论上来看，现代社会中准政府组织的存在有其自身的制度逻辑，是指在降低一系列准公共物品治理成本的制度选择结果，改革开放以来，我国准政府组织的发展历程可以很好地说明这一点。自 1978 年党的十一届三中全会以来，我国经历了一个典型的渐进性"增量"改革过程，在这一改革进程中，我国计划经济时代高度集中的经济和社会治理体制逐渐松动。一方面，非公有经济主体大量涌现，市场机制的作用日益增强，社会公众的需求日益多元化；另一方面，政府职能也发生了深刻的变化，政府不再直接干预企业的经营活动，市场发挥了资源配置的基础性作用。以上两种变化趋势的结合就导致在日渐收缩的"国家领域"之外，形成了一个日渐扩大的"社会领域"，出现了大量政府不适合处理、市场又不愿或没有能力处理的社会公共事务问题，这就为非政府组织在我国的发展提供了广阔的空间。截至 2008 年年底，全国共有基金会 1597 个，社会组织 41.4 万个，与改革开放初期相比有了飞跃性的增长②，各类准政府组织作用显著增强，在协调社会各方利益、促进社会主义市场经济发展以及公益事业发展等方面发挥着积极作用。

在经济领域内，准政府组织的发展有助于市场主体实现自律管

---

① 参见赵祥：《一个关于非政府组织的交易成本分析框架》，《前沿》2009 年第 8 期。

② 资料来源：新民网：http://news.xinmin.cn/rollnews/2009/12/09/3057089.html。

理，降低整个社会的经济活动协调成本，提高社会总产出。在市场经济条件下，个体经济理性这只"无形之手"会导致社会集体的非理性。在没有外部约束的条件下，机会主义行为和恶性竞争在给自利的厂商带来超额利润的同时，却给社会施加了高昂的交易成本，这势必限制交易活动范围，妨碍市场规模扩张，从而损害厂商的长远利益，并降低整个社会的福利水平。为了避免这一损失，社会面临两个选择：一是通过创设国家这一外部权威组织，通过法令的强制施行来约束微观经济主体的机会主义行为；二是竞争的厂商在长期交易过程中逐渐认识到，遵守共同的交易规则要比机会主义行为更能促进彼此的商业利益，从而自发地组织成立行业协会，制定交易规则，由所有成员共同遵守。显然，与行业协会这种非政府组织相比，国家在经济监管过程中面临着较高的信息成本和执行成本，其监管职能的发挥受到了极大的限制。因此，为了提高社会整体经济运行效率，必须积极引导成立各种行业组织，通过行业自律，维护市场竞争秩序，协调企业的集体行动，提高市场运行效率。

具体到产业集群的发展而言，"新产业区"学派文献着重探讨了一系列地方公共机构在欧洲成熟的产业集群发展中所扮演的角色。地方公共机构在不同的集群中采取了不同的组织形式，包括行业协会、商会、创新中心、商业服务组织、培训机构、咨询机构等，这些地方公共机构提供了内容广泛的公共服务。对"第三意大利"地区的研究发现，"第三意大利"地区普遍存在着大量的"真实服务（real service）中心"，这些服务组织并非由政府部门主导，而是由行业内企业自发联合而形成的行业组织，它们在较大程度上替代了政府部门为集群中小企业提供多样化的专业服务。在意大利56个产业集群中存在着130多个真实服务中心，这些中心的大部分是由地方政府与当地的制造商协会、商会或其他中小企业服务机构合办的，例如曼泽洛（Manzano）家具产业集群中的普若莫斯迪亚（Promosedia）、莫德纳（Modena）纺织产业集群中的 CITER（Centro Infor-Mazione Tessile Emilia Romagna）、圣丹尼拉（San Daniele）火腿产业集群中的 CPSD（Consorzio del Prosciutto di San Daniele）、布兰塔（brenta）制鞋产业集群中的 ACRIB 等。这些真实服务中心为集群企业提供了内容广泛的服务，包括提供信贷担保、出口保险和出口奖励，展览会组织，客户评定，废物处理和污染控制，质量保证，商标授予，产品推广，大批量原料采购以及产品检验，提供市场、技术信息咨询，技术培训，创新支持等（Brusco，1988；Becatini，1989；Pyke and Sengenberger，1990；Capecchi，1990），极大地促进了当地集群经济的发展。施米兹和墨斯克（Schmitz & Musyck，1994）曾对欧洲的四个产业集群——"第三意大利"、德国的巴登—符腾堡（Baden-Württermberg）、丹麦的竹特兰（Jutland）以及比利时的西南福兰德斯（South-West Flanders）——中的地方公共机构网络进行了研究，并提出了基于地方公共机构网络的产业集群发展模型。他们认为，政府机构应对非政府机构充分授权，通过商会（business association）以及生产者公会（producer consortia）等地方行业组织来实现中小企业的自助式发展。

欧美发达国家的公共机构干预政策主要针对的是发展相对成熟的产业集群，而发展中国家大量存在的是发展仍处于初级阶段的集群，促进这类集群的发展更需要强有力的公共组织干预。大量案例研究表明，公共机构网络在这些集群发展的过程中发挥了多样化的功能，对集群的顺利成长和竞争力塑造起到了十分重要的作用。在印度提若普（Triuppur）针织集群中，位于区内的服装出口促进委员会（APEC），通过配额制管理成衣出口，代表地区与进口商进行双边贸易谈判,同时组织贸易代表团搜集国内外的市场数据,进行商情预测与分析,积极为企业开拓新的出口渠道。区内的另一个同业公会——南亚纺织研究协会 (SITRA) 则在教育、培训和检测设备方面给予企业大力支持。APEC 和 SITRA 共同成立了研究开发测试实验室和培训学会,一方面为企业提供衣料和染色的测试设备,确保企业适应全球不断提高的质量要求;另一方面帮助企业优化复杂的衣料模板制作和成衣设计的 CAD 技术 (UNCTA D,1998)。在印度南部维罗尔 (Vellore) 地区有一个皮革制品集群。在集群的发展过程中遇到两次比较严重的危机。第一次是 20 世纪 70 年代,当时集群主要生产皮革半成品,印度政府限制这类产品的出口而鼓励出口成品。龙头企业很快作出反应进行产业升级,政府支持成立的皮革研究所为企业(主要是小企业)提供培训、检测设备以及认证服务。有几个镇还成立了合作协会帮助小制革厂进行工艺升级。第二次危机是该地区许多企业因污染严重超标而遭法院关闭。在地方政府资金和技术的支持下,大部分乡镇选择建立集体污染处理厂,通过企业家的集体行动和政府的支持,顺利解决了该地区的污染危机 (Kennedy,1999)。巴基斯坦塞尔科特 (Siakot) 地区不锈钢外科手术仪器集群在面临美国食品及药物管理局 (FDA) 的出口禁运危机时,集群的公共机构发挥了关键作用。外科手术仪器制造商协会 (SIMA) 对来自产品质量的外界压力迅速作出反应,代表集群直接与 FDA 协商。在解除出口限制后,协会继续游说政府提供资金和技术支持。通过 SIMA 努力,巴基斯坦政府与美国当局协商为集群提供帮助,同意援助建立一个 FDA 认可的质量保证协会,SIMA 为整个集群引进质量顾问,并使集群内的大多数企业获得了专有技术,帮助企业达到国际认可的 GMP 质量标准 (Nadvi,1999)。在巴西的鞋业制造基地塞诺谷 (Sinos valley),在政府的支持下建立了企业协会组织 FENAC，为企业提供培训、技术支持与销售服务，举办博览会，吸引外部销售商，带领本地制造商参加海外展销等。除了 FENAC 外，还有各种职业协会、纠纷处理组织、提供培训和技术服务的中心等。这些组织的建立意味着在政府等机构的协助下，企业有意识地投资于企业间关系，使企业间合作关系更趋稳定。该地区在 20 世纪 90 年代受中国产品进入美国市场的冲击，出口大幅下滑，但该地区通过"更高的合作精神"，加强了企业间的合作，缩短了交货时间，提高了产品的质量和档次，出口的增长得以恢复（Schmitz，1999）。

第三节　不同类型产业集群的竞争力分析

在借鉴现有研究的基础上，本研究根据集群内部的网络结构对集群进行分类。为此，我们首先依据前文图 3–1 对产业集群的网络结构进行分析，它涉及产业集群网络的行为主体构成以及各主体之间的相互联系，然后在此基础上对产业集群进行分类。

从图 3–1 可以看出，产业集群由两类网络组成：一是基于产业分工的企业主体所构成的网络；其二是由地方政府组织、行业组织、市场中介组织等组成的地方公共机构所构成的网络。在企业主体网络中，我们可以根据企业之间分工方式的不同，将其区分为水平分工和垂直分工两种网络。水平分工网络主要是指生产差异化同类产品企业之间的市场竞争关系，它们面对共同的产品市场，并在分享产业集群外部经济效应的同时，相互之间进行着争夺产品市场份额的激烈竞争。垂直分工网络是指企业之间所形成的沿产品价值链的垂直分工联系，它涉及上下游企业之间的经济交易关系，如供应方企业为成品企业供应原材料、中间产品和专业的生产服务，以及销售企业采购制造企业的产品等。需要特别指出的是，这两种企业主体网络并不限于集群内部，可能会嵌入到产品的全球价值链中去。在公共机构网络中，主要存在着政府组织、准政府组织和市场服务组织三类行为主体。政府组织即地方政府部门，主要负责提供集群发展所需的制度、政策等公共产品供给；准政府组织包括各类行业协会、商会和中心等，它们发挥着介乎政府和市场之间的职能，填补政府和市场失灵所遗留的公共物品空缺，和政府组织一道提供集群发展所需的集体行动、基础设施、制度规范等公共产品；市场服务组织包括金融、保险、大学、培训等提供专业化商务服务的机构，它们可以在知识、信息、人才和资本等要素资源的流动上为企业主体网络的运行给予支持。在现实中，产业集群中各主体网络的发育程度具有较大的差异，我们可以根据这种差异对产业集群进行分类。具体来说，我们可以根据企业垂直分工网络和公共机构网络两个维度发育水平高低不同的组合，将产业集群划分为四类，具体如图 3-4 所示。

　　下面我们就基于图 3-4 对四类产业集群的网络特征进行分析。(1) 在第 I 类集群中，企业的垂直分工网络和公共机构网络均不发达。这类集群以生产同类产品的中小企业为主体，它们面对共同的产品市场，进行着激烈的同质化竞争，集群的产业链发育不全，产业配套水平较低。从企业内部来看，它们整合资本、技术和高素质人力资本等稀缺要素资源的能力较弱，生产的技术水平低下，企业的竞争力主要来自低廉的要素成本。此外，这类集群的公共机构网络也不发达，地方政府、行业组织和市场服务组织还不能为集群企业提供高质量的地方公共物品和专业化服务。显然，这类集群尚处于发展的初级阶段，集群的外部经济效应尚不明显，企业的竞争优势也是不可持续的，集群的竞争力不强。如果集群不能通过内部网络重构来建立新的竞争优势，集群的发展就会处于"低阶锁定"状态，并可能走向衰落。(2) 在第Ⅱ类集群中，企业的垂直分工网络发达，而公共机构网络均不发达。这类集群的产业链发育较为健全，企业之间的纵向专业化分工水平较高，上下游企业之间形成了稳定的长期交易协作关系，并形成了以少数大企业为龙头的产业分包网络。龙头大企业利用自己的规模、市场和技术优势，积极进行技术创新和市场推展，通过分工网络向配套中小企业传递技术、信息等高端生产要素。在这种情况下，集群内公共机构网络相对不发达，对集群企业竞争力的影响也较弱，而以大企业为龙头、以专业化分工联系为基础的产业链协同效应对集群企业竞争优势和集群总体竞争力的形成至关重要。(3) 在第Ⅲ类集群中，企业的垂直分工网络不发达，而公共机构网络发达。这类集群的企业垂直分工网络的发育水平与第Ⅰ类集群相同，基于分工联系的企业网络协同效应缺乏，对集群企业的竞争力影响较弱。但与第Ⅰ类集群不同的是，政府等公共机构意识到了垂直分工网络不发达对集群发展的负面影响，因而采取一系列政策措施对产业集群的发展进行干预，具体包括提供各种有利于集群企业发展的政策优惠、建立地方公共服务组织、扶持行业组织发展等。这样做的结果就是在企业垂直分工网络发育水平较低的情况下，集群中的公共机构网络发达，发挥了较强的政策协同效应，并成为集群产业发展的主要推动者，对集群竞争力发挥至关重要的影响。(4) 在第Ⅳ类集群中，企业的垂直分工网络和公共机构网络都很发达。企业可以从这两类网络系统中汲取所需稀缺资源，集群企业的合作和集体行动水平较高，这两类网络对企业生产效率和集群竞争力的提升发挥着重要的积极影响，有利于产业集群竞争力的持续提升。在这类集群中，基于企业分工联系的产业链协同效应和基于公共机构网络的政策协同效应均较强，集群的整体网络协同效应最强，集群的发展进入理想的成熟高阶状态，产业集群的可持续竞争优势得以形成。基于上述分析，从理论上讲，第Ⅰ类产业集群的竞争力水平最低，第Ⅱ、Ⅲ类产业集群的竞争力处于中间水平，而第Ⅳ类产业集群的竞争力水平最高。

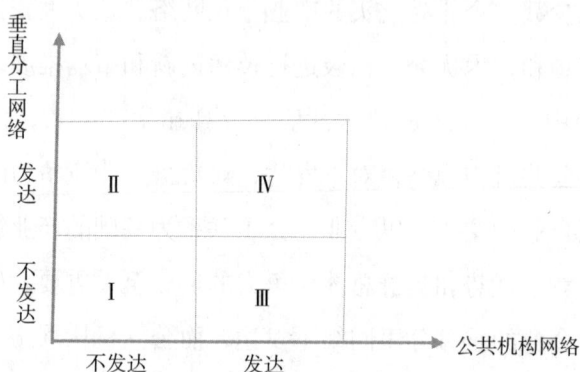

图3-4　产业集群的分类

　　从静态的视角来看，以上四种类型刻画了集群发展的四种状态，我们可以在现实中观察到处于这四种状态的产业集群案例。同时，从动态的视角来看，以上四种类型也描述了集群发展的四个阶段，其中，第Ⅰ象限是产业集群发展的初级阶段，第Ⅳ象限代表了产业集群发展的高级阶段，产业集群从初级阶段到高级阶段的发展路径有二，分别为"Ⅰ→Ⅱ→Ⅳ"演进路径和"Ⅰ→Ⅲ→Ⅳ"演进路径，这为我们确定南沙渔业集群化发展的方向与目标提供了理论基础。但并非所有的集群都能成功地从低级阶段发展到高级阶段，这需要有效地协调市场、准政府和政府三种力量。我们将根据上述理论框架，对南沙渔业集群化发展的目标、战略与路径进行深入的分析。

第四章 不同类型产业集群
竞争力的实证分析

在当今经济全球化的大背景下，虽然世界经济的发展在周期性技术进步的推动下已越来越超出地域的局限，生产要素以更低的成本实现了区际自由流动，经济的全球化也增大了区位替代的可能性，但所有这些并没有在实质上降低产业集群在一国（或地区）经济发展中的重要性，产业集群在参与国际竞争中正扮演着越来越重要的角色。以"第三意大利"为代表的新产业区的崛起，更向人们显示了产业集群的本地化生产网络对提高微观经济主体和地区竞争力的意义。而在我国沿海经济发达地区，伴随着经济转轨的改革开放进程也涌现出大量产业集群，在粤、苏、浙 3 省尤为普遍，已成为推动当地经济增长的主力军。为了验证前述理论框架的科学性和可行性，本章以我国粤、苏、浙 3 省部分代表性产业集群为例，对不同类型产业集群的竞争力进行实证分析。

第一节 产业集群竞争力实证分析的方法

一、产业集群的识别与研究对象的确定

产业集群的界定和识别是本研究的重要前提，也具有一定的难度，这一方面是由于数据资料的限制；另一方面，目前集群的定义在理论界还没有一个统一的认识，集群概念所涉及的因素比较复杂。因此，完全准确地划分出集群是不现实的，我们只能抓住各种集群概念中最核心、共同具有、最能体现出集群基本含义的特征，充分利用现有数据来对集群作出界定。根据产业集群理论的几个代表性学者的论述来看，马歇尔（1890）从理论上关注了产业集群这一现象，在其分析中，产业集群是指存在企业间外部性的专业化产业区。比卡提尼（Becattini，1990）认为，产业集群是生产相同或类似产品的企业在一定空间上的集聚，同时产业集群又是一个社区关系网络。波特（Porter，1998）把集群定义为某一特定领域内通过相似性或互补性而相互联系的、并在地理空间上相对集中的公司和机构的集合。

从这几种定义我们可以抽出三个共性的方面，即相关或类似行业、一群企业及一定区域，这三个方面可以作为界定集群的基本要素，那么集群就可定义为相关或相似行业的一群企业在相对较小的区域范围内的集中，并且从区域范围、相关行业及企业数量三个方面来界定集群。

(一) 数据情况

本研究数据来源于中国工业企业数据库，该数据库涵盖了全部国有及规模以上非国有企业（年销售收入在 500 万元以上），并提供了企业的基本情况和各项财务、产值指标。在企业基本情况中，可利用企业的行政区划代码及邮政编码确定企业所处的区域，企业所拥有的四位数的行业代码提供了企业所属产业的信息。由于数据方面的限制，我们主要利用 2009 年的数据进行分析。

(二) 产业集群的空间范围

在识别产业集群时，空间的范围不能过大，产业集群最主要的特征是企业之间的外部性，如果空间距离过大，则很难体现出企业间的外部性。县级行政单位（包括城市的区和县级市）是考察产业集群的适当空间范围，外部性相对更容易体现，同时县级区域的空间范围较大，可以容纳集群企业技术外溢和产业关联等活动，所以我们主要选取县级行政区作为集群的空间范围。由于广东的东莞和中山没有县级行政区，如果直接把这两个市的镇作为集群的空间范围则由于空间范围太小，会漏掉一些集群，同时东莞和中山的面积也相对较小，与江苏和浙江的一个县的面积相似，这两个市曾经也是县级单位，所以这里东莞和中山就作为集群的空间范围进行考察。

(三) 产业集群的行业范围

关于行业的选择，根据 2003 年以后采用的新的国民经济行业代码（GB/T 4754-2002），我国的制造业有大类、中类和小类三种行业分类，即两位数、三位数和四位数的行业分类。根据这一分类标准，我国工业的两位数行业共 39 个，分类较粗；三位数行业共 191 个，相对较细；四位数行业共 525 个，分类最细。由于两位数和三位数行业的分类比较粗，许多差异较大、不存在关联的产业都纳入同一个行业，不能够充分反映集群的概念，所以，我们以四位数行业分类作为集群的行业范围。在这里我们主要考察粤苏浙 3 省集群现象都比较普遍的行业，以便进行不同类型产业集群的竞争力比较，具体包括 10 个四位数行业：棉、化纤纺织加工、纺织服装制造、木质家具制造、玩具制造、建筑、家具用金属配件制造、金属制厨用器皿及餐具制造、汽车零部件及配件制造、家用厨房电器具制造、照明灯具制造、电子计算机外部设备制造。

（四）产业集群中的企业数量

一个区域当中同行业的企业数量达到多大时才能称作集群，这是无法进行严格规定的，我们可依据以下思路对集群企业和非集群企业进行划分：产业集群主要是指企业分布不均匀的现象，即企业不是在空间上等距均匀分布的，而是有些企业分散，有些企业集中在一起，这也就意味着某一行业的企业在各县级区域的分布也是不均匀的，有的县级区域多，有的县级区域少，如果某个县级区域同行业企业数量明显较多，就可判断该县级区域存在一个产业集群。据此，我们运用聚类分析方法对企业进行分组，以每个县级区域每个四位数行业的企业数量为基本观察单位，这样粤苏浙 3 省各县级区域四位数行业的企业数量构成一个数据集，对此数据集进行 K 值聚类分析，把各县级区域中同行业的企业数划分为两组：企业数量较多的一组和企业数量较少的一组，企业数量较多的一组相对来说出现了明显的企业集中，那么这些县级区域的这群企业就是一个集群。K 值聚类的分界点就是最小的集群企业数量，如果某个县级区域某个四位数行业的企业数量大于这个数值，则这个县级区域就存在一个集群。在实际的计算过程中，我们把县级区域四位数行业的企业数量分为 3 组，即集中程度高、中、低三组，高、中两组被看做形成了产业集群，中、低组的分界线作为集群的分界线。由于纺织和服装行业的产业集群现象相当明显，这两个行业的集群比其他行业集群的企业数量大很多，所以我们对棉、化纤纺织加工和纺织服装制造两个行业统一进行聚类分析，其他的行业根据 10 个行业的数据统一进行聚类分析。通过 K 值聚类的计算，纺织加工、纺织服装制造两个行业的集群分界点为 47 个企业，即县级区域四位数行业大于或等于 47 个企业时，那么就认为它是一个集群，而其他行业的集群分界点是 30 个企业（参见表 4-1、表 4-2）。

表 4-1　10 个行业的 K 值聚类结果

	样本数量	平均值	标准差	最小值	最大值
低集中度	2249	4.91	5.90	1	29
中集中度	182	54.71	20.98	30	118
高集中度	48	196.06	80.76	128	527

表 4-2　棉、化纤纺织加工和纺织服装制造业的 K 值聚类结果

	样本数量	平均值	标准差	最小值	最大值
低集中度	394	11.84	11.00	1	46
中集中度	73	81.66	31.12	47	149
高集中度	23	236.17	91.44	159	527

二、粤苏浙产业集群竞争力的评价指标设计

(一) 指标的选取和权数的确定

根据研究的需要和数据的情况，我们选择 9 个指标来度量产业集群的竞争力（参见表 4–3 所示），具体如下：(1) 利润率。利润率说明了企业的盈利能力，是度量企业竞争力的最基本指标，企业利润率越高，则企业的生存能力越强，企业规模扩张的可能性也就越大，产业集群的平均利润率也反映了产业集群总体的盈利能力。我们主要考察集群的主营业务利润率，计算方法是主营业务收入减去主营业务成本后再除以主营业务收入。(2) 新产品率。新产品率可以用来表示产业集群的创新能力，同时新产品率越高，说明企业在市场竞争中越积极主动，所以我们把新产品率也作为产业集群竞争力的一个重要度量指标，由产业集群的新产品产值除以工业总产值来表示。(3) 人均固定资产。人均固定资产可以用来度量产业集群的技术水平，如果人均固定资产越高，说明产业集群中的企业的装备化程度越高，也就是说产业集群的现有技术水平也越高。这个指标由产业集群的固定资产年平均余额除以全部从业人员年平均人数表示。(4) 人均总产值。我们用人均产值来度量产业集群的劳动生产效率。一般来说，度量劳动生产率时，大多使用人均增加值，但由于无法获得增加值数据，所以这里我们用工业销售产值来代替增加值。一般工业增加值与工业销售产值存在一定的比例关系，因此这种度量方法仍是可行的，具体计算方法是用集群的工业销售产值除以全部从业人员年平均人数。(5) 企业平均规模。企业规模的增大有利于其在竞争中占领市场份额，因此集群中企业的平均规模也作为集群竞争力的一个度量指标，这里用集群

的工业总产值除以集群企业数量来度量。（6）出口率。集群的国际竞争力也是集群竞争力的一个重要方面，这里，我们用集群出口交货值占工业销售产值的比重来度量集群的国际竞争力。（7）产出规模。集群规模越大，说明集群在全国该行业的市场份额越大，那就说明集群目前的竞争力越强，所以我们用集群的产业规模作为衡量竞争力的一个指标，具体用集群的主营业务收入来度量集群的产出规模。（8）流动比率。流动比率用来衡量企业流动资产在短期债务到期以前，可以变为现金用于偿还负债的能力，流动比率越高，企业资产的流动性越大，偿付能力越强，所以流动比率也可以作为集群竞争力的一个度量指标，具体计算方法是集群的流动资产除以流动负债。（9）销售比率。销售比率可以表示集群中企业的销售情况，销售比率越大，则企业周转越快，企业的盈利能力越强；同时，集群企业平均的销售比率也可以用来表示集群中企业之间的分工和配套情况。如果集群中企业之间分工配套非常密切，则企业可以根据订单适当安排生产，就会避免出现存货积压的情况。所以销售比率也是度量集群竞争力的一个指标，其计算方法是用集群存货的产值除以集群的工业总产值，然后用 1 减去这个比例，将其转化为正向指标。

表 4–3　竞争力指数的分项指标和权重

指标	计算方法	含义	权重
利润率	主营业务利润 / 主营业务收入	集群盈利能力	0.20
新产品率	新产品产值 / 工业总产值	集群创新能力	0.15
人均固定资产	固定资产年平均余额 / 全部从业人员年平均人数	集群的资本密集度或技术密集度	0.15
人均总产值	工业销售产值 / 全部从业人员年平均人数	集群的劳动生产效率	0.11

续表

指标	计算方法	含义	权重
企业平均规模	工业总产值／企业数量	集群企业的竞争力	0.11
出口率	出口交货值／工业销售产值	集群的国际竞争能力	0.08
集群规模	主营业务收入	集群的市场份额	0.08
流动比率	流动资产／流动负债	集群的资金流动性	0.06
销售比率	1－（存货产值／工业总产值）	集群内分工与配套情况，以及集群的销售情况	0.06

以上 9 个指标可综合成为集群的竞争力指数，各指标的权重通过专家赋权法来确定。我们征求了相关专家的意见，并经过充分的讨论，确定了 9 个指标的权重。其中，利润率、新产品率以及人均固定资产相对更重要，所以权重较大；而流动比率和销售比率对集群竞争力的影响相对较小，所以权重较小，其他的指标介于这两组之间。具体各指标的权重参见表 4-3。

三、产业集群竞争力指数的计算方法

（一）指标的线性标准化

由于以上 9 个指标量纲不同，且不是所有指标都在 0 和 1 之间，所以在把指标综合为竞争力指数之前，要把每个指标进行线性标准化，即作无量纲化处理，具体公式如下：

$$C_{ij} = \frac{x_{ij} - x_{jmin}}{x_{jmax} - x_{jmin}} \tag{4-1}$$

在式（4-1）中，C_{ij} 为 3 个省某行业第 i 个集群第 j 个竞争力分项指标的数值，x_{ij} 是指第 i 个集群第 j 个竞争力分项指标，$x_{j\min}$ 为 3 个省某行业的集群中第 j 个竞争力分项指标最小值，$x_{j\max}$ 为 3 个省某行业的集群中第 j 个竞争力分项指标最大值。在做了以上处理之后，某个集群的竞争力指数由公式（4-2）得到：

$$C_i = \sum_{j=1}^{n} C_{ij} \cdot w_j \tag{4-2}$$

在式（4-2）中，C_i 为第 i 个集群的竞争力指数，w_j 为第 j 个竞争力分项指标的权重。

（二）省份集群竞争力指数的处理方法

对于某省某行业的产业集群竞争力指数的计算采取以下步骤：首先，对于每一个竞争力分项指标，把省内某行业的所有集群各分项指标的线性标准化的值进行平均，得到省份集群竞争力分项指标的值。其次，对省份集群竞争力分项指标加权平均，求出省份集群竞争力指数。

具体可以由公式（4-3）计算出：

$$C_k = \sum_{j=1}^{n} \left(\frac{\sum_{i=1}^{m} C_{ij}}{m} \cdot w_j \right) \tag{4-3}$$

C_k 为第 k 个省份的集群竞争力指数，m 为某省内某行业的集群个数。

第二节　粤苏浙三省产业集群发展概况

根据粤、苏、浙三省的产业集群发展的情况，我们主要考察棉、化纤纺织加工，纺织服装制造，木质家具制造，玩具制造，建筑、家具用金属配件制造，金属制厨用器皿及餐具制造，汽车零部件及配件制造，家用厨房电器具制造，照明灯具制造，电子计算机外部设备制造 10 个行业。下面首先介绍一下这三个省份这 10 个行业产业集群的基本情况。

一、粤苏浙三省产业集群发展的总体情况

在这 10 个行业中，棉、化纤纺织及纺织服装制造业的产业集群现象相对较为普遍，从三个省来看，棉、化纤纺织加工业的集群达到了 30 个；而纺织服装制造业的集群达到 66 个；汽车零部件及配件制造业的集群也比较多，达到 35 个；家用厨房电器具制造业的集群比较少，仅为 5 个；其他行业的集群为 7 个至 11 个。从经济规模指标来看，纺织服装制造业集群的企业和就业人数最多，企业数量达到7083 个，就业人数达到 180 万人以上；棉、化纤纺织加工业集群的企业数量为 4310 个，就业人数在 51 万人以上；汽车零部件及配件制造业集群的企业数量为 2484 个，就业人数近 38 万人；电子计算机外部设备制造业虽然集群个数及企业数量较少，但就业人数也达到了 50万人以上。从产出规模来看，纺织服装制造业，电子计算机外部设备制造业和棉、化纤纺织加工业集群位列前三名，主营业务收入分别达

到了 3908.01 亿元、2563.16 亿元和 2429.33 亿元。此外，电子计算机外部设备制造业集群的新产品产值为 963.34 亿元，在 10 个行业中最高，说明该行业的创新性很强；其出口交货值也最高，达到 2152.85 亿元，说明此行业集群的外向度很高（参见表 4-4）。

表 4-4　粤苏浙 10 个行业集群的基本情况

行业	固定资产合计	主营业务收入	新产品产值	出口交货值	从业人数（人）	企业数量	集群数量
棉、化纤纺织加工	615.89	2429.33	228.71	322.47	518343	4310	30
纺织服装制造	656.73	3908.01	306.00	1346.30	1809281	7083	66
木质家具制造	49.19	282.41	7.11	118.69	139103	541	7
玩具制造	56.03	268.35	16.11	181.52	267301	571	7
建筑、家具用金属配件制造	32.15	214.03	6.92	73.49	69342	441	7
金属制厨用器皿及餐具制造	38.84	221.81	14.60	113.31	71527	373	7
汽车零部件及配件制造	582.09	2378.27	286.69	331.69	374947	2484	35
家用厨房电器具制造	69.90	638.94	50.60	203.07	154559	433	5
照明灯具制造	69.61	428.38	61.69	176.78	164531	752	11
电子计算机外部设备制造	312.91	2563.16	963.34	2152.85	550229	490	7

注：固定资产合计、主营业务收入、新产品产值、出口交货值四项指标的单位均为亿元，从业人数为该行业全部从业人员平均数，企业数量和集群数量的单位为个，本章余下各表同。

从集群主要经济指标占整个行业中的份额可以了解某行业集群在该行业发展中的重要性。由表 4-5 可以看出，纺织服装制造业集群的主要指标在行业内的比重很大，都在 0.7 以上，也就是说，纺织服装制造业的生产活动主要是在集群中完成的，说明纺织服装制造业的企业更倾向于集聚。棉、化纤纺织加工业，以及汽车零部件及配件制造业、家用厨房电器具制造业、照明灯具制造业及电子计算机外部设备制造业集群的经济指标占全行业的比重也比较大，大多在0.6以上，说明产业集群在这几个行业中也扮演了举足轻重的角色。特别值得一提的是，电子计算机外部设备制造业集群主营业务收入在行业内的比重为0.5282，而新产品产值比重却达到了0.8279，这说明该行业的创新活动主要集中于产业集群中，即产业集群中的创新活动更加明显。在10个行业中，木质家具制造业、玩具制造业，以及建筑、家用金属配件制造集群主要经济指标的份额相对较小，基本上都在50%以下，集群对整个行业发展的影响相对较小（参见表4-5）。

表4-5 粤苏浙10个行业集群主要指标占整个行业中的份额

行业（小类）	固定资产合计	主营业务收入	新产品产值	出口交货值	从业人数（人）	企业数量
棉、化纤纺织加工	0.6024	0.6429	0.6573	0.6549	0.5950	0.6992
纺织服装制造	0.7160	0.7460	0.7479	0.7534	0.7336	0.7158
木质家具制造	0.3033	0.4331	0.2125	0.4390	0.5011	0.4034
玩具制造	0.3690	0.3144	0.2965	0.3384	0.4942	0.4114
建筑、家具用金属配件	0.3450	0.4585	0.3328	0.4512	0.4345	0.4216
金属制厨用器皿及餐具	0.4242	0.4300	0.2806	0.4804	0.4468	0.4857
汽车零部件及配件制造	0.5688	0.6193	0.6437	0.5821	0.5652	0.6281
家用厨房电器具制造	0.4865	0.6391	0.4398	0.5711	0.6254	0.5750
照明灯具制造	0.5587	0.6219	0.7318	0.6079	0.6423	0.5505
电子计算机外部设备制造	0.5081	0.5282	0.8279	0.5532	0.6682	0.5868

二、江苏产业集群发展概况

从表4-6可以看出，在10个行业中，江苏有6个行业存在着集群现象，其中纺织服装制造业和棉、化纤纺织加工业的集群数量最多，分别达到25个和16个，集群企业数量都在2000个以上，两个行业集群的就业人数规模较大，分别达到53万多人和28万多人。汽车零部件及配件制造业集群数量也比较多，达到10个，就业人数为9.5万多人。江苏电子计算机外部设备制造、照明灯具制造和玩具制造业的集群数量较少，企业数量也相对较少。从产出指标来看，纺织服装制造业，棉、化纤纺织加工业和电子计算机外部设备制造业集群位列江苏省前三名，主营业务收入分别为1555.92亿元、1188.91亿元和987.32亿元。电子计算机外部设备制造业，纺织服装制造业集群的出口规模较大，出口交货值分别为822.65亿元和453.8亿元，占主营业务收入的比重分别为52.87%和38.17%。

表4-6　江苏产业集群的基本情况

行业	固定资产合计	主营业务收入	出口交货值	从业人数（人）	企业数量（个）	集群数量（个）
棉、化纤纺织加工	243.30	1188.91	123.72	284387	2224	16
纺织服装制造	221.04	1555.92	453.80	537938	2186	25
玩具制造	1.19	20.33	18.78	8496	76	1
汽车零部件及配件制造	206.02	677.31	85.48	95928	639	10
照明灯具制造	5.50	23.50	8.19	7918	77	2
电子计算机外部设备制造	184.79	987.32	822.65	184268	140	3

从集群各指标在行业中的份额来看（参见表4-7），江苏棉、化

纤纺织加工业集群的企业数量在行业的比重最大，达到 0.7128，表明该行业中绝大多数企业都发生了空间集聚。纺织服装制造业的固定资产、主营业务收入、出口交货值及就业人数四项指标所占份额最大，分别达到 0.7012、0.7326、0.7711、0.6919，说明该行业的集群现象较为普遍。汽车零部件及配件制造业、电子计算机外部设备制造业集群各指标的份额也比较大，基本上在 0.5 左右，集群在这两个行业发展中也具有重要的地位。玩具制造业和照明灯具制造业集群的指标份额相对偏小，说明集群对这两个行业发展的影响相对较小。其中，玩具制造业集群虽然从业人数比重较小，仅为 0.0963，但企业数量的比重却达到 0.1858，二者的差异较大，说明该集群中的企业规模普遍较小。

表 4-7　江苏产业集群主要指标占全省本行业份额的基本情况

行业	固定资产合计	主营业务收入	出口交货值	从业人数（人）	企业数量
棉、化纤纺织加工	0.5524	0.6342	0.7047	0.6077	0.7128
纺织服装制造	0.7012	0.7326	0.7711	0.6919	0.6364
玩具制造	0.0508	0.0923	0.1652	0.0963	0.1858
汽车零部件及配件制造	0.5081	0.5040	0.5819	0.4453	0.4912
照明灯具制造	0.2991	0.2724	0.3759	0.3160	0.3548
电子计算机外部设备制造	0.5968	0.4954	0.5681	0.6279	0.5490

三、浙江产业集群发展概况

根据表 4-8 的数据，浙江有 9 个行业存在产业集群，纺织服装制造业的产业集群最多，达到22个，企业数量为2259个，就业人数为50多万人；其次为汽车零部件及配件制造业，有18个产业集群，企业数量为1563个，就业人数为20.15万人；棉、化纤纺织加工业有12个集群，企业数量为1966个，就业人数为21.73万人；其余行业的集群数量较少，企业数量和吸纳的就业人数均较少，其中，玩具制造业和木质家具制造业都只有一个产业集群；与江苏不同的是，浙江没有电子计算机外部设备制造业集群。从产出指标来看，棉、化纤纺织加工业的规模最大，主营业务收入达1173.83亿元；其次为汽车零部件及配件制造业，主营业务收入为1097.56亿元；纺织服装制造业位居第三，主营业务收入为994.25亿元；其中纺织服装制造业集群的出口交货值最大，达到了445.33亿元，占主营业务收入的比重为44.79%。

表4-8 浙江产业集群的基本情况

行业	固定资产合计	主营业务收入	出口交货值	从业人数（人）	企业数量	集群数量
棉、化纤纺织加工	352.58	1173.83	193.38	217338	1966	12
纺织服装制造	239.80	994.25	445.33	500018	2259	22
木质家具制造	3.90	21.35	19.27	11131	44	1
玩具制造	1.48	9.10	5.44	6149	45	1
建筑、家具用金属配件制造	14.48	51.46	30.47	21188	171	4
金属制厨用器皿及餐具制造	14.81	67.52	44.67	18156	127	2
汽车零部件及配件制造	202.98	1097.56	194.15	201518	1563	18
家用厨房电器具制造	16.53	73.88	36.85	21840	93	2
照明灯具制造	26.00	98.62	65.91	29690	191	4

从集群主要指标占全行业的份额来看（参见表 4—9），浙江的棉、化纤纺织加工业，以及纺织服装制造业和汽车零部件及配件制造业集群的各指标份额基本上都达到了 0.7 以上，说明这些行业在浙江的产业集群现象比较普遍，产业集群对行业发展的影响较大。建筑、家具用金属配件制造，以及家用厨房电器具制造、照明灯具制造业集群各指标也占到了行业的 50% 左右，集群在行业发展中也扮演了重要角色。相比之下，木质家具制造业和玩具制造业都仅有一个集群，集群经济指标在行业中的份额也较小，集群对整个行业发展的影响较小。

表 4—9　浙江产业集群主要指标占全省本行业份额的基本情况

行业	固定资产合计	主营业务收入	出口交货值	从业人数（人）	企业数量
棉、化纤纺织加工	0.7510	0.7603	0.7482	0.7076	0.7755
纺织服装制造	0.7661	0.7513	0.7415	0.7730	0.7315
木质家具制造	0.0799	0.1619	0.2571	0.1886	0.1089
玩具制造	0.0746	0.0904	0.0821	0.1527	0.1568
建筑、家具用金属配件制造	0.4771	0.4636	0.5577	0.4582	0.3940
金属制厨用器皿及餐具制造	0.4657	0.4401	0.4401	0.4299	0.5270
汽车零部件及配件制造	0.6611	0.7879	0.7181	0.7279	0.7432
家用厨房电器具制造	0.5410	0.4752	0.7681	0.6683	0.5602
照明灯具制造	0.5476	0.5047	0.5285	0.4872	0.4116

四、广东产业集群发展概况

与江苏和浙江相比，广东的产业集群现象更加普遍（参见表

4–10)，10 个行业都形成了不同数量的产业集群。在棉、化纤纺织加工业方面，广东的产业集群比江苏和浙江数量少很多，仅有 2 个集群；而纺织服装制造业集群数量也较多，达到了 19 个，企业数量为 2638 个，并且就业人员数量比江苏和浙江多出 50% 左右，达到了 77 万多人；其他行业的产业集群都达到了 3 个以上。从产出指标来看，电子计算机外部设备制造业集群的主营业务收入最大，达到了 1575.84 亿元，出口交货值为 1330.2 亿元，占主营业务收入的比重为 84.41%；其次为纺织服装制造业集群，主营业务收入为 1357.84 亿元，出口交货值为 447.16 亿元，占主营业务收入的比重为 32.93%。

表 4–10 广东产业集群的基本情况

行业	固定资产合计	主营业务收入	出口交货值	从业人数（人）	企业数量	集群数量
棉、化纤纺织加工	20.01	66.59	5.37	16618	120	2
纺织服装制造	195.88	1357.84	447.16	771325	2638	19
木质家具制造	45.30	261.06	99.43	127972	497	6
玩具制造	53.37	238.92	157.30	252656	450	5
建筑、家具用金属配件制造	17.67	162.57	43.02	48154	270	3
金属制厨用器皿及餐具制造	24.02	154.29	68.64	53371	246	5
汽车零部件及配件制造	173.09	603.41	52.06	77501	282	7
家用厨房电器具制造	53.38	565.05	166.22	132719	340	3
照明灯具制造	38.12	306.26	102.68	126923	484	5
电子计算机外部设备制造	128.12	1575.84	1330.20	365961	350	4

从集群主要指标占全行业的份额来看（参见表 4–11），广东纺织

服装制造产业集群主要指标（除了固定资产以外）的份额大多超过了70%，产业集群对该行业的发展有着重要影响。玩具制造业，汽车零部件及配件制造业，以及建筑、家具用金属配件制造业，电子计算机外部设备制造业，木质家具制造业，照明灯具制造业，家用厨房电器具制造业集群主要指标的份额也较高，大多都超过了40%，集群在这些行业的发展中也发挥了重要作用。相比而言，广东棉、化纤纺织加工业的集群数量较少，其指标占全行业的份额也较小，主营业务收入、固定资产和就业人数的份额约为17%左右，而出口交货值只占了本行业总量的9.21%。

表4–11　广东产业集群主要指标占全省本行业份额的基本情况

行业	固定资产合计	主营业务收入	出口交货值	从业人数（人）	企业数量
棉、化纤纺织加工	0.1779	0.1847	0.0921	0.1731	0.2358
纺织服装制造	0.6779	0.7582	0.7480	0.7404	0.7823
木质家具制造	0.5078	0.5831	0.5980	0.6681	0.6644
玩具制造	0.4911	0.4485	0.4412	0.6127	0.6503
建筑、家具用金属配件制造	0.3528	0.5646	0.4548	0.4920	0.5466
金属制厨用器皿及餐具制造	0.4493	0.4594	0.5508	0.4849	0.5104
汽车零部件及配件制造	0.5569	0.5468	0.3413	0.4530	0.5118
家用厨房电器具制造	0.5327	0.7029	0.5556	0.6344	0.6104
照明灯具制造	0.6491	0.7521	0.7115	0.7458	0.7066
电子计算机外部设备制造	0.5311	0.6297	0.6254	0.7505	0.6809

第三节　粤苏浙产业集群竞争力的比较分析

一、粤苏浙产业集群竞争力的统计分析

表4-12为粤苏浙产业集群竞争力的统计分析结果。从中可以看出，浙江省产业集群的竞争力整体上最强，在我们所选择的十大行业中，除了汽车零部件及配件制造，建筑、家具用金属配件制造，以及电子计算机外部设备制造三个行业以外，浙江在其余7个行业的集群中竞争力排名第一。广东省产业集群整体竞争力在三省中则处于中间水平，十大行业总体上表现出大而不强的状态，仅在汽车零部件及配件制造，以及建筑、家具用金属配件制造两个行业的集群中竞争力排名第一，并且竞争力指数值并未与苏浙二省拉开较大差距。而江苏产业集群的整体竞争力在三省区中垫底，仅在电子计算机外部设备制造业上表现出较强的集群竞争力。因此，通过三省产业集群竞争力的总体比较，我们可以发现，广东、江苏在传统产业集群上的竞争力不如浙江，但在汽车、计算机等产业集群上表现出较强的竞争力。那么，导致三省产业集群竞争力差异的原因是什么呢？下面我们就从网络理论的视角，利用前文提出的理论框架对此进行深入的分析，以检验本研究所提理论框架的合理性和现实解释力。

表 4–12　粤苏浙三省产业集群竞争力的总体比较

地区	棉、化纤纺织		纺织服装		木质家具		玩具制造		建筑、家具用金属配件	
	排名	指数值	排名	指数值	排名	指数值	排名	指数值	排名	指数值
广东	2	0.3433	2	0.2776	2	0.3583	2	0.5134	1	0.4524
江苏	3	0.3106	3	0.2724			3	0.2812		
浙江	1	0.4330	1	0.3102	1	0.4568	1	0.6156	2	0.4501

地区	金属制厨用器皿及餐具		汽车零部件及配件		家用厨房电器具		照明灯具		电子计算机外部设备	
	排名	指数值	排名	指数值	排名	指数值	排名	指数值	排名	指数值
广东	2	0.3863	1	0.3817	2	0.3075	3	0.3758	2	0.3264
江苏			2	0.3202			2	0.4086	1	0.4546
浙江	1	0.5761	3	0.2912	1	0.5016	1	0.5929		

二、粤苏浙产业集群企业网络的差异

　　本章比较分析表明，广东和江苏传统产业集群的竞争力不如浙江，但汽车、计算机等产业集群的竞争力较强。那么，导致这一差异的原因在哪里呢？根据本书的分析框架，我们认为产业集群内部的网络结构与功能差异是主要的影响因素。下面我们就从集群网络的视角分析粤苏浙三省产业集群竞争力差异的影响因素。

　　广东和江苏传统产业集群基本上都属于第Ⅰ、Ⅲ类集群，这两类集群的一个共同特点就是集群内部企业的纵向专业化分工水平较低，企业之间大多是一种差异化产品的横向分工关系；而浙江传统产业集群多属于第Ⅱ、Ⅳ类集群，其集群内部企业的纵向专业化分工水平较高。以纺织服装制造业为例，浙江大唐袜业集群约有 10 万多人从事袜业生产，集群内部不同企业之间实现了纺织、制造、加弹、印染、整理、绣花等诸多生产环节的纵向专业化分工，形成了袜业原料市场、相关机械设备销售与生产、运输以及袜业销售四大专业市场。与浙江不同，广东东莞市虎门镇服装产业集群内企业以产品的水平分工为主，上百家服装企业都生产不同款式、品种和类型的服装，每家企业基本上将进料、设计、加工成型和销售等经营环节内部化，集群内部企业的纵向分工水平较低。集群企业之间的纵向专业化分工水平较低导致广东和江苏两省的传统产业集群在本地供应链功能、网络自组织水平、技术创新水平和品牌效应上明显不如浙江省。

（一）本地供应链的功能

从产业集群的形成机理来看，在我国沿海地区第 I 、III 类集群基于低成本优势，在发展过程中承接了其他国家或地区的产业转移，成为跨国公司外包生产加工区域，从事 OEM 的生产加工制造活动。这些集群中的企业大多加入了跨国公司所控制的全球供应链体系，供应链的本地化水平较低，供应链的大部分环节处于产业集群的外部，外部大企业通过控制集群供应链掌握了产品附加值的分配，本地供应链功能残缺对产业集群整体竞争力产生了不利的影响。对第 II 、IV 类产业集群而言，核心企业是集群供应链形成的推动者。核心企业可以由本土企业自身成长而来，也可由外部引入。核心企业将一部分专业化的中间产品制造、中间服务等配套业务就地外包，从而形成了本地化的产品开发、生产和营销一体化的协作配套关系。随着核心企业的成长和配套企业的增加，集群的本地供应链也随之自然延伸。因此，第 II 、IV 产业集群供应链的本地化水平要显著高于第 I 、III 类集群，本地供应链的功能也更加完整，产品附加值的分配更多地取决于本地企业间分工的性质，显然这有利于提升集群的整体竞争力。除了汽车零部件和计算机设备制造集群以外，广东和江苏的传统产业集群以第Ⅰ、Ⅲ类为多，产业链的本地化水平较低。例如，广东省云浮市新兴县和江门市新会区的金属制厨用器皿及餐具制造业集群，佛山市南海区和中山的棉、化纤纺织加工业产业集群，揭阳市普宁、汕头市潮阳区和江门市开平的纺织服装制造业集群，以及汕头市澄海区和东莞的玩具制造业集群等均为第Ⅰ、Ⅲ类集群。

除了供应链本地化水平较低以外，第Ⅰ、Ⅲ类集群供应链的竞争模式也不利于集群竞争力的提升。在第Ⅱ、Ⅳ类产业集群内，供应链上的成员企业协作水平较高，有较强的动力去采取有助于提升整个供应链绩效的集体行动，这既是本地核心企业对供应链进行组织的结果，也源于配套企业对供应链整体利益的共享。因此，这两类集群内的企业在制定和实施经营策略时会兼顾整个供应链的利益，企业间的竞争更有秩序，是一种既竞争又合作的关系。同时，核心企业也能够通过自身发展来促进成员企业的成长，通过对供应链上成员企业的选择来促使集群内配套企业的优胜劣汰。核心企业扮演了供应链组织者的角色，在整体竞争力培育、商业信誉构建、技术知识积累和生产效率提升等方面发挥着重要的作用，每一个成员企业都能从供应链物流、信息流和资金流中获益。相比之下，在第Ⅰ、Ⅲ类集群内，由于缺乏共享的供应链整体利益，集群企业的协作和集体行动的水平较低，企业直接面对共同的产品市场，进行着争夺市场份额的激烈竞争，有时这种竞争会陷入到价格战、仿冒等恶性竞争状态，并最终损害集群的整体竞争力。

（二）集群网络的自组织水平

有效的产业集群网络应是一种自组织系统，德国理论物理学家哈肯（Haken）认为，从组织的进化形式来看，存在两种类型的组织：他组织和自组织。如果一个系统靠外部指令运转而形成组织，就是他组织；如果不存在外部指令，系统按照相互默契的内部规则，各尽其责而又协调地自动形成有序结构，就是自组织。一个系统自组织水平越高，其保持和产生新功能的能力也就越强。因此，自组织网络的运行是一个动态的创新过程，网络不断地从不平衡到平衡，再走向不平衡，以此实现不断的升级。自组织水平高的网络，各节点分工明确、资源互补、协调合作、行动一致；而自组织水平低的网络，各节点间分工不清、资源内耗、相互冲突。因此，我们可以通过分析各节点之间的关系来研究网络的自组织水平。

产业集群网络具有一定的自组织特性，这意味着集群网络的升级是一个内部自行运作发展的必然结果，集群网络具有自我优化、自我修复、自动趋向有序性、趋向目标性的特征，不需要任何外部专司"控制"的力量来引导和规范，这是一种集群网络运行的理想状态。但实际上，在本研究所分析的第Ⅰ、Ⅲ类集群内，由于集群企业面对共同的产品市场，其网络的自组织水平并不高，企业间过度竞争、无序竞争、同质竞争的情况较为严重，集群内部的创新动力和能力不足，集群竞争力水平低下，最终可能导致发展停滞甚至衰退。在缺乏外部干预的情况下，这两类集群网络的内在结构和运行机制并不能实现集群的自我升级。从表4-13可以看出，第Ⅰ、Ⅲ类集群的组织化水平明显要低于第Ⅱ、Ⅳ类集群，网络组织化水平越低，说明网络结构越无序，网络内部的调整、协同、创新和升级能力就越弱，这显然不利于产业集群整体竞争力的提升。

表 4-13 不同类型集群自组织水平的比较

衡量指标	Ⅰ、Ⅲ类集群	Ⅱ、Ⅳ类集群
资源异质性	企业资源同质化程度高	企业的资源异质化程度高
目标协同性	企业基于市场力量各自选择经营目标，缺乏目标协同	以核心企业为主导的供应链目标协同
合作行动水平	企业间是短期的市场交易关系，合作水平较低	良好的供应链分工，合作水平较高
网络连通性	信息不能主动共享，以被动的知识外溢为主	主动的知识外溢，充分的信息流动
创新性	被动的知识外溢导致企业缺乏创新动力，大量中小企业的创新能力也较低	核心企业推动下的集群创新动力较强，主动的知识外溢有助于提升中小企业的创新能力
有序性	企业进行原子化的无序竞争	供应链内合作与链外竞争并存，企业能明确地界定竞争者与合作者

（三）集群网络的技术创新水平

技术创新水平是影响集群竞争力的重要因素。第Ⅰ、Ⅲ类产业集群是大量生产同类产品中小企业的集合体，它们直接面对市场，相互之间进行着激烈的产品差异化竞争，企业要想在市场竞争中生存下来，就必须不断地开发、生产差异化的产品。因此，Ⅰ、Ⅲ类产业集群企业进行产品创新的动力较强，它们要靠不断的产品创新去占领市场。但是，由于被动的技术知识外溢的存在，新技术很容易被其他个人或企业吸收或模仿，企业能够轻易地从集群内其他企业的研发投入中获得收益，因而，这两类集群内可能会存在着严重的技术创新上的免费搭车现象，导致企业技术创新价值难以在市场上实现，势必会削弱企业的创新热情，结果是创新企业通过技术领先加强自己在市场竞争中的优势地位的企图难以达到，企业进行技术创新的经济激励不足。在创新能力方面，这两类集群中绝大多数企业是中小企业，它们大都从事传统的制造、加工等行业，其技术创新的能力普遍较弱。企业技术创新的动力不足、能力不强，导致集群技术创新水平低下，这势必会限制集群整体竞争力的提升。与第Ⅰ、Ⅲ类产业集群不同，在第Ⅱ、Ⅳ产业集群中，由于不同的企业面对不同的产品市场，企业之间形成了高效的差异化错位竞争格局，核心企业在工艺和产品创新的动力和能力上均比较强，是产业集群创新的主体。在核心企业的推动下，配套小企业也有较强的动力进行生产技术创新，并且由于主动的知识扩散，中小企业的创新能力也能得到快速的提升。共同的供应链利益有力地推动了不同规模企业之间的合作，促进创新资源向中小企业流动，集群的整体创新水平因而得以提升。

表4–14统计了粤、苏、浙三省产业集群平均新产品率，我们可以根据这一指标对三省产业集群的技术创新水平进行比较分析。表4–14的结果表明，除了电子计算机外部设备制造业以外，浙江省大多数传统产业集群的新产品率要明显高于广东和江苏，表现出较强的技术创新能力。

表4–14　粤苏浙产业集群技术创新水平

地区	棉、化纤纺织加工	纺织服装	木质家具	玩具	家用厨房电器具
浙江	0.406	0.2617	1	1	0.9475
广东	0.0188	0.0885	0.1423	0.2859	0.0588
江苏	0.0406	0.1289			

续表

地区	建筑、家具用金属配件	金属制厨用器皿及餐具	汽车零部件及配件	照明灯具	电子计算机外部设备
浙江	0.7196	0.9389	0.3371	0.7547	
广东	0.0441	0.1077	0.0596	0.0596	0.2974
江苏			0.0515		0.258

注：新产品率为新产品产值占集群总产值的比重，表中第 4、5 列浙江省木制家具和玩具产业集群的新产品率数据可能由于统计数据原因存在错误，在此，我们不对其进行分析。

（四）集群网络的品牌效应

广东省第 I、III 类集群缺乏大企业，更多地表现为生产同类产品的中小企业的空间聚集。它们都是在市场力量的引导下生成的，是基于本地的企业家、劳动力、资金和技术等资源禀赋，以本地市场为依托而形成的。大多数集群企业的规模较小，企业组织的形式比较简单，家族、业主制企业占有较大比重。集群企业多以 OEM 的方式加入产品的全球价值链（globle value chain），企业能力集中体现在生产加工环节，企业的品牌意识不强，品牌营销功能不足，尤其是在内销市场上明显不如浙江省。以纺织服装制造业为例，广东是纺织服装制造业大省，服装产量占全国首位，2014 年广东规模以上工业企业生产服装达 63.63 亿件，占全国的比重接近 30%，但整个纺织服装制造业只有以纯、真维斯和唐狮等少数品牌，远不如浙江省。浙江省服装产业在发展的过程中出现了一批具有较高知名度的服装品牌，包括雅戈尔、杉杉、罗蒙、报喜鸟、庄吉、络兹、美特斯邦威和森马等，相对于广东省形成了明显的品牌优势，在内销市场上也占有更大的份额。目前，广东省也正在大力推动产业集群地区特色产业区域品牌建设，但由于缺乏来自企业网络的行动支撑，企业品牌的缺乏使得这种区域品牌难以转变为现实的市场价值。

三、粤苏浙产业集群公共机构网络的差异

虽然近年来粤苏浙三省均在大力推进产业集群转型升级工作，在主要产业集群内建立技术创新公共平台，并以此为抓手努力促进集群内部公共机构网络的发育，弥补企业网络功能的缺陷，但从实际效果来看，三省产业集群内公共机构网络的结构和功能也存在较大差异。

（一）集群公共机构网络的主体结构

目前，广东、江苏两省产业集群公共服务平台的运营主体以各级政府为主。虽然政府的高度介入在公共服务平台搭建初期可以起到迅速推动的作用，但从可持续发展的视角来看，这种政府主导的公共服务平台一方面导致政府相关部门不堪重负，市场激励不足，服务资源受限，面临严重的可持续发展问题；另一方面导致商会、协会等大量社会组织功能闲置，限制了公共服务平台的资源整合能力。相对于产业集群内部企业需求多样化和个性化的现实，"一元化"的公共服务平台运营模式很难适应企业的多元化需要，多数公共服务平台以提供综合性的服务为主，无法有效提供企业孵化、融资服务、技术服务和人才服务等专业化的生产性服务。相比之下，浙江产业集群中有不少公共服务平台一开始就是以企业为主建立起来的，较好地解决了专业化、市场化运营和可持续发展问题。例如，浙江绍兴县的"金昌科技服务公司"和永康市的"科技五金城"。前者以当地特色产业集群

企业为依托，从一个服务性小企业逐渐发展成为国家级重点高新技术企业和纺织业生产力促进中心；后者以专业市场（中国科技五金城）为载体，建立了五金生产力促进中心和中国日用五金技术开发中心永康分中心，为永康五金集群企业提供科技咨询、产品展示、技术成果和专利服务等。二者在本地区产业集群竞争力提升过程中均扮演了不可或缺的角色。

（二）集群公共机构网络的功能

目前，广东、江苏两省产业集群公共机构网络以各类创新平台为主，按照有关部门的政策设计，其主要职能包括：（1）技术开发，包括产品开发、设计、工艺革新和新材料的研制与应用等；（2）信息传递，包括建设信息数据基础设施，为企业提供市场和科技信息，推介新技术、新工艺和新产品；（3）科技资源整合，适应企业和本地集群产业发展的需求，组织推动产、学、研合作；（4）技术服务，为企业提供所需的技术咨询及服务，进行技术培训、产品中试和产品检测等。

可见，上述公共服务平台的功能还有较大的局限性：一是企业融资服务不足。绝大多数传统产业集群企业融资网络发育不足，公共机构为集群企业提供的融资服务缺乏，导致产业集群内90%左右的中小企业面临着融资渠道狭窄，存在着严重的资金短缺现象。即使有的集群地区成立了担保机构，但其政府色彩较浓，行政责任和商业风险相关联，信贷担保规模有限，导致银行信贷行为保守，放贷很难顾及中小企业，中小企业融资难问题较为普遍。二是品牌服务不足。公共服务平台还未能对企业的品牌建设发挥积极作用，产业集群中拥有自主品牌的企业很少，产品的国内市场开拓不足，在国际贸易中产品的相对价格也较低。三是培训支持体系不完善。近年来，集群企业遭遇的"民工荒"问题凸显，很多企业招聘会出现冷场，其问题的关键在于一定技能的农民工供给不足。而目前各集群公共服务平台提供的培训班基本都是面对各层面管理者开办的，针对技能型操作人员的培训很少，整个培训支持体系与企业需求脱节。四是在帮助企业建立现代企业制度上做得不够。传统产业集群内部企业绝大多数从家庭作坊、家族企业起步，普遍沿用原始的家族式管理模式。随着产业发展内外环境的变化，这种家族式管理方式的弊端日益显现，业主制管理所存在的产权单一、家长式决策、财务管理不规范和难以留住人才等问题普遍存在，这在很大程度上限制了企业的发展和集群产业的整体升级。针对这一情况，各集群公共服务平台未能提供必需的服务，协助企业建立健全法人治理结构和现代企业制度，改进经营管理水平。

（三）物流服务网络不健全

广东省特别是粤东西北地区① 不少产业集群地区物流服务网络不健全，物流基础设施落后，配套性和兼容性较差，物流技术装备水平比较低，物流系统各环节衔接不连贯，运转效率不高。目前，广东省铁路营运里程仅占全国总里程的2.56%，公路通车里程仅占全国总里程的6.2%；主要铁路干线以及出省铁路通道运输能力有限，与周边省区相通的运输通道数量偏少；各种运输方式之间的设备标准不统

---

① 广东的理论界和决策当局将全省划分为四个经济区域，包括经济发达的珠三角地区，以及经济发展相对落后的山区和东西两翼地区（亦称广东的"东西北地区"）。珠江三角洲经济区包括广州、深圳、珠海、佛山、江门、中山、东莞和惠州市的惠城区、惠阳、惠东、博罗，肇庆市的端州区、鼎湖区、高要、四会；山区经济区包括河源、清远、梅州、韶关、云浮、惠州和肇庆七市；东西两翼经济区则分别包括东翼的汕头、潮州、揭阳、汕尾四市和西翼的湛江、茂名、阳江三市。

一，限制了多式联运的实现，使得物品在运输、装卸和仓储等环节难以实现全过程的一体化流动。同时，从物流业发展的制度供给来看，广东省物流业的产业形态不明确，物流组织布局分散，物流资源和市场分割严重，地方封锁和行业垄断阻碍了整个行业的发展，致使广东省产业集群地区的物流服务网络不健全，物流成本占产品总成本的比例过高。

（四）制度软环境建设滞后

目前广东、江苏、浙江三省各地在产业集群发展过程中注重有形的平台和项目建设，对有助于改善集群企业面临的市场环境的制度建设重视不够，制度软环境建设严重滞后于项目建设。制度软环境建设是指通过改进制度规则的设计和执行效果，来保证地方市场运行秩序和提高政府对经济活动的治理水平。其内容十分广泛，涉及改革政府办事程序、提高政府运作效率、完善地方信用体系、增强司法公正性和政策透明度等。制度软环境建设的结果是经济活动中交易费用的降低，从而提高市场的运行效率，对改善集群企业的经营绩效有着非常重要的意义。在我国现有政府管理体制内，制度软环境建设体现了政府职能的转变，对推动各级政府向公共服务型政府转变具有十分重要的意义。但是由于制度变革更多的是政治过程的结果，往往会涉及社会群体的利益调整，容易遭到既得利益集团的阻挠，并引发地方官员的政治支持问题。因此，决策当局的偏好和有限理性、官僚政治和利益集团冲突可能导致无效的制度安排在长期内存在。另外，对地方官员来说，制度软环境建设同样面临着任期政绩显示问题，制度优化的绩效是长期性的，且具有较高的不确定性，而制度调整的成本需要在当期发生，由自己承担。这种收益和成本的不对称性使得理性的地方官员会将制度优化置于其行为菜单的后面，这就导致在转轨经济条件下普遍存在的体制变革滞后于经济发展的问题。

目前，制度软环境建设滞后对产业集群发展的不利影响主要表现在以下几方面：（1）流动人口管理制度改革滞后严重限制了高素质、高技能人力资源的流入，对当地产业集群竞争力的提升不利。产业集群主要分布在县及乡镇地区，这些地区对外来高素质劳动力的吸引力本就不高，再加上社会管理改革不到位，流动人口不能享受与当地户籍人口同样的公共服务待遇，导致产业集群地区难以吸引和留住产业升级所需人才，本地人力资本水平难以提高。（2）知识产权保护力度不够。产业集群中还普遍存在知识产权意识淡漠问题，拥有自主知识产权的企业较少，产品模仿抄袭的现象较多，导致集群企业的创新动力不足。（3）集群企业面临的市场环境不佳，企业信用体系得不到及时建立，市场诚信缺失，仿冒、价格战等恶性竞争时有发生。

第五章 南沙渔业资源、渔场和渔港调查

第一节 南沙渔场概况

南沙群岛由 200 多个岛、礁、沙洲、暗沙和暗滩等组成，周围有许多沉没的海底山和珊瑚礁。受这种地形影响，常能形成局部的涌升流，把底层丰富的营养成分带到表层。同时，众多的珊瑚礁环境又为鱼类提供了饵料充足、适宜栖息和易躲避敌害的场所。南沙群岛渔场水产资源丰富，鱼类有石青鱼、吉尾鱼、吹鱼及金枪鱼等；贝类有乌蹄螺、砗磲；爬行动物有海龟、玳瑁；棘皮动物有梅花参、白尼参、乌圆参、蛇月参、黑参等。

按地理位置划分，南沙渔场分为南沙西北部渔场、南沙东北部渔场、南沙中北部渔场、南沙中部渔场、南沙西部渔场、南沙东部渔场、南沙中西部渔场、南沙中南部渔场、南沙南部渔场和南沙西南部渔场共 10 个渔场。表 5–1 至表 5–10 分别列举了各渔场的地理位置、鱼类品种、捕捞方式等基本情况，此处不再赘述。

表 5–1　南沙西北部渔场概况

所在海区	位于 10°00′N—15°00′N，114°30′E 以西海域
物理环境	表层年平均水温高于 27℃，表层年平均盐度为 33.0‰—33.6‰，水深 450—4420 米
水文环境	南海环流
游泳生物	南沙西北渔场以 1999 年 5 月调查为例，游泳生物共有 66 种，黄魟占 37.48%，平线若鲹占 16.05%，紫红笛鲷占 6.89%，花斑裸胸鳝占 4.99%，高体石斑鱼占 4.12%
浮游动物	南沙西北部渔场以 2000 年 3 月调查为例，浮游动物共有 229 种，桡足类幼体占 29.60%，角锚哲水蚤占 7.70%，小型海萤占 7.20%，瘦乳点水蚤占 3.31%，狭额次真哲水蚤占 3.06%
浮游植物	南沙西北部渔场以 2000 年 4 月调查为例，共有 191 种浮游植物，角毛藻属占 8.84%，伏氏海毛藻占 6.07%，小舟形藻占 4.84%，大西洋角毛藻骨条变种占 4.34%，束毛藻占 4.24%
原生动物	\
底栖生物	无调查数据
主要捕捞对象	竹荚鱼、鲐鱼、蓝圆鲹、颌圆鲹、黄鳍马面鲀、深水金线鱼、鱿鱼、多齿蛇鲻、高体若鲹、东方豹鲂鮄、深水软鱼、脂眼双鳍鲳等
主要渔期	\
底形底质	底质淤泥、珊瑚砂、黏土软泥
渔场性质	东部和 14°00′N 以北海域是金枪鱼延绳钓作业渔场海域，东南部各岛礁海域是底层延绳钓、手钓作业渔场

注：本表数据系笔者根据农业部南海区渔政局、广东省地图出版社合编《南海渔场作业图集》以及农业部南海区渔政部局内部统计资料整理而得。以下表 5–2 至表 5–10 的数据来源均同。

表 5–2　南沙东北部渔场概况

所在海区	南海东北部（包括岛、礁、沙洲、暗沙、暗礁 190 多个）位于 9°30′N—14°30′N，113°30′E—121°30′E 海域
物理环境	表层年平均水温为 27℃ 以上，表层年平均盐度为 33.2‰—33.6‰，水深 450—4680 米
水文环境	南海环流

续表

游泳生物	无调查数据
浮游动物	南沙东北部渔场以 2000 年 4 月调查为例，浮游动物共有 286 种，桡足类幼体占 16.94%，小型海萤占 16.54%，瘦乳点水蚤占 7.10%，达氏波水蚤占 4.83%，磷虾类幼体 3.48%
浮游植物	南沙东北部渔场以 2000 年 4 月调查为例，共有 171 种浮游植物，束毛藻属占 19.32%，角毛藻属占 11.05%，伏氏海毛藻占 5.45%，大西洋角毛藻骨条变种占 4.85%，小舟形藻占 3.21%
原生动物	\
底栖生物	无调查数据
主要捕捞对象	褐梅鲷、鯵、斑条鲬、金枪鱼类、梅花鲹、二斑鲹、黑尼鲹、蛇月鲹、黑狗鲹、马蹄螺、砗磲、海龟、玳瑁
主要渔期	\
底形底质	底质淤泥、黏土软泥
渔场性质	海底山顶部浅水处是造礁珊瑚繁殖场所，海底山群间是鱼类聚集地，深水区是金枪鱼延绳钓渔场，岛礁水域是底层延绳钓、手钓作业渔场海域

表 5-3 南沙中北部渔场概况

所在海区	位于 9°30′N—12°00′N，114°00′E—118°00′E
物理环境	表层年平均水温为 27℃ 以上，表层年平均盐度为 33.1‰—33.5‰，水深 200—4420 米
水文环境	南海环流
游泳生物	无调查数据
浮游动物	南沙中北部渔场以 1999 年 5 月调查为例，浮游动物共有 126 种，桡足幼体占 19.85%，长尾类幼虫占 8.83%，弓角基齿哲水蚤占 4.85%，肥胖箭虫占 3.68%，奇桨剑水蚤 3.27%
浮游植物	南沙中北部渔场以 2000 年 4 月调查为例，共有 126 种浮游植物，束毛藻属占 12.16%，伏氏海毛藻占 7.68%，大西洋角毛藻骨条变种占 6.73%，束毛藻占 3.94%，奇异角毛藻占 3.68%
原生动物	\
底栖生物	南沙中北部渔场以 1998 年 5 月调查为例，底栖生物共有 16 种，萨氏真蛇尾占 86.66%，毛齿卷吻沙蚕占 3.39%，细弱吻沙蚕占 2.87%，斑角吻沙蚕占 1.96%，独指虫占 1.83%

主要捕捞对象	石斑鱼、裸胸鳝、鹦嘴鱼、飞鱼科鱼类
主要渔期	\
底形底质	底质淤泥、珊瑚砂、黏土软泥，海底山群、暗礁、暗沙
渔场性质	是鲨鱼延绳钓、手钓、刺网和采捕作业渔场海域

表 5-4　南沙中部渔场概况

所在海区	位于 7°30′N—10°00′N，110°00′E—114°00′E
物理环境	表层年平均水温为 27℃以上，表层年平均盐度为 32.9‰—33.4‰，水深 130—2700 米
水文环境	南海环流
游泳生物	南沙中部渔场以 1999 年 5 月调查为例，游泳生物共有 86 种，灰六星鲨占 31.95%，短颌沙条鲨占 9.64%，居氏鼬鲨占 8.80%，平线若鲹占 8.75%，鳄形圆颌针鱼占 4.82%
浮游动物	南沙中部以 1999 年 5 月调查为例，浮游动物共有 90 种，桡足幼体占 17.20%，长尾类幼虫占 15.05%，弓角基齿哲水蚤占 5.20%，达氏波水蚤占 4.41%，肥胖箭虫占 3.96%
浮游植物	南沙中部渔场以 2000 年 3 月调查为例，共有 78 种浮游植物，短刺角毛藻占 12.01%，丛毛辐杆藻占 10.33%，洛氏角毛藻占 9.15%，铁氏束毛藻占 8.98%，大西洋角毛藻骨条变种占 6.88%
原生动物	\
底栖生物	无调查数据
主要捕捞对象	蛇鲻、金线鱼、乌贼、大黄鱼、枪乌贼、带鱼、红笛鲷、蓝圆鲹钱、大头白姑鱼、条尾鲱鲤、刺鲳、海鲶、大头狗母鱼、灰裸顶鲷、尖头斜齿鲨、短尾大眼鲷、海鳗、鲼类、银鲳、黄鳍金枪鱼、鹦嘴鱼等
主要渔期	\
底形底质	底质砂、淤泥、珊瑚砂、珊瑚礁
渔场性质	北部是金枪鱼延绳钓渔场，岛礁水域是手钓和底层延绳钓渔场海域

表5-5　南沙西部渔场概况

所在海区	位于 7°30′N—10°00′N, 106°00′E—110°00′E
物理环境	表层年平均水温为27℃以上，表层年平均盐度为32.9‰—33.4‰，水深133—1950米
水文环境	南海环流
游泳生物	无调查数据
浮游动物	南沙西部渔场以1999年5月调查为例，浮游动物共有175种，桡足类幼体占21.75%，小型海萤占12.51%，角锚哲水蚤占7.57%，磷虾类幼体占5.05%，达氏波水蚤4.10%
浮游植物	南沙西部渔场以2000年3月调查为例，共有71种浮游植物，笔尖形根管藻长棘变种占26.30%，铁氏束毛藻占12.04%，洛氏角毛藻占7.06%，丛毛辐杆藻占6.89%，变异辐杆藻占5.17%
原生动物	\
底栖生物	无调查数据
主要捕捞对象	蛇鲻、金线鱼、乌贼、大黄鱼、枪乌贼、带鱼、红笛鲷、蓝圆鲹钱、大头白姑鱼、条尾鲱鲤、刺鲳、海鲶、大头狗母鱼、灰裸顶鲷、尖头斜齿鲨、短尾大眼鲷、海鳗、鲬类、银鲳、黄鳍金枪鱼、鹦嘴鱼等
主要渔期	\
底形底质	底质砂、淤泥、珊瑚砂
渔场性质	东侧边缘为大陆坡，其余为大陆架海域。东南部大陆坡海域是金枪鱼延绳钓渔场海域，大陆架海域是底拖网渔场

表5-6　南沙东部渔场概况

所在海区	位于 7°00′N—9°30′N, 114°00′E—118°00′E
物理环境	表层年平均水温大于27℃，表层年平均盐度为33.0‰—33.3‰，水深1000—2800米
水文环境	南海环流
游泳生物	南沙东部渔场以1999年5月调查为例，游泳生物共有74种，爪哇裸胸鳝占25.34%，黄边裸胸鳝占15.08%，细斑裸胸鳝占9.45%，蜂巢石斑鱼占4.88%，紫红笛鲷占4.52%
浮游动物	无调查数据
浮游植物	无调查数据

续表

原生动物	\
底栖生物	无调查数据
主要捕捞对象	蛇鲻、金线鱼、乌贼、大黄鱼、枪乌贼、带鱼、红笛鲷、蓝圆鲹钱、大头白姑鱼、条尾鲱鲤、刺鲳、海鲶、大头狗母鱼、灰裸顶鲷、尖头斜齿鲨、短尾大眼鲷、海鳗、鳐类、银鲳、黄鳍金枪鱼、鹦嘴鱼等
主要渔期	\
底形底质	底质粉砂、淤泥、珊瑚砂、珊瑚礁
渔场性质	水深150米以上浅水域是鲨鱼延绳钓作业渔场，岛礁水域是手钓和潜捕作业渔场海域

表5-7　南沙中西部渔场概况

所在海区	位于5°00′N—7°30′N，108°00′E—112°00′E
物理环境	表层年平均水温为27℃以上，表层年平均盐度为32.9‰—33.0‰，水深109—1900米
水文环境	南海环流
游泳生物	无调查数据
浮游动物	南沙中西部渔场以1999年5月调查为例，浮游动物共有224种，桡足类幼体占21.22%，小型海萤占16.67%，角锚哲水蚤占6.35%，磷虾类幼体占4.87%，住囊虫占3.56%
浮游植物	南沙中西部渔场以2000年3月调查为例，共有104种浮游植物，洛氏角毛藻占10.76%，短刺角毛藻占10.13%，柔弱菱形藻占9.58%，伏氏海毛藻5.35%，铁氏束毛藻占3.89%
原生动物	\
底栖生物	南沙中西部渔场以1998年5月调查为例，底栖生物共有31种，萨氏真蛇尾占42.43%，蜈蚣欧努菲虫占13.35%，黄海埃刺梳鳞虫占11.49%，囊叶卷吻沙蚕占8.62%，后指虫占4.90%
主要捕捞对象	蛇鲻、金线鱼、乌贼、大黄鱼、枪乌贼、带鱼、红笛鲷、蓝圆鲹钱、大头白姑鱼、条尾鲱鲤、刺鲳、海鲶、大头狗母鱼、灰裸顶鲷、尖头斜齿鲨、短尾大眼鲷、海鳗、鳐类、银鲳、黄鳍金枪鱼、鹦嘴鱼等
主要渔期	\
底形底质	底质砂、淤泥、珊瑚砂

渔场性质	西部和南部其他陆架外缘是底拖网作业渔场，东北部深水区是金枪鱼延绳钓渔场海域

表 5–8 南沙中南部渔场概况

所在海区	位于 5°00′N—7°30′N，112°00′E—116°00′E
物理环境	表层年平均水温为 27℃以上，表层年平均盐度为 32.9‰—33.3‰，水深 105—2800 米
水文环境	南海环流
游泳生物	无调查数据
浮游动物	无调查数据
浮游植物	无调查数据
原生动物	\
底栖生物	无调查数据
主要捕捞对象	蛇鲻、金线鱼、乌贼、大黄鱼、枪乌贼、带鱼、红笛鲷、蓝圆鲹钱、大头白姑鱼、条尾鲱鲤、刺鲳、海鳒、大头狗母鱼、灰裸顶鲷、尖头斜齿鲨、短尾大眼鲷、海鳗、鳎类、银鲳、黄鳍金枪鱼、鹦嘴鱼等
主要渔期	\
底形底质	底质砂、淤泥、珊瑚砂、珊瑚礁
渔场性质	东北部深水区是金枪鱼延绳钓渔场，东北部和南部 100—200 米深水水域是鲨鱼延绳钓渔场海域

表 5–9 南沙南部渔场概况

所在海区	位于 2°30′N—5°00′N，110°30′E—114°30′E
物理环境	表层年平均水温为 27℃以上，表层年平均盐度为 32.9‰以下，水深 27—110 米
水文环境	南海环流
游泳生物	无调查数据
浮游动物	无调查数据
浮游植物	无调查数据

续表

原生动物	\
底栖生物	无调查数据
主要捕捞对象	蛇鲻、金线鱼、乌贼、大黄鱼、枪乌贼、带鱼、红笛鲷、蓝圆鲹钱、大头白姑鱼、条尾鲱鲤、刺鲳、海鲶、大头狗母鱼、灰裸顶鲷、尖头斜齿鲨、短尾大眼鲷、海鳗、鳐类、银鲳、黄鳍金枪鱼、鹦嘴鱼等
主要渔期	\
底形底质	底质砂、珊瑚砂
渔场性质	是拖网作业和鲨鱼延绳钓作业渔场海域

表 5–10　南沙西南部渔场概况

所在海区	位于 2°30′N—5°00′N，106°30′E—110°30′E
物理环境	表层年平均水温为 27℃ 以上，表层年平均盐度为 32.9‰ 以下，水深 27—110 米
水文环境	南海环流
游泳生物	无调查数据
浮游动物	南沙西南部渔场以 1999 年 4 月调查为例，浮游动物共有 122 种，桡足类幼体占 29.59%，凶猛细螯虾占 7.11%，肥胖箭虫占 7.02%，角锚哲水蚤占 4.55%，磷虾类幼体占 4.43%
浮游植物	南沙西南部渔场以 2000 年 4 月调查为例，共有 83 种浮游植物，铁氏束毛藻占 13.55%，标志星杆藻占 10.65%，伏氏海毛藻占 6.25%，洛氏角毛藻占 4.89%，丛毛辐杆藻占 4.46%
原生动物	\
底栖生物	南沙西南部渔场以 2000 年 4 月调查为例，底栖生物共有 47 种，青象牙贝占 31.05%，多棘中华真蛇尾占 19.79%，指蝉蟹占 17.06%，莴氏刻肋海胆占 4.43%，日本美人虾占 2.73%
主要捕捞对象	短尾大眼鲷、多齿蛇鲻、深水金线鱼等
主要渔期	\
底形底质	底质砂、珊瑚砂
渔场性质	是底拖网作业渔场海域

第二节　南沙渔业资源分析

一、南沙渔业资源总量评估

南沙渔业资源丰富，是我国唯一的热带渔场。对南海的渔业资源总量，历来有不同的说法。南海渔业资源量在不同的时期有不同的评估，但大多是局部的，缺少全面的调查评估，并且由于采用的方法、针对的种类和评估的海域范围不同，评估结果差异往往较大，而且很多时候不便比较。

首先，根据"我国专属经济区和大陆架勘测"专项及其他调查，南海不同海域的渔业资源评估结果如下：（1）南海中部。南海中部指北纬12°—17°海域，包括传统的中沙东部渔场（部分）、西中沙渔场、西沙西部渔场、南沙东北部渔场和南沙西北部渔场，海域辽阔，面积超过60万平方公里。这一海域包括西沙群岛和中沙群岛、中沙群岛岛礁区和深海海域。根据调查评估，南海中部的资源储量比较丰富，达13万吨，但目前可待利用的种类还不多，鸢乌贼是较具开发潜力的一种。（2）南海南部。南海南部指北纬12°以南海域，包括南沙西北部渔场、南沙东北部渔场、南沙中北部渔场、南沙西部渔场、南沙中部渔场、南沙东部渔场、南沙中西部渔场、南沙中南部渔场、南沙西南部渔场、南沙南部渔场等，含整个南沙群岛及其他大陆架海域。通过对南海西南部85176平方海里调查海域的声学评估，得出南海西南部海域的生物量密度为13334千克/平方海里，生物量为11.36万吨。其主要经济鱼类品种为黄鳍马面鲀、金线鱼类、无斑圆鲹、大眼鲷类、颌圆鲹、鲳类等。根据南海主要岛礁生物资源调查报告，南沙岛礁水域鱼类的年生产量不少于 1.1 万吨，其中南沙群岛中北部渔场岛礁水域鱼类的年产量为 0.66 万吨。①

　　其次，陈琳等于 1991 年应用扫海面积法对南沙群岛西南部陆架区底拖网渔场 10.23 万平方公里海域进行评估，估算资源量 14.4 万吨，可捕量 8.9 万吨，其中深水金线鱼、黄鳍马面鲀、无斑圆鲹、蛇鲻等 16 种经济种类的资源量 10.3 万吨，可捕量 6.2 万吨；另外，按与底层鱼类资源 1：1 计算，中上层鱼类资源的开发潜力也是 8.9 万吨。这次评估调查范围内的底层和中上层资源的开发潜力共计 19.8 万吨。李永振和陈国宝于 2000 年采用声学方法对整个南海中部海域 50 万平方公里范围评估，评估种类的资源量约 130 万吨，其中有重要开发价值的经济种类鸢乌贼（Symplectoteuthis oualaniensis）的资源量 36.7 万吨，开发潜力 18.3 万吨；颌圆鲹（Decapterus lajang）资源量 8 万吨，开发潜力 4 万吨。二者合计开发潜力 22.3 万吨。同年，他们对整个南海南部陆架区海域 29.2 万平方公里范围进行评估，评估种类总资源量 113.6 万吨，开发潜力 56.8 万吨，其中椭乌贼、鸢乌贼、黄鳍马面鲀、金线鱼、无斑圆鲹、大眼鲷、颌圆鲹等重要经济种类的开发潜力 34.5 万吨。② 在以上评估的基础上，刘桂茂、李永振和崔云琛认为，目前南海外海渔场经济种类的开发潜力至少有 50 万吨的水平。目前南海外海渔场渔业资源主要为我国和越南所利用。我国和越南船队的总量预计不超过 1800 艘，总功率为 15 万千瓦，总产量不会超过 10 万吨。如果按照 50 万吨的可捕量考虑，目前至少还有 40 万吨的

① 参见麦贤杰主编：《中国南海海洋渔业》，广东经济出版社 2007 年版，第 21—23 页。
② 参见刘桂茂、李永振、崔云琛：《南海外海渔业资源开发》，《南海与珠江渔业管理咨询委员会会刊》2011 年第 5 期。

可捕量有待进一步开发。

根据历年来我国和周边国家有关专家对南海渔业资源总量的评估结论，以及五年来广东海洋大学、南海水产研究所等科研机构开展的资源监测调查情况，南海的渔业资源蕴藏总量约为1080万吨，按照0.5—0.65不等的开发率来估算，南海的潜在渔业可捕量约为540万—650万吨/年。渔业资源的具体分布为：南海北部陆架区面积约为37.4万平方公里，可捕量均为250万—280万吨；南海北部大陆架斜坡区可捕量约为30万—39万吨；西、中、南沙礁盘区海域约为60万平方公里，可捕量约为100万—130万吨；南沙南部陆架区我国传统疆界线内海域约为12万平方公里，潜在可捕量约为30万—39万吨；南海500米以上水深的深水区海域约为150万平方公里，可捕量约为130万—162万吨。[①] 根据以上数据估算，我国南沙渔场每年可捕渔业资源总量较大，在我国海洋渔业资源结构中占有十分重要的地位。[②]

[①] 参见吴壮：《南海渔业资源与开发概况》，《南海渔业资源与开展研讨会论文集》2012年11月，第7—9页。

[②] 广东海洋大学卢伙胜教授长期从事南沙渔业资源监测工作，由他带领的团队通过渔港抽样调查和专业渔船海上定点调查相结合的方法，已初步查明南海深海区，特别是南沙深海海域蕴藏有丰富的深海头足类渔业资源和金枪鱼类资源，其团队初步估算南海蕴藏的鸢乌贼资源可达222.24万吨，可捕量为107.5万吨。从2006年开始，卢伙胜团队通过渔港抽样调查的方法，对北部湾渔港渔民的卖鱼单进行统计，结果发现，我国大陆每年对南海的捕捞量已经达到480万吨，远远超过以前评估的数据。卢伙胜团队在2010年租用渔船，对西沙、中沙、南沙群岛海域进行科研调查，专门了解鸢乌贼的分布情况。他们这次采取的调研办法，不再是过去的底拖网调查，而是采用光诱罩网的方法进行调查。经初步评估，南海鸢乌贼的总资源量应不少于470万吨。此外，研究人员还发现，我国南海南沙海域为黄鳍金枪鱼和大眼金枪鱼的产卵场和重要栖息地，可以为金枪鱼产业开发储备资源（参见《南方日报》2012年6月27日相关报道）。

二、南沙渔业资源结构

南沙海域是我国唯一的热带渔场，渔业资源丰富，渔业种类繁多。陈大刚（1998）等认为，南海的鱼类种数多达2321种，占我国包括河口或咸淡水洄游性鱼类在内的海洋鱼类总数的77.64%；曾炳光等认为，南海北部大陆架已有记录的鱼类达1064种，虾类达135种、头足类达73种，生物多样性优势十分显著；杨吝认为，南海多数经济鱼类种类多，生命周期较短，生产较快，分布密度不大，且多混栖，拖网渔获物中常见的经济鱼虾类就有50多种，围网捕捞的有30多种。近年来，主要的渔获物品种有蓝圆鲹、大眼鲷、蛇鲻、黄鳍马面鲀、大黄鱼、带鱼、金线鱼、竹荚鱼、二长棘鲷、鲐鱼、鲱鱼、刺鲳、鲷科等鱼类以及头足类、虾类、贝类等。

南海诸岛周边海域作为南海区的主要渔业资源区，其渔业资源也非常丰富，《南海诸岛海域鱼类志》记载了鱼类521种。该海域的鱼类资源按其生态特征大体可以分为大洋性鱼类和礁盘底层鱼类两大类型，其中大洋性鱼类主要包括黄鳍金枪鱼、沙氏刺鲅、箭鱼、鲣、立翅旗鱼、蓝枪鱼、大青鲨、东方旗鱼、箕作氏枪鱼、灰鲭鲨、侧条真鲨、帆蜥鱼以及蛇鲭科鱼类等；礁盘附近的主要鱼类有红鳍笛鲷、千年笛鲷、紫红笛鲷、高体石斑鱼以及以礁盘鱼类为食的居氏鼬鲨、白边真鲨、侧条真鲨等鲨鱼类。除鱼类外，南海诸岛周边海域经济价值较大的渔业资源还包括二斑参、黑乳参、梅花参等棘皮动物；红口螺、宝贝、马蹄螺、珍珠贝、砗磲、小头乌贼科和柔鱼科（主要为鸢乌贼属的种类）等软体动物；龙虾科、须虾科、近对虾科和膜对虾科等甲壳动物；海人藻、麒麟菜、马尾藻等大型藻类。

表 5–11　广东省渔业生产监测调查船在南海岛礁水域作业的渔获重量组成（%）

作业类型	鲨鱼	石斑鱼	炮斑	棕点石斑鱼	黑加班	宝石石斑鱼	侧牙鲈	鳃棘鲈	烟鲈	驼背鲈	海鳗	唇鱼	鹦嘴鱼	其他
刺钓	18.9	23.5	2.5	1.5	4.1	1.3	6.3	6.6	0.6	0.2	1.4	2.2		30.9
刺网	45.3	6.8						0.6	0.4		0.1	0.2		46.6
流网	3.5											0.6	3.5	92.2
潜捕	0.2	28.9	11.9	6.8	2.3	1.5	9.7	14.9	2.9	0.4	1.5	9.1	1.4	8.5
合计	18.9	22.9	3.2	1.9	3.6	1.3	6.2	7.0	0.8	0.2	1.4	2.7	0.1	29.8

注：本表数据来源于农业部南海区渔政局、海南大学课题组：《南沙渔业维权体系研究报告》，2013 年 5 月。

表 5–12　海南省渔业生产监测调查船在南海岛礁水域作业的渔获重量组成（%）

作业类型	鲨鱼	犁头鱼	石斑鱼	海鳗	红茹	印度双鳍	石头鱼	鲷鱼	紫鱼	大口红	鲕鱼	裸狐鲣	唇鱼	鹦嘴鱼	杂鱼	龙虾	海参	红口螺	马蹄螺
刺钓	43.2	3.2						18.3	0.6		2	6			19.7	0.1	7		
笼捕				100															
潜捕	61.1		.7	0.7	2.9	1.5	4.2	0.5		1.2			1.6	0.2	6.3	2.5	5.2	2.1	1.3
三重刺网	52.3	3.3	3.4					16.4	2.1		2.6	4.8	0.1	0	10.9	0.1	4		
合计	48.4	1.3	4.6	8.2	0.8	0.4	1.2	10.9	0.9	0.4	1.5	3.3	0.5	0.1	10.8	0.8	4.8	0.6	0.4

注：本表数据来源于农业部南海区渔政局、海南大学课题组：《南沙渔业维权体系研究报告》，2013 年 5 月。

表 5–11 和表 5–12 分别为广东省和海南省渔业生产监测调查船在南海岛礁水域作业的渔获重量百分比组成。其中，广东省渔业生产监测调查船在南海岛礁水域渔获中鲨鱼和石斑鱼的重量比例较高，两者占其总渔获量的 41.8%；海南省渔民在南海岛礁水域作业的渔获物中鲨鱼类占绝对优势，占其总渔获量的 48.4%。此外，有较大经济价值和较大潜在资源量的还有灯笼鱼科的灯笼鱼、虾蟹类的海螯虾和蝉虾、头足类的鸢乌贼等。

第三节　南沙渔港发展现状调查

当前赴南沙开展渔业生产的渔船主要来自南海周边广东、广西和海南 3 省区，并且在自然、历史和制度等因素的综合影响下，南海 3 省区赴南沙生产渔船在空间上的集聚特征日益明显，各地南沙特色渔业集群初具雏形：一是各地南沙作业渔船具有明显地理集聚性，广东主要集中在台山，广西主要集中在北海，海南主要集中在琼海；二是各集聚地均存在以一种捕捞生产方式为主、其他生产方式为辅的渔业作业特征，有的甚至只有一种捕捞生产方式；三是南沙渔船集聚度高的渔港，经济效益较好，对周边地区经济发展的影响较大，反之，渔港经济效益较一般，对周边地区的影响也较小。

一、海南省琼海市潭门渔港

潭门港位于海南岛东部，具有悠久的南沙渔业生产历史，是海南岛通往南沙群岛最近的港口之一，也是西、南、中、东沙群岛作业渔场后勤的给养基地和深远海渔获的集散销售基地。渔港所在的潭门镇行政区域面积为 89.5 平方公里，人口约 2.9 万人，辖 14 个村委会，220 个村民小组。全镇以农业为主，大力发展远洋捕捞，沿海养殖对虾、鲍鱼，种植菠萝、荔枝、胡椒、槟榔、椰子、反季节瓜菜、水稻，工业以贝壳加工为主。

2003 年，农业部批准潭门渔港续建，并提升为潭门中心渔港，规划将其建成海南省东部滨海重点渔港、渔船停靠避风基地、水产品中转与加工基地、西南中沙渔船后勤补给基地、渔业休闲基地，建设资金由中央国债专项资金和地方财政配套提供。目前，潭门中心渔港共投入资金 1 亿元，已建设完成全部工程量的 95%；完成了港池航道土石方开挖共计 35 万立方米，港池航道已基本开挖完工，高潮位可达 4.5 米水深，港池水域面积为高潮位面积 35 万平方米，低潮位面积 22 万平方米，避风塘面积达 13 万平方米；完成了港区道路 32000 米主体工程，以及道路照明和绿化等工程，目前已通车使用；完成了渔港北护岸工程 1065 米，南护岸已完成 2775 米，尚剩余约 250 米，待港池开挖完形成自然坡后，再进行施工。

潭门中心渔港是海南省东部重点渔港，是渔船停靠避风基地，水产品中转与加工基地，三沙渔船后勤补给基地及南海维权基地。渔港避风条件优良，渔船可以在 13 级以下台风时在港避风，港区约可容纳 1000 艘大小渔船回港避风。渔港续建工程完成后，将成为集远洋捕捞、水产品养殖、水产品深加工、海洋综合利用、渔业维权等为一体的功能齐全的综合渔业生产与保障基地。

二、海南省三亚市崖州中心渔港

三亚市崖州中心渔港是国家一级渔港，位于三亚崖州湾宁远河口西侧，东临保港村，西至盐灶河，紧临海南环岛高速公路，距三亚市区约 50 公里，是我国距南沙渔场最近的国家一级渔港，是海南渔船停泊、避风、卸货、补给最便捷的基地，是我国南海最重要的水产品集散港。渔港集生产作业、后勤补给、加工、防灾、减灾、休闲渔业及旅游服务功能于一体，综合性强，对拉动三亚市海产品集散交易加工、后勤保障服务、休闲渔业等相关产业发展，促进三亚渔业产业升级转型和社会经济发展具有重要意义。

中心渔港规划港区用地 1300 亩，水域 1400 亩，主要包括渔港主体工程、生产配套设施、保障性住房、市政配套设施工程。项目分两期建设，一期主要建设渔港主体工程、生产配套设施、保障性住房、路网一期、路网二期等开港必建项目。二期主要建设二期码头及疏浚、B 冷库、A 冷库二期设备、交易中心屋顶、C 制冰楼、保障性住房二期。

渔港主体工程包括码头主体工程、港池疏浚、东防波堤及码头配套设施。一期码头停泊水域面积为 712.5 亩，水深 5.5 米，码头护岸结构总长 1062.2 米，泊位 20 个，后方为 10 米宽作业区。二期规划建设泊位 10 个，后方为 10 米作业区，港池疏浚二期水域面积 650亩。生产配套设施按年卸鱼量 20 万吨设计，包括有水产品交易中心、冷藏加工区、渔港综合办公区、供水供油区，沿码头岸线带状布局，总建筑面积 14.2 万平方米。交易大厅建筑面积 3.6 万平方米，一层为传统渔品交易区，二层为渔品展示区、海洋渔业产品拍卖大厅、海洋作业用品展示区等，三层为特色旅游服务区；冷藏加工区包括 A、B

两冷库，建筑面积 7.6 万平方米。其中 A 冷库 3.76 万平方米，冷藏能力 1.65 万吨，日结冻能力 400 吨。

二期 B 冷库建筑面积 3.8 万平方米，冷藏能力 1.71 万吨，日结冻能力 400 吨。两座冷库都为三层结构，一层为理鱼区、加工包装区、冻结区，二、三层为冷藏区，两冷库统一规划设计，分期建设。双联制冰楼和单板制冰楼，建筑面积 1.7 万平方米，其中双联制冰楼建筑面积 1.1 万平方米，日制冰能力 670 吨，储冰能力 6500 吨；二期单排制冰楼建筑面积 0.6 万平方米，日制冰能力 330 吨，储冰能力 2300 吨，双联制冰楼已建成。渔港综合办公区：主要满足渔港生产综合管理、渔政渔监、消防、边检、办证等服务功能要求；供水供油供电设在码头沿线，满足渔船补给需求；保障性住房：主要配合三亚老渔港搬迁，安置搬迁渔民及渔港从业人员等，总建筑面积 7.67 万平方米。

市政配套包括路网一期建设港口路、渔港路、规划二横路、滨海路、海洋路（半幅）、A 路、B 路、C 路、D 路共 9 条道路，道路总长 5.4 千米，建设内容包括路、给排水、交通、照明、电力（土建部分）、绿化工程。路网二期包括工业路、海洋路（半幅）、规划三横路、E 路共四条道路，道路总长 2.18 千米。污水处理站占地面积 600 平方米，日处理能力 800 吨，包括污水处理池、集水池、绿化用集水池及值班室，工艺流程采用 A2O 工艺生物处理法。公共停车场占地面积 1.3 万平方米，主要为港区生产、生活及交易提供便利。公园绿地占地面积 0.97 万平方米，主要为居民提供绿化休闲空间。

综上所述，三亚市崖州中心渔港具有较强的现代化的综合保障能力，对于促进三亚渔业转型升级，打造渔港经济新常态迈出了坚实的步伐，也为三亚市开发南沙渔业提供了坚实的保障基地。

三、广东省台山市上川岛沙堤渔港

广东省台山市赴南沙生产的渔船，主要停泊在上川岛沙堤渔港。上川岛地处广东省台山市西南部，屹立于南海之中，其东邻港、澳地区及珠海经济特区，距香港、澳门分别为87海里和58海里，距大陆山咀码头为9.8海里。岛屿面积为157平方公里，有"南海碧波出芙蓉"之称，有很多迷人的海滩，其中以东海岸的金沙滩、飞沙滩、银沙滩为度假旅游的上乘之处，飞沙滩（4800米）、金沙滩（5200米）、银沙滩（800米）三者之间相隔仅1公里，绵延10公里，气势雄伟、风姿各异，其中被誉为"东方夏威夷"的飞沙滩旅游区，全长4800米、宽420米，沙质洁白、坡度平缓、海水清澈，素负"南海第一滩"的盛名。

沙堤渔港为广东省五大渔港之一，位于上川岛南部，由于是20世纪60—70年代修筑的堤坝码头，经历了近60年的沧桑巨变，已是年久失修，难以适应不断发展的渔业需要。渔港配套设施比较简陋，港池渔船乱停乱泊，管理水平较低。港湾内养殖鱼排及空置的鱼排面积占港口面积的60%以上，对渔船停泊补给造成极大的影响。

沙堤渔港功能比较单一，只起到给渔船停泊补给的作用，没有防御台风的能力。每次有台风，全部渔船都要开往50—80海里外的港口（台山镇海湾、新会崖南）避风；即使是渔港的风力只达到8—9级时，一些停泊的渔船还会出现走锚现象，给渔船造成不应有的损失。鉴于此，应当对沙堤港进行科学论证，加建防波堤，疏通港池，合理规划泊位。针对赴南沙生产渔船多为川东渔民的实际，可在川东规划建设"台山川东南沙渔业后勤补给基地"，使台山市南沙渔业船队真正成为名副其实的南沙维权中坚力量。

四、广东省阳江市闸坡中心渔港

闸坡渔港位于广东省阳江市海陵岛经济开发试验区，粤西海岸线中部，面临南海水域，地理坐标东经 111°50′，北纬 21°32′；离阳江市区 48 公里，距广州市约 300 公里，水路距港澳约 300 海里。

闸坡渔港从 1975 年开始建设，1993 年建设国家一级渔港，2002 年被农业部确定为首批六大国家级中心渔港之一；中心渔港首期工程总投资 4200 万元，于 2009 年竣工投入使用；2010 年 5 月，被国家农业部评为"全国文明渔港"。

经过多年建设，闸坡渔港已初具规模，现有南防波堤 450 米，北防波堤 70 米，洲仔峡防波堤 86 米，小船避风防波堤 220 米；港内水域面积 1.4 平方公里，平均水深约 2 米。初步统计，2013 年闸坡渔港交易渔船共 12500 艘次，其中港澳渔船 2500 艘次，外港渔船 7000 艘次，本地渔船 3000 艘次。现有码头 1400 米，防浪堤 826 米，护岸 970 米。渔港拥有管理到位、服务齐全的水产品交易市场 1 个，交易面积达 1 万平方米。实行全封闭管理，对渔港港池和交易市场实行全天候的闭路电视监控，确保了渔港安全和水产品交易秩序；建立了全省电脑联网报价系统，为水产品流通提供全面的报价服务，成为粤西水产品流通与信息服务基地。全年水产品交易量达 12 万—15 万吨，交易额 5.6 亿元，其中优质鱼类占 18%，劣质鱼类占 56%，鱼肥占 26%。

闸坡渔港渔业后勤配套设施完善：有冰厂、冷冻厂共 14 间，生产能力达到制冰 600 吨／日，速冻 500 吨／日，冷藏 2000 吨／次，储冰 1600 吨／次。700 吨和 3000 吨油库各 1 座。渔船修造厂 4 间，船排 5 座，渔业机械修理厂 5 间。渔业执法办证中心 1 个，面积 600 平方米。渔港渔需生活物资供应及休闲消费服务俱全。解决就业人数达10000人。

　　闸坡港港址所在地为闸坡镇，总面积 17 平方公里，人口约 3.3 万人，辖四个居委会、一个行政村。全区共有渔业船舶 1220 艘，总功率 5.6 万千瓦，其中捕捞渔船 511 艘，功率为 3.6 万千瓦；渔业辅助船 709 艘，功率为 2 万千瓦。2014 年，海洋捕捞产量约 6.76 万吨，总产值 7.54 亿元。加上当地渔船有赴南沙作业的传统，开发南沙渔业潜力较大。

　　闸坡镇所在的海陵岛渔业资源丰富，素有"广东鱼仓"之称。海陵岛拥有风光旖旎的海滨旅游资源，岛内有国家 5A 级景区——大角湾、马尾岛风景区、十里银滩风景区、金沙滩风景区，是广东省唯一的国家级海滨旅游区。自 1997 年起，进岛观光度假旅客每年都保持在 100 万人次以上。

　　由于地理位置优越，具有配套齐全的渔业基础设施以及远近闻名的旅游度假胜地，闸坡港吸引力和声誉不断提升，吸引了包括广东、广西、海南、越南等地区的渔船前来装卸、靠泊、避风、补给，吸引了各地客商前来交易渔货，同时每年都有大量的游客前来旅游观光。

　　在海洋渔业和旅游两大特色产业带动下，相关产业也得到快速发展，闸坡镇容镇貌发生很大变化，已成为粤西海域集海洋渔业生产、物资补给、水产品冷冻、加工、特色海产品养殖、渔船避风、水产贸易及滨海旅游于一体的特色渔港经济镇。

五、广西省北海市渔港

广西省北海市渔业发达，辖区内渔港较多，主要有北海内港、电建、咸田、高德、涠洲、营盘、石头埠、沙田、大风江和南沥等10 个渔港。其中南沥渔港为广西壮族自治区直辖，沙田渔港、大风江渔港为北海市合浦县管理。上述渔港中，属中心渔港的有北海内港渔港、营盘渔港和南沥渔港；属一级渔港的有电建渔港、沙田渔港；其余的为三级渔港，规模较小。

1. 北海内港

北海内港是国家一级渔港，位于北海市区的北面，成带状，港区全长 3535 米，宽 60—160 米，水深 1.8—4 米，总面积 45 万平方米，渔用码头长 1779 米。该港由于地理位置和避风条件优越，历来是广西、广东、海南、港澳等地渔船的集散地。该港始建于 1954 年，1967 年至 1971 年期间，由地方筹资进行了第一次扩建。1997 年年底经国家农业部批准，西段 14 万平方米水域的地角渔港区扩建项目开始实施，2000 年年底投入使用，北海内港港窄船多的矛盾从此得到了一定的缓解。当前，北海内港对渔船的合理容纳量为 1600 多艘，但最多时港内停船多达 4500 艘以上，超过合理容纳两倍多。据此，下一步仍要作进一步的扩建，以满足渔业发展的需要。

2. 电建渔港

电建渔港位于北海市侨港镇，该港是为安置 1978 年被越南当局驱赶回国的华侨难民由国家和联合国难民署拨款建设的，于 1979 年动工，1984 年完工。电建渔港各方面的指标均已达到了一级渔港的要求，但目前仍未列入国家一级渔港管理序列。该港分为大港和小港两部分，大港于 1981 年年底建成使用，小港于 1984 年 6 月竣工投入使用。电建渔港现有渔用码头 410 米，防沙堤 200 米，护岸 4438 米，整个渔港水域总面积约 44 万平方米（包括港池及航道）。该港避风条件好，对船舶的合理容纳量为 600 艘左右，但最多时港内停船达 1800 艘以上，超过合理容纳量的 3 倍多。2007 年 12 月，国家投资 3382 万元对电建渔港进行扩建，项目于 2009 年 5 月上旬开工建设，已于 2011 年 12 月竣工并投入使用。

3. 营盘渔港

营盘渔港位于北海市铁山港区南面营盘镇，是中心渔港。该港原为天然港湾，1976 年地方自筹资金 80 多万元建成了 300 多米的码头。1992 年以来，国家和地方又投资 960 万元建设避风港，但由于地方配套资金不到位以及项目批复投资额比实际按图施工的投资额小，因此造成资金短缺，已于 1996 年 1 月停工。1997 年 12 月，营盘渔港项目由合浦县移交给铁山港区管辖。2006 年，中央和地方共投资 5600 多万元，对营盘中心渔港进行扩建，目前铁山港区政府正在加快项目建设。

营盘渔港现有码头长 156 米。后勤设施方面，有水产市场和水产购销站，能为渔船购销渔获；冷冻厂 1 座，日产冰 20 吨；油库 1 座，容量为 350 吨；渔船修造厂 3 家，能修理、承建 400 多马力渔船；供水设施完善，能解决本港渔船用水。该港水浅，海水低潮时，渔船不方便自由进出，并且为敞口港，不能避风，平时只有 100 艘左右本港籍渔船停泊。

4. 沙田渔港

沙田渔港位于合浦县沙田镇南端，东邻广东省。该港是国家首批公布的渔港之一。该港原是天然港湾，1972 年投资扩建，1974 年完工。沙田渔港原为二级渔港，现已升级为一级群众渔港。2005 年，广西区政府计划将渔港升级改造为一级渔港，概算总投资 3292.77 万元，其中中央预算内专项资金 1200 万元，地方自筹 2092.77 万元。建设内容包括水域和陆城两部分，主要建设内容为：建设码头 200 米、护岸 85 米、防坡堤 450 米、港池航道和避风锚地疏浚 71.6 万立方米、港区道路 3200 平方米、配套通信导航及水电设施等。由于业主对管理权问题及自筹资金等问题未完全理顺，项目工程目前进展缓慢。沙田渔港现有渔业码头 200 多米，该港后勤补给设施一般，避风条件较差。平时停泊沙田渔港的渔船一般为本港籍小型渔业船舶，数量为 100 艘左右。

5. 南沥渔港

南沥渔港位于北海市冠头岭东侧，是自治区直接管辖的渔港。该港是 2001 年国家发改委和农业部批准建设的全国首批六个国家中心渔港之一。该渔港是利用中央财政预算内专项（国债）资金投资兴建的公益性项目，也是被列为自治区 2004 年统筹推进的 239 个重点项目之一。一期项目投资 3300 多万元，建设新码头 525 米，港池及航道开挖 131.48 万立方米，还有其他通信后勤等设施。南沥中心渔港建成后可容纳大功率渔船 1000 艘，可应急停泊各类渔船 2500 艘。南沥渔港现有油库 1 座，冷冻厂 1 个，码头 200 多米，后勤补给设施较完善，作为渔船货物装卸与补给港作用明显，但防风及防坡堤设计不是很科学合理，目前仅可避一般强风，不能避强台风，平时只有当地附近渔民的渔船停泊，数量约 200 艘。如遇强台风，港内没有渔船愿意在此避风，当地正计划对其防风性能进行升级改造。

第六章　南沙渔业发展的历史、现状与问题

　　南沙群岛是中国渔民最早发现、最早开发利用的,已有两千多年的历史。我国在南沙的渔业生产活动源远流长,历史悠久。据史料考证,早在汉武帝时代,我国南海(海南文昌、琼海等地)渔民就开始在南沙海域从事渔业生产活动;到唐宋时代,已具有一定规模;到明清时代,发展进入兴盛时期,渔民对南沙海域及岛礁取名,并用文字详细记载到南沙生产的航行路线、航海要素、岛礁名称、渔获品种等。现在南沙许多岛礁的名字就是明清时代沿用下来的。我国古代对南沙群岛主权、地理位置和海上交通航线的记载,南海渔民在开发南沙群岛中世代相传的《更路簿》中均有详细记载。

　　早期的南沙渔业季节性生产模式是,渔船于每年冬季(农历十一月至十二月)趁冬季季风南下,经西沙群岛而达南沙,捕捞海参、贝类、海龟及其他鱼类等,经冬春两季生产,于西南季风盛行时节北返,其中也有部分渔民留驻于岛上。从盛夏至秋初的"休渔"季节,渔民进行修船、织网、销售鱼产品,备足粮食和其他渔需物资及生活必需品,等待北风的到来。当时从事这种传统渔业的主要是海南文昌、琼海和广东阳江一带的渔民,这些传统的生产模式一直延续至

今。除抗日战争期间一度中断外，我国一直有渔船赴南沙生产。由于历史的原因，我国南沙渔业生产中断过一段时间。其中，大陆方面的渔船虽在 1956—1984 年中止赴南沙，但仍有香港地区的手钓渔船在南沙作业。我国台湾省渔船一直都在南沙生产。

1985 年，在国家的重视与支持下，农业部南海区渔政局专门组织南海渔民恢复南沙渔业生产，取得较好的经济和社会效益。1985 年 3—4 月，琼海有 5 艘渔船进入南沙群岛礁区，通过世袭的潜水采捕作业方式，采集海参、砗磲、马蹄螺等海产品。同年年底，广东湛江海洋渔业公司派出 4 艘渔轮到南沙群岛礁区作业，生产效益显著。此后，广东、广西、海南三省区 9 个市县的 300 多艘群众渔船和 4 个渔业公司近百艘渔轮陆续加入，加上原来在南沙海区生产的近 200 艘广东省港澳流动渔船，整个南沙渔业生产规模不断扩大，并取得了明显的经济和社会效益，强化了我国南沙的主权存在。

当前南沙渔业得到了进一步发展和壮大，生产作业方式更加多样化，生产规模扩张，涉及的渔场范围更加扩大。"十一五"期间，每年平均进入南沙海区生产的我国渔船有拖网、围网、刺网、笼捕、潜捕等多种类型，数量达 620 艘，渔业活动遍及南沙海域所有渔场。各类渔船一年四季共 2000 多航次，往返途中穿梭于各岛礁之间。2007 年，广东、广西、海南三省（区）各地参加南沙生产的企业渔船、群众渔船和港澳流动渔船已达 778 艘，全年共生产 2680 航次，88829 天，总产量 95969.81 吨，总产值达 71629.70 万元。

随着渔业生产的持续扩大，我国加大了对南海海域的维权执法力度，南海海洋主权日益得到彰显，南沙渔业生产环境得到进一步改善。从 1994 年开始，南海局每年组织渔政船开赴南沙巡航执法，实施行政管辖，并邀请国家有关部委和新闻媒体赴南沙考察和慰问，18

年累计巡航 50 多万公里。自 2009 年年底起，中国渔政开始在南沙海域开展伴随渔船式的巡航护渔。在从事渔业捕捞活动和进行渔政管理的同时，还开展网箱养殖试验技术研究和网箱养殖生产，有力地促进了南沙渔业产业化、规模化发展。

第一节　南沙渔业生产总体情况

一、南沙生产渔船及就业数量

在恢复南沙渔业生产的 1985 年，南沙生产渔船数量仅为 13 艘，以后逐年增加，到 2006 年达到高峰为 913 艘，随后受船舶老化、生产效益、周边国家抓扣等因素影响，办证渔船有所回落（参见表 6–1）。特别是 2008 年和 2009 年，我国共有 19 艘南沙生产渔船被周边国家抓扣，直接经济损失超过 1 亿元，使南沙渔业生产受到重挫，生产渔船数量急剧下降，至 2010 年办证渔船仅为 446 艘，不到高峰期的一半。在国家的重视与支持下，南海区渔政局采取得力措施，并于当年开展常态化伴航式护渔行动，为南沙渔船生产提供安全保障，增强了南沙渔民的信心，办证赴南沙生产的渔民又逐年回升。据统计，2012 年，申请到南沙群岛海域作业，并办理了南沙捕捞许可证的渔船有 619 艘，比 2011 年增加了 40.7%，总功率为 216512.4 千瓦，比 2011 年增加了 36.8%，渔船总吨位达到 100875.52 吨。其中单拖渔船 123 艘，总功率 42547.7 千瓦；双拖渔船 87 艘，总功率 34688.2 千瓦；刺网渔船 69 艘，总功率 23836.9 千瓦；钓具渔船 78 艘，总功率 16674.7 千瓦；围网渔船 71 艘，总功率 26566.2 千瓦；罩网渔船 70

艘，总功率 20517.1 千瓦；杂渔具渔船 11 艘，总功率 2844.4 千瓦；笼壶渔船 2 艘，总功率 240 千瓦；潜捕渔船 91 艘，总功率 33001.1 千瓦（台山市和琼海市的刺钓渔船实际上是潜捕渔船）；辅助渔船 4 艘，总功率 2867 千瓦。经南沙渔业监测网统计，当年没有双拖渔船到南沙作业，围网渔船只有少数到南沙渔场短暂作业；2012 年，实际到南沙群岛作业的渔船为 491 艘，总功率为 165565.1 千瓦。

表6-1　2006—2013 年南沙生产渔船数量

年份（年）	领取南沙生产专项捕捞证船数（艘）	实际赴南沙生产渔船数
2006	913	862
2007	893	778
2008	731	524
2009	594	498
2010	446	382
2011	461	337
2012	595	491
2013	716	411

注：本表数据来源于农业部南海区渔政局内部统计资料。

以每艘南沙渔船吸纳从业人员 20 人计，2013 年有 700 多艘南沙渔船，其中一线从业船员已达 14000 多人，再加上渔船补给、维修、渔获收购、物流、加工等辅助从业人员，南沙渔业生产所涉及的总就业人数达到 50000 人以上。

二、南沙渔业产出规模

南沙渔场是我国唯一的热带鱼场，品种繁多，数量丰富。自从

1985 年南海区渔政局组织南海渔民恢复南沙渔业生产以来，我国渔民在南沙作业的渔船数量、产量和产值逐年上升（参见表 6–2、图 6–1）。表 6–2 反映了 1989—2012 年南海区赴南沙西南部陆架区作业渔船的渔获情况。在当时良好的经济利益驱动和国家扶持下，赴南沙作业渔船、产量和产值均有所增加。1993 年，赴南沙作业渔船 183 艘，产量 22082 吨，产值 6585 万元；到 2012 年，赴南沙作业渔船增加到 491 艘，产量达 69400 吨，产值达 102250 万元。其中，2007 年南沙渔业生产渔船数量最多，产出规模最大，当年广东、广西、海南三省（区）各地参加南沙生产的企业渔船、群众渔船和港澳流动渔船高达 778 艘，全年共生产 2680 航次，88829 天，总产量 95969.81 吨，总产值达 71629.70 万元。2008 至 2010 年间，主要受周边国家抓扣我国南沙渔民的影响，赴南沙生产渔船数大幅减少，南沙渔业产出有比较大的滑坡。在南海区渔政局的多方努力下，特别是自 2010 年起派出中国渔政船（现为中国海警船）开展伴航式护渔以来，南沙渔业生产逐步呈现恢复性增长。2012 年，南沙生产渔船的总产量为 6.94 万吨，吨鱼产值为 14730.1 元，总产值为 102249.9 万元。其中，单拖渔船产量为 2.75 万吨，产值为 33791.1 万元；围网渔船产量为 0.20 万吨，产值为 1044.3 万元；罩网渔船产量为 0.75 万吨，产值为 3727.4 万元；刺网渔船产量为 1.40 万吨，产值为 20064.1 万元；钓具渔船产量为 0.59 万吨，产值为 17280.5 万元；潜捕渔船产量为 1.25 万吨，产值为 23859.7 万元；笼壶渔船产量为 0.09 万吨，产值为 638.1 万元；杂渔具渔船产量为 0.13 万吨，产值为 1844.7 万元。

表6-2 南海区赴西南部陆架区作业渔船渔获状况

年份（年）	船数（艘）	产量（吨）	单产（吨/船）
1989	13	1101	85.0
1990	99	1800	18.0
1991	108	7514	70.0
1992	292	19580	67.0
1993	183	22082	121.0
1994	181	22260	123.0
1995	178	17001	96.0
1996	161	16705	104.0
1997	91	10194	112.0
1998	160	34721	217.0
1999	309	32259	104.0
2000	360	41306	115.0
2001	569	71001	203.0
2005	621	81218	130.8
2006	445	46573	104.7
2007	778	95969	123.4
2012	491	69400	141.3

注：本表数据来源于农业部南海区渔政局内部统计资料。

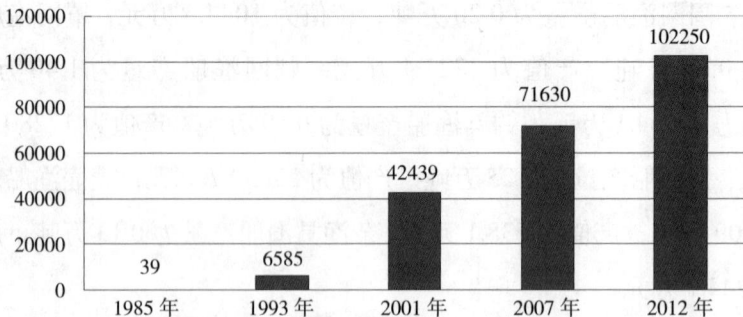

图6-1 南沙渔业主要年份产值（万元）

注：本图数据来源于农业部南海区渔政局内部统计资料。

三、南沙渔业结构分析

(一) 产品结构

南沙群岛渔获物以贝壳（含珊瑚）、鸢乌贼、蓝圆鲹、大眼鲷、蛇鲻、鳓、金线鱼为主，2012 年排名前 30 名渔获物种类参见表 6–3。从表中可见，杂鱼、贝壳、柔鱼、蓝圆鲹产量位居南沙渔获物的前列，2012 年产量分别为 12262.4 吨、10233.8 吨、6174.5 吨和 6111.4 吨。海鳗、大眼鲷、蛇鲻、金线鱼等经济鱼类的产量也相对较高。南沙海域渔获物也有一定数量的高经济价值种类，如金枪鱼类、石斑鱼、黄班后海虾、海参和贝类等。此外，不同种类渔船的主要渔获物种类也有所不同。罩网渔船以鸢乌贼、金枪鱼为主，兼捕鲹科鱼类；单拖渔船以蛇鲻、大眼鲷、鳓、蓝圆鲹、虾、海鳗、金线鱼、南鲳、乌贼、枪乌贼等为主，兼捕黄斑后海虾、海马、海龙等；刺网渔船以马鲛、鲨、金枪鱼类、旗鱼、海鳗为主，兼捕石斑鱼、鲷科鱼类等；钓具渔船以海鳗、鲨、石斑鱼和鲷科鱼类为主；潜捕渔船以贝壳（含珊瑚）、贝壳（肉）、海参、海鳗、石斑鱼和观赏鱼类为主。

表 6–3　2012 年南沙前 30 名渔获物种类

排名	种类	产量(吨)	排名	种类	产量(吨)	排名	种类	产量(吨)
1	杂鱼	12262.4	11	蟹	1127.8	21	鳓	620.2
2	贝壳（珊瑚）	10233.8	12	乌贼	1004.3	22	裸顶鲷	521.5
3	柔鱼	6174.5	13	鲔	994.1	23	河鲀	477.1
4	蓝圆鲹	6111.4	14	颌针鱼	960.1	24	白姑鱼	407.5
5	海鳗	4459.1	15	南鲳	926.5	25	安康鱼	405.5

续表

排名	种类	产量(吨)	排名	种类	产量(吨)	排名	种类	产量(吨)
6	大眼鲷	3547.7	16	二长棘鲷	850.8	26	予鱼	400.1
7	蛇鲻	2978.9	17	石斑鱼	813.0	27	红娘鱼	394.5
8	金线鱼	2179.0	18	马面鲀	688.6	28	裸颊鲷	392.9
9	勒氏笛鲷	1777.7	19	枪乌贼	678.1	29	章鱼	390.2
10	虾	1771.9	20	大型金枪鱼	637.1	30	贝	357.8

注：本表数据来源于卢伙胜主编：《2012年南沙渔业资源监测调查报告》。

（二）生产方式

1985年以来，在较长的一段时间内，南沙渔业捕捞方式主要是以传统单一的潜捕作业（海南琼海地区）为主，至今已发展成为以刺钓（刺网、钓业及潜捕兼业）、拖网为主，围网、罩网、杂渔具等多种作业方式并存的多样化捕捞结构，作业方式日趋合理全面，有利于南沙渔业资源的全面合理利用（参见表6-4）。从表6-4可以看出，广东、广西、海南三省形成了各具特色的南沙渔业作业方式。广东台山（下川港、沙堤港，含港澳流动渔船）的渔船以刺钓为主，刺钓作业渔船占比为84.75%；阳江（江城）和电白（博贺港）渔船以围网为主，围网作业渔船占比分别为69.23%和50%。广西北海（北海港、电建港）和合浦渔船以拖网为主，拖网作业渔船占比分别为69.75%和100%。海南三亚渔船以围网为主，围网作业渔船占比为86.89%。

除了捕捞生产以外，2007年之后，南海区渔政局组织扶持有关企业在南沙群岛美济岛开展生产性网箱养殖试验工作，取得了初步成功，养殖规模逐步扩大，生产效益逐渐体现。2007年，南海区渔政

表 6-4　2012 年南沙生产渔船集聚状况（抽样）

船籍港	船数（艘）	省区船数（艘）	占省区比例	主要捕捞方式	占当地比例	动力情况	船质	船东	生产效益	集聚度
广东台山（下川港、沙堤港、合港澳流动渔船）	59	159	37.11%	刺钓 50 艘	84.75%	300 匹至 600 匹 21 艘，600 匹以上 37 艘。	木质 56 艘	个人	良好	高
广东电白（博贺港）	13	159	8.18%	围网 9 艘	69.23%	600 匹以上 4 艘，300 至 600 匹 9 艘。	钢质 9 艘，木质 5 艘	个人		较高
广东阳江（江城）	14	159	8.81%	围网 7 艘	50.00%	300 至 600 匹 12 艘，600 匹以上 2 艘。	钢质 7 艘，木质 7 艘	个人		较高
广西北海（北海港、电建港）	119	160	74.38%	拖网 83 艘	69.75%	300 匹至 600 匹 103 艘，600 匹以上 3 艘。	钢质 89 艘，木质 24 艘。船体较新	大部分个人	良好	高
广西合浦	19	160	11.88%	拖网	100.00%					较高
广西钦州	7	160	4.38%	拖网 4 艘						一般
海南琼海（潭门港）	122	305	40.00%	刺网 96 艘	78.69%	300 匹至 600 匹 81 艘，600 匹以上 10 艘，300 匹 41 艘。	木质 115 艘	个人	良好	高
海南三亚	61	305	20.00%	围网 53 艘	86.89%	300 匹至 600 匹 55 艘。	100% 钢质	个人	较好	较高
海南儋州	46	305	15.10%	钓具 21 艘		300 匹至 600 匹 2 艘，300 匹以下 20 艘。	绝大部分木质，3 艘钢质			较高

注：本表数据系笔者根据中国农业部南海海区渔政局内部资料整理而得。

局服务中心与临高泽业南沙渔业开发有限公司（本书以下简称泽业公司）合作开展南沙美济岛生产性养殖试验，共建造 4 米 ×4 米方型网箱 84 口，投放鱼苗 7 万多尾，但由于受当年台风"海贝斯"重创，所有投入全部损失。2010 年，泽业公司组建成立海南富华渔业开发有限责任公司，在南沙美济岛建造 4 米 ×4 米的方形网箱 40 口，放养老虎斑鱼苗 6 万多尾、龙胆鱼苗 500 尾。2011 年，海南富华渔业开发有限责任公司再建造 4 米 ×4 米的方形网箱 12 口，放养老虎斑鱼苗 5 万多尾。目前，南沙养殖已经逐渐走入正轨，并开始盈利。

（三）人员结构

自从 1985 年恢复南沙生产以来，在较长一段时间里，到南沙开展渔业生产的主要是传统渔民，祖祖辈辈到南沙开展渔业生产。20 世纪 90 年代之后，受南沙渔业生产效益好的驱使，港澳流动渔民部分渔船开始尝试到南沙生产，主要从事刺钓捕获石斑、龙泵等高经济鱼品种，在香港渔船上打工的大陆渔工也从中掌握了相关生产技术。近二十年来，这些早期大陆渔工筹集资金，从不再从事渔业生产的香港渔民手中买来渔船，自己组织大陆渔民赴南沙生产。近年来，由于渔工人手不足，进而从内陆省份招聘劳动力从事南沙渔业生产。经初步估算，目前到南沙从事渔业生产的一线渔工中，当地渔港人员与内陆省份新招渔工比例约各占 50%，当地渔港从业人员中还是以老一辈渔民为主，下一代年轻渔民子承父业意愿不强，内陆省份新招渔工则以年轻人为主，但熟练程度不高。

四、南沙渔业空间集聚情况

我国渔民有到南沙作业传统的地域主要以海南琼海、广西北海和广东阳江等地为主，这些地区的渔民熟悉南沙群岛的地形地貌，熟练掌握适应南沙海域的作业方式。自 1985 年恢复南沙渔业生产以来，在政策的鼓励下，这些渔港渔民发挥其天然优势，当地的南沙渔业很快发展起来，并慢慢形成了南沙渔业集聚发展的态势。从表 6-4 中我们可看出，南沙渔业空间集聚情况十分明显，其中广东台山渔港赴南沙生产渔船已经占到该省到南沙作业渔船的 37.11%，广西北海渔港占 74.38%，海南琼海渔港占 40%，它们已经是名副其实的南沙渔港。通过调研我们发现，这些南沙作业的集聚港，当地渔业生产配套设备齐全，从业人员技术成熟，渔货购销渠道畅通，渔户对南沙海域作业场所比较了解，当地政府对南沙渔业生产也给予了高度的重视与支持，渔业行业协会发展比较健全，南沙渔业集群化发展的势头十分明显。

第二节　南海周边三省区南沙渔业发展情况

一、海南省

三沙（西沙、南沙、中沙）海域是海南琼海市传统作业渔场，目前，琼海市每年都有上百艘渔船，约 300 艘次赴三沙海域作业，三沙渔业经济在琼海市渔业经济中占据重要地位。多年来，琼海市渔民长期斗争于南沙维权第一线，成为南沙维权最主要的骨干力量和排头兵，有效地突出我国在南海的存在，有力地维护了国家主权和海洋权益。2014 年，琼海市远海渔业生产稳定发展，有三十几艘渔船投入使用，大多数赴南沙生产作业渔船均取得了可观的经济效益。

南沙海域上半年天气较好，但下半年天气恶劣，台风活动频繁。琼海每年渔船赴南沙生产航次最多的有 6 航次，最少的有 2 航次，近年受物价上涨等因素影响，南沙渔业经济效益有所下降。近年以来，琼海市渔民南沙渔船新添生产网具（三重刺网为主）1850 多张，投资350 多万元，笼具 9600 多个，渔船改造投入资金 600 多万元。在赴南沙作业渔船中，特产作业船占 43%，生产服务船占 9%，笼壶作业船占 11%，刺网作业船占 23%，活鱼作业船占 13%。渔船平均产值35 万元。渔船年最高产值 145 万元，年最低产值 60 万元。作业渔场主要分布在南沙的中业群岛、双子礁、南子礁、和乐滩、永暑岛、大观礁、东礁、西礁、柏礁、南方浅滩、北康暗礁等渔场，主要渔获物有龙虾、鳗鱼、石斑鱼、鲨鱼、石头鱼及海参等高经济价值海特产。

经过多年的发展，琼海市的南沙渔业作业类型已由传统的潜水捕捞向潜捕、刺、钓等多种作业类型转变，作业时间由季节性生产转变为全年性生产。长期以来，琼海市远海渔业捕捞作业方式以礁盘潜水捕捞为主，劳动强度大、产量低，与省外的灯光罩网、围网、钓业等捕捞作业方式在效率、产量等方面存在较大差距，为此琼海专门组织了一批渔船船长及船主到广东的阳西县、阳东县及台山市参观学习罩网、围网等捕捞技术。同时，引导和扶持渔民利用新建的 300 吨级钢质渔船进行网具改造，开赴南海深水区捕捞作业，开辟新渔场，以改变过去渔民单一的礁盘潜水捕捞作业方式。

此外，近年来在国家有关部门的支持下，海南省渔民在南沙岛礁开展网箱养殖，目前已经取得初步成功。这进一步突出了我国在南

沙海域的存在，对维护我国在南沙领土主权和海洋权益，进一步探索
发展热带海洋潟湖养殖，探索南沙渔业发展的新路具有重要的意义。

2007 年，海南渔业主管部门扶持有关企业在南沙群岛美济岛开
展生产性网箱养殖试验工作，与泽业公司合作开展南沙美济岛生产性
养殖试验，共建造 4 米 ×4 米方型网箱 84 口，投放鱼苗 7 万多尾，
但由于当年受非常罕见的台风"海贝斯"重创，所有投入不幸全部损
失。尽管如此，通过 2007 年的养殖试验，泽业公司看中了岛礁养殖
的优越自然环境，鱼类生长的优势，对养殖前景充满了信心。2008
年，泽业公司下定决心，变卖了部分资产，重整旗鼓，再次投入美济
岛养殖，国家也给予了相应的扶持。泽业公司购买了圆形网箱 6 口、
方形网箱 4 口，并组织了 4 艘船只（1 艘 1300 吨的补给船、1 艘 300
吨的活水舱船、2 艘捕饲料渔船）及 36 位渔工，恢复了在美济岛的
生产性网箱养礁试验。当年 9 月初投入了老虎斑等名贵鱼苗 5000 尾，
由于资金紧缺，规模较小，当年效益欠佳。

2009 年，国家对泽业公司继续给予扶持，主要用于购买鱼苗和
箱网固定设施及防鲨鱼袭击设施。其中购买军曹鱼 20000 尾、老虎斑
6000 尾、东星班 300 尾，并总结以往养殖的经验教训，在鱼种运送
航途等方面做了改进，使鱼苗的成活率提高。经过 8 个多月的养殖，
鱼苗长势喜人，军曹鱼最大的达到 6 公斤，老虎斑也达到 0.6 公斤，
比近海同类养殖快 1/3，相比南海沿海网箱养殖的鱼苗，养殖周期可
缩短 5 个月。到 2010 年 2 月全部鱼产品上市，实现产值 250 多万元，
基本实现当批次养殖成本和收入平衡，经过多次挫折和失败，在国家
扶持和各方努力下，美济岛网箱生产养殖终于取得了初步的成果。

2010 年，泽业公司改组成立海南富华渔业开发有限责任公司，
进一步扩大在南沙的养殖规模。当年就在南沙美济岛建造 4 米 ×4

米的方形网箱 40 口，放养老虎斑鱼苗 6 万多尾、龙胆鱼苗 500 尾。2011 年，海南富华渔业开发有限责任公司再建造 4 米 ×4 米的方形网箱 12 口，放养老虎斑鱼苗 5 万多尾。目前，南沙养殖已经逐渐走入正轨，开始走上规模化、产业化的道路。

二、广东省

广东省台山市从事南沙渔业生产已有近 30 年的历史，从 1987 年第一艘船开始从事南沙生产，到 1991 年已发展到 21 艘，渔业产值达 1652 万港元，初步形成规模化经营格局；1996 年发展到 32 艘，渔业产值达 5505.4 万港元，规模不断壮大；1997 年达 47 艘，渔业产值为 6495.6 万港元，规模达到高峰。但是由于受金融危机的影响，渔船残旧无钱维修更新，之后又碰上鱼价暴跌，油价上涨，造成部分渔民亏本，加上有部分渔船出现生产事故而宣告破产，到 2001 年，渔船数量减至 33 艘。截至 2013 年，渔船总数为 27 艘，总功率为 12275 千瓦，总吨位 6770 吨，参与渔业生产总人数为 700 人，总产值为 5232.6 万元（参表 6-5）。

表 6-5　广东省台山市南沙渔业生产情况

年份（年）	渔船数量（艘）	年总产量（吨）	年总产值（万元）
1987	1	26.00	102.00
1988	4	103.00	405.00
1989	10	197.70	1045.00
1990	17	247.64	1362.00
1991	21	330.42	1652.10
1992	21	216.88	1301.30

续表

年份（年）	渔船数量（艘）	年总产量（吨）	年总产值（万元）
1993	21	388.00	2134.10
1994	24	403.80	2422.80
1995	26	480.63	2883.80
1996	32	846.90	5505.40
1997	45	729.20	6495.60
1998	40	564.98	3281.10
1999	38	452.27	2954.60
2000	34	586.96	3517.80
2001	33	738.75	4524.00
2002	36	698.16	4328.00
2003	32	960.40	4691.00
2004	34	1080.00	6239.00
2005	34	828.51	4930.40
2006	28	978.70	5871.00
2007	24	916.40	5499.00
2008	24	1074.00	7143.00
2009	24	944.80	6437.00
2010	25	1208.00	7248.00
2011	25	1081.40	6477.60
2012	24	1014.40	6111.20
2013	27	1077.87	5232.60

注：本表数据由广东省台山市海洋与渔业局提供。

近年来，国家对南沙渔业的政策扶持力度逐年加大，护渔护航力度逐年加强，特别是成立"三沙市"后，渔民在南沙从事渔业生产的涉外安全系数增大。在这一有利的大背景下，台山市高度重视发展南沙渔业，克服赴南沙生产的种种困难，取得了以下三个方面的成绩：一是在政治上为维护国家海洋主权、突出主权存在作出了重大贡献，特别是在黄岩岛维权斗争中作出了突出贡献，得到了上级的充分肯定。二是在生产过程中取得了较好的经济效益。台山市赴南沙作业渔船以刺钓为主，主要捕捉石斑、龙虾等高经济鱼类，技术要求较高，生产效益也相对较好。2009—2013 年间，台山市南沙渔业产值年均为 6282.64 万元，获利、持平、亏本渔船的比例大约为 3：4：3。若将南沙专项油补计算在内，台山赴南沙生产的渔船均处于盈利状态，相对于全海区其他作业渔船，台山市南沙生产渔船的效益最好。三是渔业生产方式和生产装备实现了持续升级。渔业作业方式从过去的单一潜捕向刺钓、灯光罩网等多种作业方式转变，渔船船体结构从单一的木质船向钢质船转变，渔船动力从小功率向大功率转变。

三、广西壮族自治区

1989 年 1 月，广西北海海洋渔业总公司组织 4 艘大型拖网渔船赴南沙西南部渔场探捕取得成功，开中国大型渔船在南沙海域进行底拖网生产之先河。从 1990 年起，广西北海海洋渔业总公司所有渔船开始全年投入南沙生产，生产场所以南沙西南部渔场为主，并拓展到 4°N 海域。至 2006 年，广西北海海洋渔业总公司渔船在南沙海区生产 14000 多航次，渔获总量超过 10 万吨，总产值超过 3 亿元。2005 年以后，随着广西北海渔民建造新型钢质拖网渔船赴南沙西南部渔场生产取得成功，赴南沙西南部渔场生产的广西拖网渔船逐年增加，生产规模持续扩大。同时，随着经济体制改革的深入发展，及渔船老化等方面原因，国营渔船逐渐退出南沙生产，群众渔船成为南沙渔业开发的主力军。

2004 年，随着《中越北部湾渔业合作协定》生效实施，南海三省区尤其是广西部分大功率渔船要从北部湾传统渔场撤出，开发南海外海是解决这部分渔船生产出路的重要途径。广西拖网渔船又是南海区的主要捕捞力量之一，据广西水产畜牧兽医局统计，仅是 2009 年至 2010 年，广西渔民更新建造了 202 艘钢质渔船投入南海外海开发，其中拖网渔船 170 艘，占新建渔船总数的 84.2%。南沙西南部渔场环境条件适宜，而且广西渔船具有相当丰富的开发经验和成熟的技术，自然成为广西拖网渔船开发南海外海的首选渔场之一。

目前，在南沙西南部渔场生产的中方渔船以拖网渔船为主，渔船主要来自广西、海南、广东三省（区），一些港澳流动渔船近年来也投入该海域的生产，并从季节性生产发展到常年生产。广西渔船是南沙西南部渔场的最主要捕捞力量，2013 年，前往南沙生产的广西拖网渔船有 122 艘，占南海三省（区）赴南沙生产渔船总数的54.7%；95% 的广西赴南沙生产的拖网渔船为新型钢质渔船，平均吨位 253 总吨／艘，技术优势明显。目前，广西赴南沙生产的拖网渔船全部为群众渔船，其中大部分渔船的生产集中在南沙西南部渔场。2014 年，北海市（一县三区）赴南沙生产渔船 84 艘，进入南沙作业时间共 6687 天，生产 152 个航次，总产量 9752.5 吨，产值 6224.9万元。

根据 2013 年的统计，广西拖网渔船在南沙西南部渔场捕获的主要经济品种为大眼鲷（占总产量的 14.4%）、蛇鲻（11.5%）、鲹类（8.9%）、鲨鳐类（7.3%）、红娘鱼（6.7%）、鲅鳒（4.7%）、虾类（4.1%）、鲳类（3.8%）、鱿鱼（3.2%）、金线鱼（3.1%）、绯鲤（1.5%）、马面鲀（1.4%），渔获种类与南海北部大陆架渔场的种类相

似。同时，广西拖网渔船在南沙西南部渔场的核心作业渔区（6°N
以南，109°E 以西）的渔船渔获率（CPUE）为 4.53 千克 / 千瓦 ×
天，在南海各主要渔场中仅次于北部湾渔场，高于粤东、粤西、琼
东、琼南等渔场。多样化的渔获品种和较高的渔获率使得广西拖网
渔船的航次产量较高，经济效益较好。2013 年，广西渔船在南沙西
南部渔场生产航次平均产量为 78.9 吨，产值为 54.45 万元，除去成本
53.08 万元，航次利润约为 1.37 万元，航次盈利面达 60%，利润率约
为 8.4%。

第三节　南沙渔业发展存在的问题

一、南沙渔业的经济效益不甚理想

南沙渔业发展至今，由早期主要以捕捞为主，发展到现在捕捞、
养殖、加工等并举，虽然不同作业方式、不同经营方式的效益各不相
同，但总体上的经济效益不佳。具体如下。

（一）捕捞行业

目前南沙渔业捕捞面临以下几个不利因素，导致行业经济效益
不乐观：一是燃油成本高。南沙远离祖国大陆 1000 多公里，航途遥
远，仅航行途中的油耗就占去整个生产航次油耗的一半以上，而近
年来船用柴油价格高企，油耗成本上升，几乎占每个航次全部产值
的 70%。二是人工成本高，渔工成本逐年上升。三是渔获收成不够理
想，渔获收购价格偏低。四是存在受周边国家骚扰抓扣风险。例如，

广西北海渔船主要到西南渔场从事底拖网作业，持证船数多达100多艘，已初步形成一定规模，但是由于近年来经济效益不佳，持证且实际到南沙海域生产的渔船数量有所下降。北海南沙渔业公司的南沙老渔民张国富算了一笔账：以一艘800匹马力的拖网船为例，去南沙生产2个月，燃油要50吨，油耗成本接近40万元，人工成本约10万元，再加上水、油等生活用品杂项支出要5万元，渔船总生产成本接近65万元。而每艘渔船产出只有约100吨渔获，平均鱼价为6000元/吨，产值也就只有60万元，收支相抵还要亏损5万多元，只有把国家提供的柴油补贴计算在内，才能获得一定的利润，国家的油补政策对渔民赴南沙生产起到了关键作用。上述情况在广东和海南两省也很普遍。

广东台山的刺钓、海南琼海的潜捕作业方式经济效益相对较好，两地渔船主要通过小艇刺钓或蛙人潜捕的方式捕捞南沙岛礁区的高经济价值鱼类，比如石斑、龙泵等，基本上处于盈利状态。但这两种作业方式技术要求高，作业对象集中在高经济品种，产量不多，安全风险高，不具备大规模推广的可能性。

近年来，作为一种规模化生产的作业方式，灯光罩网的经济效益也相对较好，主要作业对象是南沙资源丰富的深海鱿鱼[1]，但罩网生产涉及渔船设备更新改造，投入较大，目前采用的不多，其盈利前景还有待观察。

---

[1]　例如，广东省台山的一位灯光罩网船主告诉课题组，曾经有一个晚上，他们的罩网船捕获鱿鱼达到4万斤，以每斤3元计算，当晚产值就有12万元。此外，灯光罩网不像底拖网那样对海洋渔业资源有较大的破坏性，所以在国家南沙骨干船队更新改造项目中，灯光罩网是国家大力推广的一个作业模式。

（二）养殖行业

南沙养殖于 2007 年试验成功，近年来开始投入商业化运作。目前南沙美济岛由海南富华渔业开发有限责任公司再建造 4 米 ×4 米的方形网箱 52 口，养殖面积约 832 平方米，放养老虎斑等鱼苗 10 万多尾，已经初步建成设施比较齐备、功能比较完善的小型养殖基地，经济效益已经处于初步盈利状态，并初步具备向南沙其他岛礁推广的经验和条件。但由于南沙海域恶劣的自然气候条件，养殖业面临的自然灾害风险较高，在缺乏渔业保险和政策支持的情况下，该行业的盈利前景也不明朗。

（三）渔品深加工行业

南沙渔业深加工前景大好。南沙鱼产品种类繁多，肉质鲜美，目前一些渔港已经有大型冰库，专门收购冰冻鱼产品，经过深加工后，用于出口创汇，产品附加值较高。同时，南沙渔业工艺品生产加工的效益也相对较好，目前已在琼海形成一定的产业规模。① 但由于渔业深加工所需投入较大，技术要求高，目前尚未得到发展，实现经济效益的不确定性较大。

---

① 笔者曾调研了海南省琼海潭门渔港南沙海洋工艺品一条街。该街市有 100 多间商铺，主要经营从南沙岛礁采集回来的砗磲子，进行打磨、造型、抛光等深加工后制成的手链、吊链、吊坠等工艺品，经济价值不菲，每年产值过亿元，为当地带来了大量的就业机会。但该行业对南沙岛礁资源具有一定破坏性。

二、渔业产业链发育不全

虽然我国南沙渔业有悠久的历史，但产业链各部分发育不全，产业发展还停留在较低的层次上（参见表6-6）：

第一，南沙渔业发展以捕捞出售初级产品为主，广东台山刺钓和海南琼海潜捕鲜活鱼类具有较为明显的优势，产品的市场价值较高，但产量规模受限。广西北海的拖网、围网生产优势明显，产量较大，但产品的市场价值较低。罩网作业不仅生产方式先进，而且有利于保护渔业资源，但目前采用不多。

第二，在养殖方面，虽然在南海区渔政局和渔业协会的强力推动下，南沙养殖已于2007年试验成功，并开始投入商业化运作；海南富华渔业开发公司已在美济岛进行网箱养殖，并取得初步盈利，市场前景大好。但目前养殖规模还不大，养殖业在南沙渔业生产中的比重还很低。

第三，在鱼品深加工方面，目前南沙渔业以捕捞出售初级产品为主，尚未建立起有效的产品深加工体系，现有的渔获以鱼干、冰冻等初级加工为主。

第四，在物流营销方面，南沙渔业生产者绝大多数缺乏品牌意识，南沙渔业集群品牌尚未形成，南沙渔业的差异化特征尚未在市场上体现出来。

第五，在休闲渔业方面，目前在海南琼海潭门港初步形成了南沙渔业工艺品展销观光一条街，主要经营用南沙岛礁出产的砗磲子加工后制成的手链、吊链、吊坠等饰品。但南沙海域、岛礁现场的观光渔业还未得到开发，海陆一体化的休闲渔业还处于起步阶段。

第六，在修造船和配套服务方面，目前南沙渔业集聚港船舶制造业较为落后，只能提供一些简单的技术修理服务，尚不能提供技术复杂的大修服务。各集聚港渔船生产、生活用品配套较为齐全，基本形成了以个体业者为主体的船用品集市。

表6-6　南沙渔业产业链分析

产业链组成	发展实力	生产主体	地区分布
捕捞（潜、钓、拖围网等）	●	个人	海南琼海，广东台山，广西北海、合浦
捕捞（罩网）	◑	个人	广西北海、合浦
养殖	◔	企业	海南三亚
鱼品深加工	◔	企业	各地渔港
物流、商贸、品牌营销	◔	企业、个人	各地渔港
渔业观光休闲	◑	个人	琼海潭门
修造船及生产生活用品配套	◑	企业、个人	各地渔港、沿海城市

注：◔◑●表示实力弱强。

三、渔业生产的组织化程度较低

从表6-6可以看出，目前南沙渔业的生产经营主体为个体船东，龙头企业和合作组织带动不足，生产方式比较落后，阻碍了南沙渔业从传统渔业向现代渔业升级。首先，南沙渔业发展缺乏龙头企业带动。南沙渔业恢复生产已近三十年，但捕捞业基本还是处于"散兵游勇"的状态，南沙渔民以单干为主。据统计，现在办证去南沙开展渔业生产的600多艘渔船中，有95%属于自己组织生产的"个体户"，技术水平、经济实力和抗风险能力均不强。例如，在广东南沙渔船较为集中的台山、阳江和电白等地，虽然分别成立了南沙渔民协会，但入会的渔民基本是自有渔船，通常是一户一艘渔船，个别经济实力较好的渔民有2—3艘南沙渔船，现代渔业公司缺乏，这种情况在广西、海南也很普遍。广西北海渔业捕捞公司曾经名噪一时，辉煌时曾经有数百艘铁壳船。但企业改制后，铁船基本上卖给了个人，挂靠在旧的渔业公司名下（收取一定管理费）。目前，北海有100多艘铁壳船办理了南沙专项生产许可证，常年在以南沙西南部渔场为主的海域生产，是南沙渔业的一支"主力军"。即便拥有这样的历史，北海南沙渔户之间基本上还是"单打独斗"为主，缺乏统一的生产组织，渔业规模经济难以形成。

其次，渔民协会发育不足，行业公共平台的支撑作用不明显。20世纪90年代末，南沙渔业传统船籍港——海南琼海潭门渔港渔民协会成立，宣告第一个南沙"渔民之家"诞生。在它的示范效应带动下，2003年，广东台山、阳江、电白、廉江等地的南沙渔民协会也宣告成立，至此已经成立将近10家南沙渔民协会。2012年年底，中国渔业协会南海渔业分会成立，这对南沙渔业的发展起到了良好的促进作用。虽然南沙渔民协会得以成立，但还没能很好地发挥其应有的作用。目前，渔业协会的职能主要是为渔民办证、组织安全生产培训等，对南沙渔业发展的支持作用还有待加强，行业协会的职能建设有待完善。

四、渔业生产条件恶劣

南沙海域的生产条件总体上较为恶劣，渔船生产成本较高，经济效益普遍不理想，具体如下：（1）南沙一年四季强风、台风、季风轮流转，且水深浪大，暗沙、礁盘、海流复杂，素有"危险地带"之称，加上国内航程遥远，中途避风、修理、补给基地和设施不足，遇上风暴巨浪险象环生，特别是对船龄大、船体旧、马力和吨位小、技术性能较差的南沙生产渔船和礁盘养殖生产构成严重威胁。[①]（2）南沙离内地 1000 多公里，航途遥远，光是航行途中的油耗就占去整个生产航次油耗的一半以上，而船用柴油价格高企，油耗是生产成本最高的一部分，约占去全部产值的 70%。再加上渔工成本逐年上涨，渔获收成不够理想，渔获收购价格偏低，渔船生产的经济效益不理想。（3）南沙岛礁周边海域由于远离陆域，缺少河流注入的营养盐和有机物，水体处于贫营养盐状态，海域初级生产力平均值只有约 23 毫克碳／平方米·时，浮游植物和浮游动物的平均生物量分别只有 4.7×105 个／立方米和 29.40 毫克／平方米，属低初级生产力和低生物量海域。鱼虾贝类等渔业物种的饵料生物量不足，导致该海域渔业资源的密度低，单位时间内的渔获量少，单位产量的开发成本高，开发效益低。（4）南沙海域岛礁众多，客观上为当地渔业资源提供了良好的栖息空间，岛礁海域崎岖不平的海底地质也在一定程度上限制了底拖网作业，有利于保护岛礁的生态环境。底拖网等比较破坏资源的作业方式主要在西南渔场，经过多年的捕捞，西南渔场现在渔获物也大为减少。[②] 在经济利益的驱使下，一些渔船跑到岛礁区附近水深 40—80 米深的海域进行底拖网作业，并且为了捕捞底层鱼类或其他

---

① 例如，2007 年 11 月，已是冬季时节，南沙美济岛遭受到罕见台风"海贝斯"的正面袭击，风力达到 12 级，在美济岛礁盘内开展养殖的 21 组渔排全部被打掉吹走，渔排上 9 位渔民不幸遇难，另 3 位渔民在南沙海域漂流了 7 天 8 夜才被救起。开展养殖生产的渔民损失惨重，上千万元投资血本无归。

② 据主要在该片海域从事底拖网作业的广西北海渔民反映，现在要下到 5°N 左右才有鱼拖，而这些是印尼军舰经常出没的海域，离印方较近，极易引起涉外渔业事件。

底栖生物，底拖网还常常装配较重的沉钢使其沉至海底或插入泥中；有的除了使用较小的网目和较重的沉钢外，还在网口装配有铁锚（惊虾链）；还有的渔民为捕捞荫区的优质鱼类，在底拖网的底钢再加装橡胶轮，从而在拖网过程中将崎岖的海底也扫为平地，严重破坏了渔业资源的生存环境和繁殖条件。此外，由于南沙海域主权争议复杂，周边国家也大肆发展渔业，南沙海域的渔业"公地悲剧"不断上演。在各国的酷渔滥捕之下，南沙的渔业资源呈下降态势，该海域可作业的区域越来越小，一些礁盘的个别主要经济品种已呈过度利用状态，过去常见的海参和鲨鱼等渔业资源明显减少，石斑鱼和鲷科鱼类等主要种类的渔获率也出现下降的趋势。

五、生产装备和配套设施水平较低

首先，在渔船生产设备方面，目前我国去南沙作业的渔船船龄大多数超过 20 年，船体老化比较严重，多数渔船船龄较长、船体残旧、主机功率和吨位小，技术性能较差。因资金缺乏，渔民无法进行渔船更新，生产队伍萎缩，特别是到西南部渔场拖网作业的渔船明显减少。多数渔船没有安装保鲜制冷系统，靠带冰生产，渔获保鲜时间周期短，产品质量差，难以处理和保存高经济鱼类。多数刺网、钓业、围网渔船仍停留在手工作业状态，甚至还存在少量潜捕、手工采捕作业，捕捞效率低下。鱼品深加工技术水平较低，产品停留在粗加工（冰冻）的层次上，产品的附加值低。

其次，在渔港配套方面，渔港是海洋捕捞业及海水养殖业的后方基地，是渔民生产、生活的重要场所，其主要设施包括：码头设施、生产及生活资料补给设施、渔获物处理保鲜及加工设施、渔货装卸及交易设施、渔船渔具维修设施、渔港环境保护设施、防灾安全设施、公用及运输设施、渔港生活及生产管理设施、渔业通信设施、航行辅助设施等。目前，去南沙海域生产的渔船主要来自毗邻南海的广东、广西、海南三省区的渔船，除去传统的南沙作业渔港以外（如海南潭门港），三十多年来各地也形成了几大南沙作业渔船集聚港，包括广东台山、广西北海、海南琼海和三亚等。课题组曾赴上述港区进行过专题调研，发现它们普遍存以下三个问题：一是港池较小、淤泥较多，港湾卫生条件不容乐观；① 二是港区维修船厂较小，难以为渔船提供全面的技术和维修服务；三是冰库建设不足，冷链物流服务水平较低，导致许多南沙渔船在渔获交易上处于被动地位。尤其是在南沙渔船集体回港的时候，由于缺乏冷冻库存，渔获收购方滥用谈判力量，打压鱼价，导致渔民利益受损。

第三，在生产海域配套设施方面，南沙海域目前渔场配套设备较差，严重缺乏避风港和航路灯标，渔船通信、导航、救生设施等安全设施，以及用油、用水、用冰等生活必需品，医疗用品、机械修理所需零配件等补给设施落后，紧急救援系统尚未建立，渔船安全生产和渔民生命财产难以得到有效的保障。

最后，在渔业科技方面，目前南沙渔业的科研投入严重不足，科技对行业发展的促进作用尚未显现。一是对南沙渔业资源的研究不够。虽然我国不断加大对南沙诸岛及其周边海域的资源调查力度，但

---

① 广东闸坡港算是一个管理比较有序的渔港，我们在这里看到大小渔船一列列的整齐停靠，中间留出水道，方便渔船进出和渔监快艇管理，但当地渔港管理人员告诉我们，由于奖金欠缺，港池积淤比较严重，亟待清理。以上这些，与近年来渔港停靠的船越多越大，但当地对渔港的资金投入不足直接相关，另外也是渔港管理能力不足的一个表现。

由于南沙面积辽阔，海况复杂，而调查的经费、时间和手段有限，大多数有关南沙的资源调查属于局部区域的专项调查，调查的深度和广度都不够，难以全面掌握南沙诸岛周边海域渔业资源的真实情况，所获得的研究结果无法指导该海域的渔业生产。二是对南沙渔业生产统计分析不规范，南沙渔业发展缺乏系统的数据支持，影响了宏观决策的科学性和效率性。三是为南沙渔业从业者提供的技术咨询、培训不足。目前，从事南沙渔业的大部分渔民文化水平偏低，捕捞技术主要靠老渔民言传身教，对现代渔业的新技术、新设备不熟悉。同时，由于岛礁渔业的特殊性，近海传统渔场的作业方式和技术无法满足岛礁渔业的作业要求，导致许多在传统渔场作业的人员（包括船长）难以胜任南沙岛礁海域的渔业生产。

六、海洋权益纠纷尖锐

南沙周边国家六国七方，在 20 世纪 70 年代以前，对我国主张南海九段线权益都没有异议，但随着《联合国海洋法公约》的出台，周边国家发现南沙蕴藏着丰富的油气、渔业资源等稀缺的经济资源，纷纷提出主权要求，南沙海域主权纠纷日益严重，而渔业首当其冲。据统计，1989—2011 年发生周边各国袭扰、抓扣我国南沙作业渔船涉外事件 398 宗，涉及渔船 798 艘，渔民 12476 人。78 艘渔船被没收，死亡 26 人，受伤 23 人，造成直接经济损失约 3 亿元。其中，菲律宾袭扰、抓扣 102 宗，占 25.6%；马来西亚袭扰、抓扣 108 宗，占27.1%；越南袭扰、抓扣 152 宗，占 38.2%；印尼袭扰、抓扣 15 宗，占 3.8%，不明国籍袭扰、抓扣 21 宗，占 5.3%。这些涉外事件的发生，加大了渔船在南沙生产的政治风险，渔民的生命安全无法保障，严重挫伤了渔民的积极性，不敢冒险接近中心渔场生产，直接导致投入南沙生产的渔船数量呈下降趋势。

近年来，随着美国全球战略重心转向亚太，南海问题成为继台海问题后美国消耗中国战略资源、遏制中国崛起和主导亚太安全机制的一个抓手。在美国的支持甚至推动之下，菲律宾等美国盟国及越南等对美国有所企求的国家借机加快在南沙群岛的扩张，妄图在维护其南沙海域既得利益的基础上攫取更多的利益。菲律宾自 2009 年颁布"领海基线法"，将我国的南沙部分岛礁和黄岩岛划入菲律宾领土后，于 2011 年 6 月正式公开将其非法侵占（控制）的我国南海海域命名为"菲律宾西海"，并付诸一系列行动：加强对礼乐滩的武力管控和油气勘探，加快对中业岛、仙宾礁等占据岛礁基础设施的建设，频繁袭击我国在南沙的生产渔船，发生在 2012 年的"中菲黄岩岛对峙事件"就是近年来菲律宾一系列动作的缩影。2013 年，菲律宾无视中方签署《联合国海洋法公约》的排除性声明，单方面将南海问题提交海牙国际法院仲裁，妄图否定中国在南海的领土主权和海洋权益。

同时，越南在 2013 年颁布《海洋法》，非法将我国南沙群岛及其海域划归为其管辖海域。为配合所谓的《海洋法》实施，越南成立海洋渔业执法力量，在万安滩安装两个钻井平台并派遣舰船值班看守，暗中在永暑岛东海约 40 海里处的福禄寺礁进行施工等。印尼和马来西亚虽不如菲越两国来势汹汹，但动作也不小，均针对我国南沙"开发南沙，渔业先行"等维权策略，分别专门成立海洋渔业部抓捕局和海事执法机构，扩大其管控范围，加大对我国南沙渔船的武力袭扰、抓扣。目前，其武力控制范围已由原来的 5°N 以南，向北扩张到 6°30′N 附近海域。

南沙主权纠纷总体形势的变化对我国南沙维权策略的实施造成

很大的负面影响，敌占岛礁区和礼乐滩、万安滩等油气开采区几乎成了南沙渔业维权的死角，我国生产渔船甚至公务船均难以靠近；西南渔场在印、马高压控制下，作业渔船面临的风险日益递增，我国南沙渔船在南沙的活动空间大幅压缩，维权效果被大大削弱。近年来，我国加大了在南沙海域的巡航护渔力度，由定期组织渔政船赴南沙巡航护渔，自 2010 年起在南沙海域进行常态化伴随式护渔，每天都有多艘中国海警船在南沙海域巡航护渔（自 2013 年起中国渔政整合到中国海警序列），我国南沙渔民安全感大大增强。但是，由于南沙渔场面积辽阔，达 80 万平方公里，我国海警执法力量仍相对不足，难以做到对南沙海域的全面有效管辖，还不能全面有效维护南沙渔业的正常生产秩序和保护渔民的生命财产安全。

第七章 南沙渔业集群发展的目标与空间集聚战略

第一节 南沙渔业集群发展的目标

一、南沙渔业集群发展的总体思路

南沙渔业集群化发展应遵循以下总体思路：贯彻落实中央关于南沙"主权属我、搁置争议、共同开发"，"突出存在"，"开发南沙、渔业先行"的战略部署，坚持捕捞、养殖、加工、保护和管理并举，以制度创新为抓手，在全面深化改革中有效整合政府、行业协会和市场机制的合力，通过实施"海陆联动、产业链带动、创新驱动和护渔保障"的"三动一保障"发展战略，形成有利于南沙渔业集群化发展的体制机制；规划建设一批枢纽型南沙渔业经济集聚功能区，着力扩大南沙渔业总体规模，优化产品结构，提升经济效益，推动南沙渔业集群实现"Ⅰ→Ⅱ→Ⅲ→Ⅳ"式成长（参见图3-4），成为我国维护南海主权和远海渔业发展的主导力量和渔业发展的新增长极。

二、南沙渔业集群发展的目标

(一) 2020 年中期目标：建成规模经济水平较高的第Ⅲ类集群

南沙渔业发展的中期目标是建设成为公共机构网络发达和行业促进作用显著的第Ⅲ类集群。即在目前产业链发育水平较低的情况下，通过加强中国渔业协会南海渔业分会等行业组织建设，加大政府协调和政策扶持力度，引导南沙渔业集群内企业分工网络和公共机构网络发展，构建成熟高效的南沙渔业集群体系，实现南沙渔业集群在载体建设、产业链发育、生产方式和组织方式上的四大突破，具体如下。

1. 南沙渔业组织化程度初步提升

推进政策与组织创新，充分发挥行业协会的引领和服务功能，鼓励渔业合作社和龙头企业发展，提高南沙渔业组织化程度，增强南沙渔民自我管理和规避风险能力，促进合作和技术创新，提高行业的经济效益。建设一支由龙头企业和合作社带动的拥有 1000 艘 (600 匹马力适航南沙远海航区的) 左右装备先进、生产能力强的骨干渔船队伍，培育 5—10 家南沙渔业龙头企业，重点扶持 5—10 家南沙渔业合作社，以"龙头企业 (合作社) +渔船 (渔户)"、"龙头企业 (合作社) +养殖场+渔船 (渔户)"等方式带动扩大南沙渔业生产规模和作业范围，保持我国南沙渔业的领先优势。

2. 南沙渔业结构初步优化升级

科学合理发展南沙大渔业，推进渔业第一、二、三产业协调发展，优化渔业生产结构，促进南沙渔业生产方式多样化，努力使南沙渔业经济规模达 100 亿元，初步形成产业规模经济效应。一是鼓励发展特色捕捞业。指导渔民巩固岛礁区刺网、刺钓、潜捕的特色作业，发展陆架区底拖网渔业，以及金枪鱼延绳钓、灯光罩网、围网等大洋性鱼类捕捞作业。结合南沙骨干船队建设，更新改造一批专业金枪鱼钓业船，引导渔民开发西、中、南沙海域金枪鱼资源，鼓励远洋渔业企业从事南海金枪鱼的开发生产，初步形成南海金枪鱼捕捞、运输、加工、销售和出口贸易产业。加强渔业资源科学调查评估，开展新渔场资源探捕和渔具渔法试验：在岛礁区开展大洋性鱼类探捕和渔具渔法试验，开展深海虾类探捕和渔具渔法试验，开展中上层头足类探捕和渔具渔法试验。二是发展南沙特色养殖业。着力推进南沙渔业基地化养殖，逐步实现养殖业向外海岛礁发展，并向南沙岛礁迁移渔民，使无人岛礁逐步转变为有居民生产生活的岛礁，为主权属我国提供更有效的支撑。建设一个包括优良品种驯化、种苗繁育、特色养殖和科学试验在内的南沙渔业养殖基地，实现南沙渔业养殖的基地化、规模化和社会化，到 2020 年南沙网箱养殖产量达到 5 万吨。三是大力发展南沙渔业加工业，延伸渔业产业链，提高鱼产品附加值，到 2020 年渔业深加工产值达 20 亿元。四是着力培育发展休闲渔业等南沙渔业新亮点，显著提高涉渔服务业产值比重。

3. 完善南沙渔业基础设施和综合服务体系

一是在完成西沙群岛渔业基地建设的同时，完成永兴岛至南沙岛礁之间的渔船导航航标建设，建设南沙礁盘简易补给码头，满足渔船补给、渔获交易需求。美济岛、永暑岛、渚碧岛等渔港的渔船容量总和达到 500 艘以上，初步解决南沙渔船避风补给问题。二是建设南沙水产品加工保鲜与运输配套服务体系。加大政策资金引导力度，吸引民间资本建造收购、运输和加工母船，增加 3 艘 5000 吨级加工补给船，在岛礁建设综合渔业基地进行初加工和保鲜，在南沙海域提供渔获收购、加工和运输一条龙服务。三是完善广东、广西、海南三省区南沙渔船集聚港的配套基础设施，提供南沙渔船专用泊位，兴建南沙渔业专用冰库、加工车间，实行南沙渔货统一收购，由政府提供价格补贴，提高南沙渔获价格。四是完善南沙渔业通信指挥管理系统。综合运用卫星通信、短波通信、超短波通信以及计算机技术，将南沙渔业通信网络建成具有视频传输、监控、遇险报警、信息数据交换、有无线电话转接等多功能指挥系统，加强南沙渔业的生产调度和管理。五是加强南沙渔业发展的科技服务。以涉海、涉渔科研机构、院校为依托，加强对南沙渔业经济、捕捞技术、养殖技术、环境资源以及周边国家渔业发展等问题的调查和研究，为南沙渔业发展提供智力支持。

4. 编制和组织实施南沙自然保护区规划

组织开展南沙自然保护区科研项目，调查和掌握保护区生态环境及海洋生物资源状况，根据珊瑚礁生态系统的特点，加强南沙海洋生态环境保护。组织做好南沙美济岛、南熏礁、渚碧岛等驻守岛礁自然保护区的规划和建设，把美济岛初步建成自然保护与维权执法、渔船避风保障等相协调的综合功能区。树立我国保护海洋生态资源和环境的国际形象，进而争取在国际社会树立海域主权属我国的有利态势。

（二）2030 年远景目标：建成现代化的第 IV 类集群

南沙渔业发展的远景目标是：建成以沿海省区重点渔港和南沙岛礁基地为载体，以南海渔业分会为引领的现代化第 IV 类渔业集群，总产值达 200 亿元，行业主体结构、生产方式和产品结构不断优化，渔业产业链发育较为完整，南沙渔业品牌具有较大的市场影响力，形成渔业集群化发展的"四大优势"：即行业协会带动作用明显的统筹协同优势、分工配套紧密的产业链优势、资源共享的区域品牌优势和设施完善的综合服务优势。

1. 南沙渔业产业链发育完善

除传统的捕捞渔业以外，金枪鱼渔业、水产养殖业、观赏渔业、水产品深加工业均获得较好发展，海洋生物资源得到开发利用，南沙渔业品牌的市场影响力较大，高附加值产品产值占比达50%以上，渔业经济效益显著提升。

2. 渔业生产组织化程度明显提升

南海渔业协会功能日趋完善，在企业服务、行业代表、资源整合和自律管理上发挥着不可替代的功能。完善"公司（合作社）+渔户"、"公司（合作社）+养殖场"或"公司（合作社）+养殖场+渔户"的组织创新，提升渔业产业化水平，产业化渔业产值比重超60%。

3. 骨干渔船队伍有序扩张

南沙渔船全部实现更新换代，具备先进齐全的生产生活性能，形成稳定有序的骨干渔船队伍扩张机制，实现渔具渔法的可持续创新。

4. 渔业基础设施和服务更趋完善

渔船避风港容量充足和选址合理，我国驻守岛礁导航灯标和通信系统完善，南沙渔船航行和作业得到安全保障，渔船用油、用水、用冰、维修补养的补给系统和渔民生活必需品、医疗药用物资补给系统配套完善。完成美济岛综合基地建设，把美济岛建设成为集自然保护区、渔业指挥中心、渔船补给基地、科学实验基地和旅游中心为一体的多功能前沿基地，并在我国驻守岛礁建设覆盖整个南沙群岛的自然保护区。广东、广西、海南三省区南沙渔船集聚港配套设施日趋完善，南沙渔船专用泊位、专用冰库、加工车间、专业市场等设施齐全，功能完备。

三、南沙渔业集群发展的基本战略

（一）海陆联动战略

海陆联动战略有两层含义：一是在统筹海陆产业协调发展的过程中推进南沙渔业发展；二是在统筹跨行政区海陆空间开发与管理协调的过程中推进南沙渔业发展。具体如下：(1) 在现代市场经济条件下，海陆资源的互补性、产业的关联性进一步增强。一方面，海洋渔业资源开发需要有强大的陆域经济作支撑，南沙渔业发展的制约因素只有在陆域经济的互助、互补中才能逐步缓解，陆域经济利用其资金、技术和市场通道优势在海岸带建立渔港经济区，进行渔业生产装备制造、技术服务、水产品加工和销售，实现陆域经济向海洋辐射。另一方面，南沙海域的资源优势通过渔港经济区及相关临海产业的建立向陆上扩散，弥补海岸带和近海水产资源的不足，实现远海、近海、海岸带与陆上渔业经济的共同发展。

(2) 南沙渔业发展所涉及的国土空间不仅包括南沙渔场和礁盘，还包括广东、广西、海南三省的相关渔港、渔民聚居地以及海港城市和乡镇，因此，在推进南沙渔业发展的过程中必须进行跨行政区的管理协调。要从拓展南沙渔业生产空间、优化资源配置和壮大南沙渔业整体规模的原则出发，按照分工协作、错位发展的原则，在国家层面协调三省南沙渔业发展的管理体制，坚持因地制宜，发挥各自比较优势，集中发展特色细分产业，形成南沙渔业集群化发展的合力。

(二) 产业链带动战略

产业链带动战略是指通过不断延伸南沙渔业价值链带动南沙船东、养殖户、渔民和渔业企业成长，迅速扩大产业总体规模，提高产业竞争力。针对南沙渔业纵向分工水平较低、产业国内价值链 (NVC) 不完整的特征，未来集群价值链延伸的重点在于深化渔业价值链纵向专业化分工程度，构建完整的渔业国内价值链 (NVC)，逐步实现由附加值较低的环节向附加值较高的环节转移。其战略实施的途径有三：(1) 根据"科学捕捞，注重养殖，深化加工"的原则推动南沙渔业结构优化，引导生产要素向深海养殖以及渔业第二、三产业转移，延长渔业生产链条，构建完整的渔业国内价值链。(2) 以渔业龙头企业和合作社为依托，利用海域资源优势，以工业化方式组织水产品生产，促进渔业内上下游生产环节的专业化分工。(3) 大力发展物流、商贸、修船等生产性服务业和旅游业等涉渔第三产业，在南沙渔业集聚港大力推进渔业生产性服务业发展。(4) 塑造和提升南沙渔业集群品牌效应。加强南沙渔业品牌建设，大力实施质量振兴和品牌带动战略，培育形成南沙渔业地理标志产品品牌，通过品牌建设提高南沙渔业的产品附加值。

(三) 创新驱动战略

南沙渔业发展的创新驱动战略包括制度创新、组织创新与技术创新三个方面，抓好这三个方面的创新，就会为南沙渔业发展提供强大的动力：(1) 制度创新的关键点是在市场经济条件下，通过政策创新支持和促进南沙渔业重点领域、薄弱环节和产业链发展，适应南沙资源开发利用的新态势，积极推进南沙渔业管理制度改革，在促进渔业生产的同时加强相关海域的资源保护。（2）南沙渔业组织创新的重点是要加强行业协会建设，通过强化行业协会功能，大力推进南沙渔业生产组织创新。发挥行业协会协调集群集体行动的优势，强化行业中介组织在企业服务、资源整合、行业代表和自律管理等方面的服务功能，提高南沙渔业集群的网络协同效应。在行业协会的统筹协调下，大力培育行业龙头企业，积极探索渔业龙头企业与渔民参股合作的有效形式，探索建立"公司＋渔户"、"公司＋合作社＋渔户"、"公司＋专业市场＋渔户"等渔业生产新模式，建立渔户以渔船参股的渔业生产股份合作机制。（3）技术创新是南沙渔业壮大和升级的重要手段。目前，南沙渔业的现代化程度还较低，生产方式比较落后，生产装备有待升级。要以技术创新和设备改造为切入点，改进渔业生产方式，全面提升南沙渔业的生产效率。

（四）护渔保障战略

人类经营海洋必须拥有对海洋的控制权。由于海上活动的变化性、海上资源的流动性，财产侵权行为会随时发生，海洋资源的公地悲剧更容易上演，海洋经济产权的维护成本很高，市场主体难以独自承担产权维护的责任，必须要政府部门的强力介入。由于南沙渔业的特殊性，维权护渔的力度决定了南沙渔业集群生产基地的范围和边界，因此，必须进一步改革南沙渔业管理体制，加大南沙海域的维权执法力度，为南沙渔业集群化发展提供坚实的保障：（1）通过强化护渔执法行动，扩大南沙渔业的生产空间和基地面积，提高南沙渔业资源的保护水平。（2）通过强化护渔执法行动，提高南沙渔业行业进入的经济激励，改善业者的心理预期，提高业者进行长期投资的积极性。（3）通过强化护渔执法行动，降低南沙渔业系统性风险，保障业者的生命财产安全。

第二节　我国海洋渔业空间集聚的现状分析

一、海洋产业集聚的衡量方法

为了对我国海洋渔业的空间集聚特征进行整体的统计分析，揭示各海洋产业部门在我国沿海省级地区，特别是南海周边广东、广西和海南三个省级地区的空间分布情况，我们使用了以下三个指标来衡量海洋产业的集聚水平。

(1) 海洋渔业的空间基尼系数，具体计算公式为：$g = \dfrac{1}{2n^2\mu}$ $\sum\limits_{i}^{n}\sum\limits_{j}^{n}\left|x_i - x_j\right|$。其中，$g$ 为某行业的空间基尼系数；x_i 和 x_j 分别为省级地区 i 和省级地区 j 在该行业总产出中所占的比重；n 为省级地区数量，由于我国海洋渔业主要分布在天津、河北、辽宁、上海、江苏、浙江、福建、山东、广东、广西和海南 11 个沿海省份，故 n 为 11；μ 为各省级地区在该行业总产出中所占比重的均值。空间基尼系数的取值在 0—1 之间，取值越大，表示行业的空间分布越不均衡，产业的空间集聚水平越高；反之，则表示行业的空间分布越均衡，产业的空间集聚水平越低。此外，我们还可以通过观察这个指标在特定时期的取值变化来分析某个行业空间结构的动态变化：如果它随着时间的推移而增大，我们就认为该行业处于集聚过程中，指标增加的幅度越大，产业集聚的倾向越强；反之，如果它随着时间的推移而减小，我们就认为该行业处于空间分散化过程中，指标减小的幅度

越大，产业分散化的倾向越强。

（2）海洋渔业的区位商（L_{ij}），具体计算公式为：$L_{ij} = \dfrac{q_{ij} / q_j}{q_i / q_c}$。
其中，q_{ij} 表示地区 j 产业 i 的总产出，q_j 表示地区 j 的全部行业总产出；q_i 表示行业 i 的全国总产出，q_c 表示全国所有行业的总产出。区位商揭示了一个地区海洋产业发展的专业化特征，区位商越高，表示某地区在某海洋产业上的专业化水平越高；反之，则表示某地区在某海洋产业上的专业化水平越低。同样，我们也可以通过观察一个地区海洋渔业区位商的动态变化，来分析该地区海洋渔业专业化优势的变化。

（3）地区的海洋渔业份额，具体计算公式为：$f_{ij} = \dfrac{q_{ij}}{q_i}$。其中，$q_{ij}$ 表示地区 j 产业 i 的总产出，q_i 表示行业 i 的全国总产出，该指标衡量了一个地区海洋渔业的总体规模。

我们所使用的数据均来源于有关各年的《中国海洋统计年鉴》，为了全面把握我国海洋渔业的空间集聚态势，我们做了以下几方面统计分析工作：其一，利用各地区海洋第一、第二、第三产业的数据，统计分析海洋三次产业的集聚水平，以揭示大类海洋产业在我国沿海省区的空间分布状态；其二，利用各地区海洋养殖捕捞产量、海洋原油产量、海洋天然气产量、海洋矿业产量、海洋化工产品产量、海洋造船完工量的数据，统计分析海洋重点产业的集聚水平，通过细分行业比较，进一步揭示海洋渔业在我国沿海地区的空间分布态势；其三，为了从动态的视角观察我国海洋渔业空间分布模式的变化，我们在统计分析的过程中分别使用了 2001 年、2006 年和 2013 年 3 个时间截面的数据。

二、我国海洋产业集聚的统计描述

（一）我国海洋产业总体的集聚水平

近年来，随着国家和有关地区对海洋经济发展日益重视，我国海洋产业发展迅速。2013 年，全国海洋生产总值达 54313.2 亿元（如图 7–1 所示），海洋生产总值占国内生产总值的比重为 9.55%，占沿海地区生产总值的比重约为 16%。海洋第一产业生产总值为 2918 亿元，占海洋生产总值的比重仅为 5.4%。全国涉海就业人员达 3500 万人，海洋产业发展在整个国民经济中正扮演着越来越重要的角色。虽然我国海洋产业的总体规模不断扩大，但是，海洋渔业经济总量并不大，而且在地区分布上较为分散，尚未形成优势明显的海洋渔业集聚区，海洋渔业集聚发展的水平还有待提升。

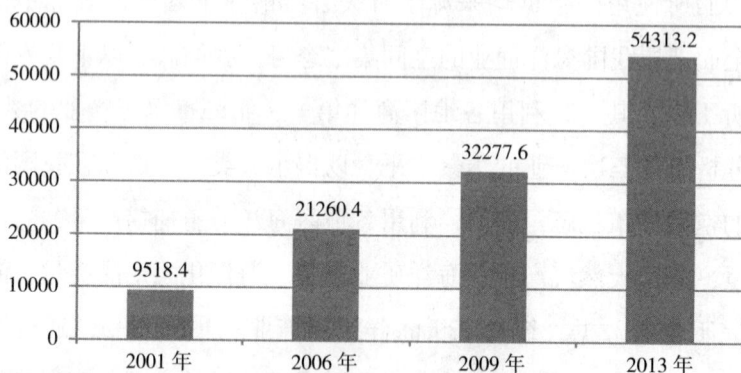

图 7–1　我国海洋生产总值（单位：亿元）

表 7–1 计算了我国海洋三次产业的空间基尼系数，从中可以看出，我国海洋产业总体的空间集聚水平不高，海洋产业空间基尼系数的均值仅为 0.401，海洋产业总产出在省区之间的分布较为平均。根

据图 7–2 的结果，2013 年，在我国 11 个沿海省级地区中，海南、广西和河北三省区海洋生产总值规模较小，分别为 883.5 亿元、899.4 亿元和 1741.8 亿元。其余 8 个省（市）区的海洋经济总量相对较大，海洋生产总值规模均在 3000 亿元以上，其中广东、山东和上海位列前三名，海洋生产总值分别为 11283.6 亿元、9696.2 亿元和 6305.7 亿元。

表 7–1　我国海洋产业空间基尼系数

产业类别	2001 年	2006 年	2013 年	均值	变化 1	变化 1
整体海洋产业	0.436	0.369	0.398	0.401	− 0.038	0.029
第一产业	0.474	0.469	0.425	0.456	− 0.049	− 0.044
第二产业	0.604	0.368	0.584	0.519	− 0.020	0.216
第三产业	0.557	0.408	0.459	0.475	− 0.098	0.051

注：本表中海洋产业空间基尼系数是基于海洋产业生产总值计算而得的，均值为 2001 年、2006 年和 2013 年三年海洋产业空间基尼系数的算术平均值，变化值 1 为 2013 年空间基尼系数与 2001 年之差，变化值 2 为 2013 年空间基尼系数与 2006 年之差。

从动态的角度来看，我国海洋产业的空间基尼系数在 2001—2013 年期间变小，2001 年我国海洋产业总体空间基尼系数值为 0.436，到 2013 年降为 0.398，表明这一时期我国海洋产业空间集聚水平有所降低。并且，海洋三次产业的空间基尼系数均无一例外地有所降低，其中特别以海洋第三产业空间集聚水平下降得最为明显。但是，如果我们将观察的时间跨度设定为 2006—2013 年，则我国海洋产业的空间集聚水平有所上升。2006 年我国海洋产业总体空间基尼系数值为 0.369，到 2013 年增加为 0.398。从分行业的角度来看，海洋第二、三产业的空间集聚度上升，而海洋第一产业的空间集聚水平下降。2006 年海洋第一产业的空间基尼系数值为 0.469，到 2013 年下降为 0.425，表明行业产出在空间分布上进一步分散化了。

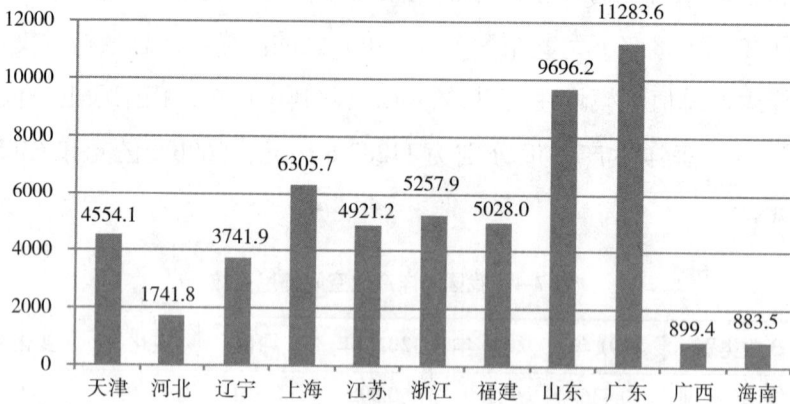

图7-2　2013年沿海地区海洋产业生产总值（单位：亿元）

从三次产业内部来看，海洋第一产业主要是指渔业中的海洋水产品、海洋渔业服务业，以及海洋相关产业中属于第一产业范畴的部门，具有较强的自然资源依赖性，其空间基尼系数均值为 0.456，在三次产业中空间集聚水平处于最低水平，表明我国海洋渔业的空间分布具有较强的资源导向特征，还未形成高效的集聚发展格局。海洋第二产业是指各类海洋资源开发、基本原材料加工、装备制造和海洋制品生产等经济活动，具体包括海洋水产品加工、海洋油气业、海洋矿业、海洋盐业、海洋化工业、海洋生物医药业、海洋电力业、海水利用业、海洋船舶工业、海洋工程建筑业等部门。海洋第二产业是现代海洋产业的主体，具有典型的资本和技术密集特征，其空间集聚所产生的金融及技术外部性较强，集聚一旦形成就会产生很大的正反馈效应，能够有力地推动区域经济发展。因此，从表7-1中的数据可以看出，我国海洋第二产业空间基尼系数的均值为 0.519，在三次产业中取值最大，表明我国海洋第二产业在空间分布上较为集中，地方化的集聚效应已经开始显现。海洋第三产业是指除海洋第一、二产业以外的其他海洋服务行业，主要包括海洋交通运输业、滨海旅游业、海洋科研教育管理服务业等部门。海洋第三产业的发展体现了海洋产业链的高度化延伸，在空间分布上会发生与海洋第二产业的伴生性集聚，二者会在发展过程中相互强化，共同推进区域经济的快速发展。而根据表 7–1 中的数据，我国海洋第三产业空间基尼系数的均值为 0.475，稍低于海洋第二产业，也呈现出一定程度的空间集聚性。

（二）我国重点海洋产业集聚水平的比较分析

为了更进一步地比较分析不同类型海洋产业的空间分布状况，我们还根据行业的产出量计算了七大代表性海洋产业部门的空间基尼系数（参见表 7–2），结果表明，虽然我国海洋产业总体集聚水平不高，但不同部门之间也存在着明显的差异，少数资本、技术密集型的海洋产业部门已具有较高的地理集聚水平，海洋经济发展的集聚效应已初步显现。

表 7–2　主要海洋产业的空间基尼系数

年份	2001 年	2006 年	2013 年	均值
海洋捕捞	0.455	0.428	0.425	0.436
海水养殖	0.554	0.526	0.532	0.537
海洋原油	0.797	0.773	0.792	0.787
海洋天然气	0.824	0.830	0.882	0.845
海洋矿业	0.867	0.822	0.867	0.852
海洋化工	0.760	0.797	0.698	0.752
造船	0.702	0.630	0.784	0.705

注：表中的均值为 2001 年、2006 年和 2013 年空间基尼系数的算术平均值。

由于海洋滩涂、水产资源在我国沿海省区之间的分布相对较为平均，导致海洋第一产业中的海洋捕捞、海水养殖两个行业的空间集聚水平也较低，二者空间基尼系数的均值分别为 0.436 和 0.537。我国海洋原油和天然气资源在地理上分布较为集中，因此，海洋原油和天然气开采业的地理集聚水平也较高，二者空间基尼系数的均值分别为 0.787 和 0.845。我国沿海地区之间海洋原油和天然气开采和生产量的差距较大，海洋原油和天然气生产集中分布在少数地区。2013年，天津海洋原油产量为 2634.68 万吨，广东为 1345.3 万吨，两地合计占全国海洋原油总产量的 87.64%。天津海洋天然气产量为 261682万立方米，广东为 753549 万立方米，两地合计占全国海洋天然气总产量的 86.29%。类似地，我国海滨砂矿、海滨土砂石、海滨地热、海滨煤矿以及深海矿物等资源的分布也相对较为集中，导致以这些海洋矿物采选为主要内容的海洋矿业的地理集聚水平也相对较高，其空间基尼系数的均值为 0.852，海洋矿业产量在沿海地区之间的分布也很不平衡。2013 年，我国海洋矿业主要分布在浙江、福建、山东、广西和海南五省，其中浙江的产量最大，海洋矿业产量为 21344200吨，占全国总产量的比重为 48.13%。

与上述资源导向型产业集聚不同，海洋化工和造船产业的地理集聚在较大程度上是新经济地理因素作用的结果，在具有递增收益的外部效应的影响下，海洋化工和造船产业在空间分布上呈现出较高的集聚水平，在相关区域经济发展过程中正扮演着越来越重要的角色。海洋化工行业包括海盐化工、海水化工、海藻化工及海洋石油化工的化工产品生产活动，空间基尼系数均值达 0.752。山东是我国海洋化工产品最主要的生产基地，2013 年海洋化工产品产量分别达到 1092万吨，占全国海洋化工产品总产量的 57.18%。造船业是指以金属或非金属为主要材料，制造海洋船舶、海上固定及浮动装置的生产活动，空间基尼系数均值为 0.705。江苏和上海是我国造船业的主要集聚区，2013 年造船完工量分别为 1214.06 万综合吨和 865.69 万综合吨，两地合计占全国造船完工总量的比重为 54.17%。

三、我国沿海地区海洋渔业集聚的比较分析

从新经济地理和区域经济研究文献的进展来看，产业集聚本身有两重含义：一是专业化集聚。生产的地区性集聚源自地区之间的专业化分工，此时产业集聚可以理解为特定部门和企业在特定地理区域内的集中。二是经济活动总量集聚。产业集聚过程不仅体现为区域之间专业化分工水平的提高，也表现为特定空间内行业产出的总量规模。因此，为了准确地对沿海各地区海洋渔业集聚状况进行比较分析，我们分别计算了各地区海洋渔业的区位商和产出份额（参见表 7-3），这两个指标的大小具有不同的经济含义。区位商大于 1 表示该地区在海洋渔业的发展上形成了专业化优势，海洋渔业是该地区的优势产业；而产出份额超出全国平均水平，表示该地区在海洋渔业的发展上形成了地理集聚，行业的产出规模较大。我们可以根据这两个指标高低不同的组合将全国沿海地区分成四种类型：（1）区位商大于 1、产出份额大于 10% 的地区，为海洋渔业高专业化、高集聚地区；（2）区位商大于 1、产出份额小于 10% 的地区，为海洋渔业高专业化、低集聚地区；（3）区位商小于 1、产出份额大于 10% 的地区，为海洋渔业低专业化、高集聚地区；（4）区位商小于 1、产出份额小于 10% 的地区，为海洋渔业低专业化、低集聚地区。下面我们就根据这种类型划分，对我国沿海地区海洋渔业集聚发展的情况进行比较

分析。

表 7-3　2013 年我国沿海地区海洋渔业区位商及产出份额

地区	区位商	产出份额
天津	0.041	0.003
河北	0.698	0.020
辽宁	2.519	0.178
上海	0.016	0.002
江苏	1.084	0.091
浙江	1.220	0.128
福建	1.476	0.146
山东	1.214	0.219
广东	0.481	0.099
广西	3.680	0.051
海南	4.262	0.062

　　根据表 7-3 的结果，全国海洋渔业的空间分布只存在第Ⅰ、Ⅱ、Ⅳ三种类型地区。辽宁、浙江、福建和山东属于第Ⅰ类地区，它们的区位商均在 1 以上，行业的产出份额也明显超过了全国平均值，属于海洋渔业高专业化、高集聚地区。其中，辽宁海洋渔业的专业化优势最为明显，区位商达 2.641；山东的海洋渔业集聚规模最大，行业产出份额占全国的比重为 24.5%；浙江和福建的区位商和产出份额较为接近，海洋渔业的专业化和集聚规模均处于中等水平。江苏、广西和海南属于第Ⅱ类地区，三省海洋渔业区位商均大于 1，但产出份额低于全国平均水平，表明虽然三省在海洋渔业发展上已形成了专业化优势，但产业集聚的规模还较小。其中，海南省海洋渔业的专业化水平最高，区位商达到了 4.952，发展海洋渔业的优势最为明显，但其占

全国海洋渔业的产出份额只有 7.2%，行业产出规模相对较小，在全国范围内的产业集聚水平并不高。天津、河北、上海和广东属于第Ⅳ类地区，海洋渔业的区位商均显著地小于 1，海洋渔业的专业化水平较低，在当地国民经济发展中的分量较轻。同时，除了广东以外，其他三省市的行业产出份额也显著低于全国平均水平，海洋渔业的产出总量较小。

第三节　南沙渔业空间集聚战略的分析

一、大力推进海陆一体化发展

南沙渔业集群发展的一个重要内容是要努力提升渔业活动的空间集聚水平，而海陆一体化发展是提升南沙渔业空间集聚水平的必不可少的途径。海陆一体化发展是 20 世纪 90 年代初编制全国海洋开发保护规划时提出的一个原则，这个原则同时也适用于海洋经济发展和沿海地区的开发建设。自海陆一体化发展概念提出以来，不少学者从不同视角对此进行了讨论，对于我们加深海陆联动发展战略的认识具有重要的意义（韩忠南，1995；张耀光，1996；栗维新，1997；徐质斌，1997；许启望，1998；任东明、张文忠等，2000；张海峰，2004；卢宁、韩立民，2007）。其中代表性的观点包括：有的学者认为，海陆一体化是根据海洋经济与陆地经济之间的生态、技术、产业联系机理，依托临海工业的纽带作用，合理地配置海洋产业和沿岸的陆域产业。这样不仅可以避免各涉海部门在海域使用上的相互冲突，而且有利于实现海域功能分区与沿岸陆域功能分区的协调，降低海陆经济之

间的矛盾,从而达到提高海洋经济和陆域经济综合效益的目的。另外
有学者认为,海陆一体化就是在开发利用海洋资源的同时,充分利用
临海区位优势和海洋的开放性,发展临海产业,形成资金、技术、资
源由陆域向海域,以及由海域向陆域的双向互动。一方面,陆域产业
利用其资金技术优势在海岸带建立海洋开发基地,进行海洋资源加工
和开发,实现陆域产业向海洋延伸;另一方面,海洋资源优势通过临
海产业的建立向陆上扩散,弥补陆地自然资源的不足,从而达到陆域
资源与海域资源优势互补,实现共同促进沿海地区发展的目标。可
见,现有研究主要从合理开发利用海洋资源的角度对海陆一体化进行
了界定,认为海陆一体化是整合海陆资源、布局海陆产业、加强海陆
经济联系的一种有效模式。①

　　借鉴上述关于海陆一体化发展的研究成果,我们认为海陆一体
化发展是推动南沙渔业集群化发展过程中必须具有的一种统筹海陆关
系的战略思维,也是发挥我国南海资源优势,实现跨越海陆的区域经
济协调发展的有效途径。广义的海陆一体化是指以全疆域视角统筹海
洋和陆地空间发展,统一海陆发展规划,促进沿海地区经济、社会的
全面协调发展,它不仅包括海陆经济联动发展,还包括海陆基础设
施对接、海陆联合管理、海陆文化融合、海陆生态环保的统一与协
调等。

　　狭义的海陆一体化主要是指海陆经济的一体化发展,即根据海陆
产业之间的专业化分工联系,通过对海洋、陆地两个地理单元统一
规划、联动开发和综合管理,提高经济资源在海陆之间的配置效率,

_____

① 参见卢宁、韩立民:《海陆一体化的基本内涵及其实践意义》,《太平洋学报》2008 年
　第 3 期。

提高海陆整体经济发展水平。具体到南沙渔业的发展而言，海陆一体化发展战略主要包含两个层面的内涵：一是我国南海省区在发展海洋经济的过程中，如何更好地发挥南沙渔业资源优势，围绕南沙渔业培育主导产业集群，优化海陆产业布局，实现海陆产业联动发展。二是针对南海海域、沿海地区与内陆地区，如何通过点、轴、面等空间要素的有效组合，将沿海和内陆地区的产业、资金和技术优势向海上扩散，同时将海上资源优势向陆上转移，实现海陆优势互补和共同发展。这两个方面不是孤立的，而是相互联系、相辅相成、逐步推进的。在海陆一体化发展的初级阶段，沿海地区的发展和海洋经济的壮大是海陆一体化的初级阶段，依靠资源、技术、区位等优势，发展海洋经济和海岸带区域经济，使沿海地区综合经济优势得到发挥，还可以促进技术密集型产业和高新技术海洋产业的发展，实现海洋产业在沿海地区的集聚和产业结构的升级，成为区域经济的增长极。在海陆一体化的高级阶段，通过市场机制的作用，使要素和产品在沿海与内陆之间流动，逐步实现经济技术的梯度转移，带动整个区域经济的增长。

二、大力推进南海渔业的"点轴开发"模式

海陆一体化是指运用系统论思想，以海洋和陆地两个地理单元的内在联系为基础，通过统一规划、联动开发和统一管理，提高海陆资源的配置效率，实现海陆经济的融合发展。海陆一体化战略的内容涉及海陆资源开发、产业发展、环境保护和管理体制的一体化等多方面内容。从资源开发和利用的角度来看，海陆一体化是对海陆资源的系统集成，促进海陆资源的优势互补和相互转化；从产业发展的角度

来看，海陆一体化是指海陆产业链条的融合，特别是陆地产业链向海洋延伸，临海产业对海域产业发展的支撑；从环境保护的角度来看，海陆一体化是实现陆海环境联动治理，严格控制和治理陆源污染，加强海洋环境保护和生态建设；从管理体制来看，海陆一体化是指要加强海陆产业发展管理体制之间的协调与整合，建立有利于促进海陆经济一体化的产业政策体系。海陆一体化加强了海陆经济联动，实现了海陆资源互补和产业对接，是南沙渔业集群化发展的必然途径。

　　区域非均衡发展理论从现有资源的稀缺性角度指出均衡发展的不可行性，强调应重点发展重点地区和关键部门以带动整个区域经济的发展，即有选择地在区位条件优越的增长极地区进行投资，通过增长极地区的扩散效应来带动其他地区的经济发展（Myrdal，1957；Hirschman，1958；Friedmann，1972）。陆大道（1984）最早根据区域非均衡理论提出了点轴开发论。所谓点轴开发，是在全国或地区范围内，选择若干等级的具有有利发展条件的线状基础设施轴线，对沿轴线的中心城市给予重点发展。随着中心城市经济发展水平的提高，经济开发的重点再沿着交通轴线向后进轴点扩散，从而带动更大区域内的经济发展。这种点轴开发论非常适合南沙渔业集群发展的需要，具体来说，要通过"点轴开发"模式实现南沙渔业的海陆联动发展，提高渔业生产和贸易活动的空间集聚水平，构建跨越海陆的大渔业产业集群。从海陆一体化的角度来看，南沙岛礁、沿海渔港、港口城市是南沙渔业经济发展的增长极，而海港之间以及海港与南沙渔场、岛礁之间的水上和陆地交通线就构成了渔业发展的轴线，沿交通轴线分布的村、镇、市便成为渔业经济发展轴上的次增长中心，通过整体的点轴开发，可以全面提升南沙渔业集聚发展水平，形成跨越海陆边界的南沙渔业产业集群。南沙渔业"点轴开发模式"的关键节点在于：

"以南沙渔场和礁盘为载体，以沿海省区的重点渔港和港口城市为核心，以海陆运输系统为纽带，促进渔业生产要素和产品高效流动，推动海陆产业融合。"

目前，南沙渔业点轴开发的重点是加强南沙海域渔业生产基地和沿海省区重点渔港经济区建设，打造南沙渔业产业集群的内生增长极。首先，南沙渔场和岛礁是南沙渔业的生产场所，是南沙渔业远海捕捞和远海养殖的空间载体，应从重点海洋产业基地的高度加大南沙渔场和礁盘的建设与保护力度，从现有的产业、资源、技术和维权条件出发，合理进行基地规划，有计划、分步骤地通过多种手段不断拓展产业空间。针对南沙的地理位置、区域资源与环境特点，坚持"一个中心、两个据点和三大板块"的渔业区域布局：以美济岛为中心，以永暑岛和渚碧岛为两大据点，划分北部板块、西南板块、中部岛礁板块。北部板块以发展金枪鱼延绳钓渔业为重点，与西、中沙海区连成一片，以永兴岛和渚碧岛为依托基地；西南板块以底拖网渔业为重点，以永暑岛为依托基地；中部群岛区域以发展岛礁渔业、热带观赏渔业为重点，可开发旅游资源和其他副业，以美济岛为产业发展的综合依托基地。其次，南海沿海省区重点渔港是海陆衔接的枢纽，是海洋与陆地经济系统关联的核心节点，既可以为南沙渔业发展提供资金、技术、人才、设备等各种要素支持，同时又可以为南沙渔业产品提供市场销售设施和渠道。渔港经济区的建设应以推进南沙渔业结构优化升级为主要目标，注重创造良好的软硬环境，完善渔业发展的各项配套设施，提升渔港服务功能，使渔港成为南沙渔业发展的重要增长极。目前，广东、广西、海南三省涉及南沙渔港的基础设施建设和服务水平还不高，渔港的极化和辐射作用还不明显，产业聚集和地区规模经济效应不显著，城镇化水平较低，对南沙渔业的带动作用也有限。今后应采取有力措施，加强上述三省南沙渔港经济区建设，有必要以现代渔业产业为基础，建设具有水产品集散与加工、休闲渔业和滨海旅游等产业门类齐全的渔港经济区，实现渔港功能多元化，提高渔港经济区对南沙渔业的辐射带动能力。

三、统筹推进南海省区海洋公共基础设施建设

南沙渔业产业集聚离不开商品和要素的区际流动，而商品和要素的流动性大小要取决于区际贸易成本，在诸多影响区际贸易成本的因素中，交通、通讯等基础设施条件所扮演的角色至关重要，良好的公共基础设施系统是区域内产业发展和市场扩张的前提条件。长期以来，国家和有关各省对南海沿海地区以及海岛基础设施建设的投入力度不足，导致这些地区的交通、能源、通讯等基础设施条件较为落后。再加上我国南海三省区沿海地形复杂，地域广阔，基础设施网络也难以连为一体，落后的基础设施条件严重地限制了南海省区的临海经济发展，也十分不利于南沙渔业的集群化发展。因此，应把加强南海各省区海陆基础设施建设与南沙渔业发展紧密结合起来，大力完善南海沿海地区、海岛、海礁的基础设施条件，降低商品和要素的区际流动成本，促进南沙渔业集聚发展。一要按照做大南沙渔业经济总量的要求，通过规划实施一批重大项目建设，缓解南海沿海省区渔业经济发展所面临的生产、生活配套设施的限制，切实破解要素约束难题。二要从建设南沙渔业产业集聚区的战略目标出发，把发展临港渔业加工、渔业生产性服务业作为战略重点，着力推进渔业集聚区的交通基础设施建设。加强联系紧密的集聚区之间的跨区域交通连线建设，完善集聚区内部运输通道和综合交通枢纽布局。重点推进南海沿

海地区高速公路建设，完善以高速公路为主干的公路网，加快干线公路、区内外联网路、疏港公路建设；同时，推进内河骨干航道的升级改造工程，加快港口和机场建设，推进江海、陆海、海铁联运。三要围绕渔业产业集聚区构建"先进适用、多网融合"的高速信息网络系统。建设大容量、高速率、高质量的骨干传输网，以及与全球信息高速公路接轨的信息基础设施体系。加快建设渔业集聚区统一的电子政务基础平台，大力发展面向渔业企业的第三方电子商务，积极建设社区电子商务网络平台。

第八章 南沙渔业集群化发展的对策分析

第一节 加强南沙渔业集群企业网络建设

在前面分析的基础上，我们可以看到企业主体的纵向分工网络和公共机构网络在很大程度上有助于集群企业获取稀缺资源，提高生产效率，对整个产业集群竞争力的提升意义重大。而企业主体的横向分工网络不仅所蕴涵的异质性资源较少，企业之间的合作水平也较低，反映了集群处于初级阶段的情况，长期来看对企业提高生产效率和提升集群竞争力的影响相对较小。因此，要想成功推进南沙渔业集群化发展，就必须加强渔业纵向分工网络建设，构建完善的南沙渔业国内价值链，提高南沙渔业经济的空间集聚水平。

一、构建完善的渔业国内价值链（NVC）

（一）渔业国内价值链（NVC）的含义与构成

价值链（Value Chain）的概念由波特（Porter, 1985）最早提出，

他在分析企业竞争优势的时候，指出价值链是指一种商品或服务在创造过程中所经历的从原材料到最终产品的各个阶段，或者是一些群体共同工作，不断地创造价值、为顾客服务的一系列工艺过程。波特所说的价值链最初主要是针对垂直一体化的公司的，这类公司将整个产品的价值链内部化，其分析的重点是单个企业的竞争优势。后来随着国际专业化分工的加深和企业外包业务的发展，波特进一步提出了价值体系（Value System）概念，将价值链分析扩展到不同公司之间的关系。这为后来全球价值链（GVC）概念的提出打下了理论基础。类似地，考特（Kogut，1985）在研究企业和国家融入全球化的战略时，提出价值增加链（Value-added Value）概念，所谓产品的价值增加链是指厂商把技术与投入的原料、劳动结合起来生产产品、进入市场、销售产品的价值增值过程。在这一过程中，单个企业或许仅仅参与了其中的某一环节，或者厂商将整个价值增值过程都纳入了自身等级制的体系中，与此同时，厂商的各种活动与技术都会同其他的公司发生联系。在此基础上，考特认为国际商业竞争战略实际上是国家的比较优势和企业的竞争能力之间相互作用的结果。当国家比较优势决定了产品价值链各个环节在国家或地区之间如何进行配置的时候，企业的竞争能力就决定了企业应该在价值链上的哪个环节和技术层面努力确保竞争优势。杰瑞夫（Gereffi，1994；1995；1999）在综合价值链和价值增加链的基础上，提出了一个新的概念——全球商品链（GCC），其基本含义是：全球各地区不同的企业根据各自的比较优势在产品的研发设计、生产加工和品牌营销等环节上进行专业化分工协作，共同完成产品的生产和销售的过程。杰瑞夫认为全球商品链应该包括以下内容：通过一系列国际网络将围绕某一商品或产品而发生关系的诸多家庭作坊、企业和政府等紧密地联系到世界经济体系中；这些网络关系一般具有社会结构性、特殊适配性和地方集聚性等特性；任一商品链的具体加工流程或部件一般都能表现为通过网络关系连接在一起的节点或一些节点的集合；商品链中任何一个节点的集合都包括投入（原材料和半成品等）组织、劳动力供应、运输、市场营销和最终消费等内容。

杰瑞夫（Gereffi，2001）在分析全球范围内产业联系以及产业升级问题时，在 GCC 的基础上提出了全球价值链（Global Value Chain）概念。全球价值链揭示了从概念到技术研发与设计、产品生产、销售和售后服务的商品生产全过程，并对产品的价值增值过程进行了动态分析：即 GVC 上的每一个环节所创造的价值是不一样的，价值链上的战略环节对产品的价值增值最重要。因此，一旦厂商占据了战略价值环节，也就控制了该产业的 GVC。商品全球价值链的价值分布参见图 8-1。从图中可以看出，在商品的全球价值链中，价值增值最大的环节分别是位于上游的研发、专利、标准、设计，以及下游的品牌、渠道、物流和销售，而位于中游的加工、组装和制造活动所创造的附加值较低，这样的价值分布就构成了图中人们通常称谓的"价值微笑曲线"。同时，从动态的视角来看，随着经济全球化程度的加深，

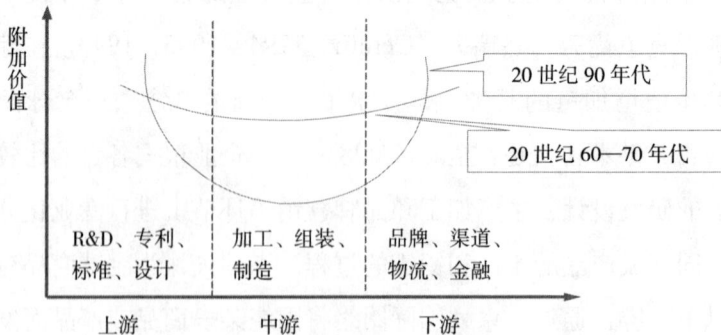

图 8-1　商品全球价值链

商品的全球价值链各环节所创造的附加值差异越来越大，表现为随着时间的推移，20 世纪 90 年代的"价值微笑曲线"比 20 世纪 60—70 年代越发陡峭。

根据以上分析，本书将南沙渔业国内价值链理解为要在我国内部构建完整的渔业价值链，具体包括产前服务、种苗培育、养殖捕捞、水产加工、物流和销售等环节（参见图 8–2）。为此，要根据"科学捕捞，注重养殖，深化加工"的原则优化南沙渔业产业结构，改变目前南沙渔业"重捕捞、轻养殖加工、弱品牌销售"的不足，引导生产要素向深海养殖以及渔业第二、第三产业转移，延长渔业生产链条。通过构建完整的渔业国内价值链（NVC），推动南沙水产养殖业发展，促进南沙水产品多层次、多环节的转化增值，实现南沙渔业多元化、高级化和规模化发展。

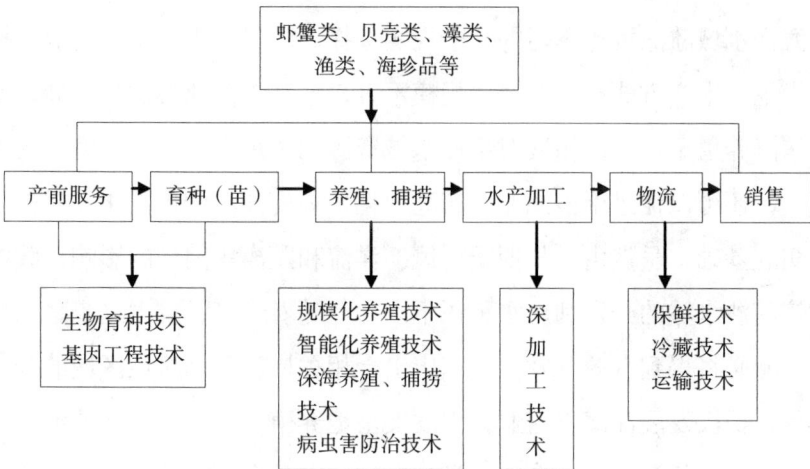

图 8–2 南沙渔业国内价值链

(二) 注重发展南沙深海养殖业

深海养殖业是指在等深线 10 米以外的深海水域进行水产品养殖。深海养殖与其他产业在场地利用上的矛盾较小，可利用场所广阔，水交换能力较强，是各种功能区域中水质环境最佳、生产效益较好的功能区域，因此，受到了发达国家的高度重视。我国沿海地区人口密集，人地矛盾突出，滩涂资源十分紧张。进入 21 世纪以后，由于《联合国海洋法公约》中 200 海里专属经济区制度的实施，以及我国与周边海洋国家专属经济区划界谈判的进行，使我国传统意义上的海洋捕捞区域已在很大程度上缩小，而过洋性渔业[①] 和公海渔业的入渔条件，如入渔费、资源费等，也日益苛刻。在这种情况下，我国普遍存在捕捞能力过剩，渔业人力资源面临着转业和再配置的问题，进一步加剧了资源短缺的矛盾。因此，大力发展深海养殖业就成为解决我国海洋水域滩涂资源不足的一个现实选择。同时，当前南沙渔业以捕捞为主，生产方式单一，产出规模不大，不利于渔业集群化发展，发展深海养殖不仅可以拓展对南沙水域资源的利用方式，提高渔业生产规模，还可以促进南沙渔业生产基地化，为南沙渔业集群化发展打下坚实的基础。虽然由于长期受台风、洋流和距离等因素的影响，我国对该南沙水域的开发利用水平还不高，但随着经济、技术进步，该功能水域必将得到有效开发，我国应出台相关措施鼓励对该区域的开发利用，积极发展深海养殖业，把发展基地养殖业作为拓展南沙渔业产业链的中心任务来抓。在养殖品种上，应以具有较好适高盐特性的水

---

① 指与外国的渔业公司合作，取得该国政府的渔业捕捞证，在该国海岸线 12—200 海里以内从事渔业捕捞生产。

产为主，重点进行名贵海水鱼类、特产虾蟹类、经济海水贝类和海藻的增养殖；在养殖方式上，应以发展抗风浪网箱养殖和贝类筏式养殖为主；在养殖区域上，应重点开发目前为我国实际控制的礁盘及周边水域。

（三）完善南沙水产品深加工体系

目前，我国海洋渔业已经形成了冷藏、腌制、干制、缸制、调味熟制、鱼糜加工、海洋药物保健品生产、鱼皮制作、鱼粉饲料加工、水产工艺品、海藻食品与海藻化工等多门类水产品加工业。但南沙渔业的现状仍以水产捕捞和提供初级产品为主，因此，南沙渔业产业链条必须进一步深化，要以渔业龙头企业和渔业合作社为依托，利用海域资源优势，以工业化方式组织水产品生产，促进渔业内上下游生产环节的专业化分工。龙头企业主要从事水产品的技术研发、深加工和销售，居于产业链的高端；诸多养殖户、渔民、养殖场、配套企业和服务部门等聚集在一起，围绕着核心大企业的专业化分工体系便得以形成。这不仅有利于渔业生产效率的提高，还有利于在多个环节上提高水产品的附加值。此外，要结合南沙渔业资源的实际情况，加快差异化水产品的开发工作，具体包括：①低值水产品、小杂鱼的综合开发；②合成水产品开发，如鱼、虾、蟹和藻类的多层次深加工等；③水产医疗、保健食品开发，如新型水产饮料、调味品、海洋生物药品和保健品等；④海洋工艺品开发，如贝类、珊瑚等工艺品制造等。

（四）着力发展渔业配套服务业

渔业配套服务业包括沿海交通、物流、商贸、金融和技术服务等海洋生产服务业，以及滨海旅游、休闲、餐饮等生活服务业。就南沙渔业发展而言，最重要的第三产业是物流、商贸、修船等生产性服务业和以南沙渔业为主题的旅游业。要在广东、广西、海南三省区的传统南沙渔业港区，大力推进渔业生产性服务业集聚，推动港区生产性服务业和南沙渔业融合发展。首先，要大力发展渔业生产性服务业。一要完善重点渔港的交易采购功能。一方面建立专业的水产品批发市场和渔业配套原材料市场，提高交易效率；另一方面完善电子网络系统，加强现代信息技术在南沙渔业发展中的应用，引导建设大型水产网络交易平台，开展水产品电子商务。二要完善南沙渔业的物流配送功能。加强渔港、仓库等物流基础设施和公共信息平台建设，积极培育水产品物流服务市场；加快冷链系统建设，实现南沙岛礁、渔场、渔船和水产品销售地市场冷链物流的有效对接；大力培育水产品物流企业，优先支持第三方物流发展，为物流企业提供仓储、物流场地和良好的经营环境。三要完善集聚港区的商务服务功能。培育和引进多种类型生产性服务企业和商户，为从事南沙渔业捕捞和养殖业者提供修船、补给、咨询、法律、金融保险和营销等综合服务。其次，要大力发展休闲渔业。制订南沙休闲渔业发展相关标准和规划，完善南沙休闲渔业布局和发展措施。加强南沙休闲渔业发展的调查研究，根据自然资源禀赋、渔业发展状况和旅游需求，深入分析南沙休闲渔业的资源特色和市场发展潜力，合理确定优先发展区域，科学制订南沙休闲渔业发展规划，积极引导企业、社会资金投入南沙休闲渔业，加强配套设施建设，建立起适应不同层次、不同类型消费群体的南沙休闲渔业基地。

（五）培育南沙渔业集群品牌

品牌缺乏是南沙渔业价值链功能的一个明显不足，今后要通过发展特色鱼品的区域品牌和集体商标，引导建立南沙渔业集群品牌，扩大南沙渔业品牌效应。一要重点推动南沙特色鱼品商标的设计、注册以及地理标志的申报工作，将南沙渔业集群打造成闻名的区域品牌，提升南沙渔业的市场影响力和竞争力。二要加强对区域品牌的保护、开发和提升工作，提高南沙渔业协会的地位，赋予更多职能，更好地发挥行业协会对行业政策、标准制定的影响力。三要通过技术创新逐步建立南沙鱼品质量体系，加快"绿色产品"、"深海产品"标准建设，使南沙鱼品在营养价值、口感、口味和卫生安全等方面达到市场需求标准。四是行业协会要协调集群企业的分工协作，对外统一使用集群品牌。行业协会负责制定本地区特色产品的质量技术标准，对符合技术标准的集群企业允许使用区域品牌和集体商标。五要加强南沙渔业养殖基地建设，以南沙特色鱼品为重点，高标准建设规模化、标准化、产业化的养殖示范基地。

二、推进南沙渔业生产组织创新

（一）大力培育渔业龙头企业发展

采取多种措施鼓励渔业龙头企业发展，引导企业以产业链分工为基础，以完善利益联结为核心，探索发展"公司+"的渔业生产模式。其最简单的形式是"公司+基地养殖户（捕捞渔户）"的生产组织这种模式。在这种模式下，渔业企业根据市场需求，向渔业养殖户

（捕捞渔户）下订单，签订购销合同，公司向基地养殖户（捕捞渔户）提供一定的资金、技术和设备支持等，基地养殖户（捕捞渔户）根据公司的要求进行生产，并根据合同将渔业产品卖给企业，再由企业将产品在市场上售出。在此基础上，还可以根据南沙渔业发展的特点，探索"公司＋渔业协会（合作社）＋基地养殖户（捕捞渔户）"、"公司＋银行（担保公司）＋基地养殖户（捕捞渔户）"等生产组织模式。一方面可以降低各方的交易成本，维护各方权益；另一方面也有助于解决南沙渔业发展所面临的资金问题。

此外，要充分发挥龙头企业产业辐射、技术示范和销售引领作用，引导龙头骨干企业通过联合、并购和品牌经营、虚拟经营等现代方式整合渔户和中小业者，提高产业集中度。同时，鼓励引导行业龙头企业在做强核心业务的同时，提高与广大渔户、中小业者的分工协作水平，构建完善产业集群分工协作体系。培育行业中介组织。改善渔业投资创业环境，鼓励国家、社会和外商资本通过参股、控股、兼并、联合等资本运营方式，参与南沙渔业生产；大力推行股份制、股份合作制，引导国内外大中型企业、科研单位和技术人员以及有条件的个人，积极投入南沙渔业经济开发活动，采取资金入股、技术入股等方式创办海洋企业，逐步建立多种所有制并存的南沙渔业生产主体结构；支持现有南沙渔业龙头企业做大做强，扶持龙头企业向规模化、集团化发展，支持和鼓励符合条件的龙头企业上市融资。

（二）提高南沙渔业专业化分工水平

产业集群竞争力的提升也是集群内部网络结构动态演变的过程，体现为集群产业价值链的不断延伸。针对南沙渔业企业纵向分工水平较低，产业国内价值链（NVC）不完整的特征，未来集群产业价值链延伸的重点在于深化产业链纵向专业化分工程度，完善和治理集群产业的国内价值链（NVC），并以此嵌入全球价值链（GVC）的"战略性环节"，逐步实现由附加值较低的环节向附加值较高的环节转移。要做到这一点，必须推动渔业生产链条的垂直分离和资源整合，促使集群内部的规模企业专注于价值链的"战略环节"，弱化或转移非核心业务，构建以核心企业为龙头的垂直分工网络。这样，核心企业的技术创新活动和一系列战略性行为，就可以通过其主导的内外部网络转化为集群层面的升级创新能力，而产业升级所带来的收益大部分又由核心企业所享受，从而为其积累熊彼特式的垄断创新利润，核心企业的持续创新就可以带领集群进入一种良性循环上升的通道。因此，促进南沙渔业集群化发展的首要之处是要大力培育渔业规模企业及其分工网络，具体要做好以下几方面工作：一是政府应发挥适当的干预作用，并在政策扶持上适当向规模企业倾斜，尽量培育多个具有产业控制能力的核心企业，并在集群内部构建动态、开放式的核心企业分工网络，构建以核心企业为主导的渔获产品初加工、精加工、深加工配套协作体系，细化产业分工、拓展生产环节，变渔户、企业之间的无序竞争为以核心企业为主导的有序竞争。这一方面会促进网络内部企业之间的分工与协作，提高企业生产效率；另一方面也可增加集群的活力，使处于集群主导地位的核心企业真正发挥龙头作用，提升南沙渔业集群的整体竞争力。二是引导核心企业对产业和市场进行细分，实施专业化经营的战略，依据产业链进行分工，增强企业之间的互补性，弱化集群内部竞争。三是鼓励核心企业在管理、流程、技术、融资、营销等方面给予配套小企业所需的辅导和支持；出台优惠政策，鼓励企业进行本地配套，大力支持中小企业为提高配套能力进行技术改造，推动专业配套园区建设，提高本地特色产业的配套水平和规模。四是提升核心企业网络的开放性，支持核心企业扩大与集群外部的联系，通过战略联盟、虚拟经营、并购、研发和营销部门的异地化与网络化等形式整合外部稀缺资源，提升集群在全球生产网络中的地位。五是引导集群企业之间的横向合作，推动集群企业在技术、营销、物流乃至资金方面进行合作，在原料采购、市场营销等方面建立战略联盟，提高集群企业的集体行动水平。

（三）大力发展渔业专业合作社

渔业合作社本身不以盈利为目的，是一个向社员提供产、供、销及市场信息一条龙服务的经济联合体。合作社的资金积累和自我发展除靠政府的初期投入和各项优惠政策外，主要来自渔获批零差价、服务费和社员会费，其主要职能是为南沙渔户提供生产技术、市场信息、经营管理咨询、人才招聘培训、包装运输和销售出口服务，协助渔户调整生产结构，降低渔业生产资料和渔获的流通成本，提高渔获销售价格和渔民应对市场风险的能力。大力发展专业合作社有利于推动单家独户经营的弱势渔业向规模化、产业化、社会化经营转变，有利于我国渔业政策和渔业新技术的推广，同时也有利于南沙渔业生产安全、品牌培育、渔民谈判和维权平台的建设。为此，要重点做好以下几方面工作：一是按照作业类型相近、地域相邻为原则，大力培育渔民专业合作经济组织，完善渔民专业合作经济组织功能。二是探索培育股份合作制渔业专业合作组织，以渔业大户和行业龙头企业为载体率先推进，从市场前景好、经济效益高的刺钓、潜捕鱼品重点突破，集中力量扶持发展几个规模大、实力强、运作规范的专业合作组织。三是以合同或契约为中心完善渔户和合作社的利益分配机制，建立有效的二次分配机制保障渔户年平均收益。四是改进南沙渔业经营模式，支持渔民合作社、渔业企业实行渔超对接、渔市对接。发展南海设施渔业的企业集团模式有其自身特点，其一是实现渔业稳定发展。由于企业集团不具有法人资格，因此，参与集团的各个法人单位不会因个别企业破产而对设施渔业带来毁灭性打击，从而保证南海设施渔业稳定发展。其二可以实现规模扩张。企业集团可以突破单个企业或单个养殖户的限制，在短时间内形成设施渔业的产业规模，并不断进行规模扩张。其三是专业化经营。企业集团内部可以通过明确的分工与协作，在鱼苗培育、养殖、捕捞、销售等方面实行专业化经营。企业集团在发展南海设施渔业中的优势也很明显：一是技术优势。企业集团的专业化分工与协作必然会使热带海洋养殖技术获得突破，技术水平将不断提高，从而形成技术优势。二是成本节约优势。企业集团的内部企业处于同一产品价值链的不同阶段，内部可以实行信息共享、技术共享，从而发挥协同效应，形成成本节约优势。三是竞争优势。发展远海设施渔业安全风险、自然风险都很大，单个渔民或企业无法化解，企业集团可有效地化解风险；同时，可以扩大南海有效控制面积，挤压外部势力的空间，从而发挥竞争优势。

（四）推进南沙渔业产业联盟的发展

南沙渔业集群的发展不仅涉及渔业产业本身的各个环节，而且还需要多领域、多部门之间的合作，只有各参与主体之间高效的合作才能保证南沙渔业集群的发展壮大。因此，要推动渔业价值链各环节的不同企业和主体组建战略联盟，扩大合作的范围，充分发挥各自的优势，实现各方利益的最大化，从而促进南沙渔业集群的健康发展：（1）前向战略联盟模式。养殖企业与材料供应企业、网箱生产企业、科研院所等上游合作主体签订长期协议，确定产前合作关系，各方共同投入资金和资源，对生产网箱的材料和技术进行攻关，研制抗风浪、抗冲击、抗紫外线、柔韧性好、耐腐蚀、结构安全的深水网箱，然后各方共同按协议分享养殖企业的超额利润。(2) 后向战略联盟模式。养殖企业或南沙作业渔船通过与运输企业、生产加工企业、销售企业签订长期协议，确定产后合作关系，保障渔品或渔获价格。各方共同投入资金和资源，对鱼类产品进行精深加工，进一步提高鱼类产品的质量，并采用现代化设备进行保鲜贮藏，运用现代化的促销手段推广鱼类产品，在各环节提高使鱼类产品附加值，从而使各方都获得应有的收益。

三、推进南沙渔业生产方式创新

长期以来，我国南沙渔业生产方式以传统的远海捕捞为主，生产方式的单一限制了渔业的整体生产规模和经济效益水平，未来亟须要进行渔业生产方式的创新。此外，南沙渔业既是经济渔业，也是主权渔业，主权渔业的特点要求我们必须要从有利于维护我国南海主权的角度推进渔业生产方式创新，大力发展南沙基地渔业。

(一) 鼓励国有企业参与南沙渔业发展

南沙渔业不仅关系到我国海洋渔业的发展以及广大从业者的生计，更关系到我国在南海的主权存在，因此，南沙渔业在某种程度上具有公共产品的性质。这就意味着南沙渔业发展不能完全依赖市场化的生产方式，有必要进一步鼓励国有企业参与南沙渔业生产，推进南沙渔业的基地化、规模化和产业化。国有企业参与南沙渔业生产的具体方式如下。

1. 发展基地化渔业，进行屯渔戍海

我国南海岛礁众多，既是南沙渔业未来发展的基地，也是维护我国南海主权的重要支点。屯渔戍海是指在南海岛礁扎下根来，发展基地渔业，通过基地化渔业发展达到守卫南海海疆，维护我国南海主权权益的目标。一直以来由于恪守"搁置争议、共同开发"的原则，我国对南海主权问题一直较为克制，并没有对我国主权范围内的南海岛礁进行实际占领和控制。这一克制行为并没有引起相关国家的理解和效仿，越南、菲律宾等国反而利用我国善意的克制纷纷非法抢占、控制我国主权范围内的岛礁，导致我国南海维权面临着更为复杂的局面。对此，我们要充分地汲取教训，对于南海岛礁我们不仅要积极地对外宣示主权，还要通过实际行动去实际占有、控制和使用这些岛礁，确保我国的主权能够得以实现，而在南沙发展基地化渔业就是这样一种较好的实际行动方式。南沙基地化渔业发展需要较大规模的投入，南沙海域的自然特征决定了其自然风险、安全风险和市场风险均较大，一般的市场主体缺乏足够的经济激励，可能难以胜任。因此，有必要加大国有经济参与南沙渔业基地开发的力度，使屯渔戍海在一定程度上变成国家行为。目前，我国在美济岛等海域发展深水网箱养殖业获得了成功，积累了一定的经验，有力地促进了南沙渔业发展，维护了南海主权。未来要进一步加大南沙基地化渔业发展力度，在目前我国实际控制的岛礁进行开发利用，并通过填海围垦的方式扩建人工岛礁，大力推进渔业基地建设，通过发展基地化渔业达到屯渔戍海的目标。

2. 构建完善的补给体系，为南沙渔业发展提供综合服务

南沙渔业的集群化发展离不开完善的社会化服务体系的支撑，而社会化服务体系的建设也具有一定程度的公共产品性质，难以依靠

市场主体去提供，必须由国有企业来承担。目前，南海的渔场、渔港、码头、锚地、避风点建设仍非常薄弱，不仅不利于南沙基地化渔业的发展，而且限制了正常的捕捞作业。同时，由于南沙渔业基地在空间上较为分散，每个基地的生活和生产资料的补给距离较远，目前能够在南海进行渔业生产或补给的大吨位船舶数量很少，且单船航程需要耗时较长，无法适应发展基地渔业的补给需求。因此，可考虑组织国有企业在南海岛礁上建立补给基地或大型补给船，既可以为发展南沙基地渔业提供后勤保障，也可以为南沙捕捞渔船提供补给，鼓励渔民进行深海捕捞，降低南沙渔民海上作业的风险。

3. 建设科研基地，为南沙渔业集群化发展提供技术服务

基地渔业是科技含量较高的现代化渔业养殖模式，必须要有坚实的科技支撑服务。南海海域具有风大、浪高、流急的特点，发展基地渔业不能完全照搬其他海域的模式，必须重视科研工作，因地制宜地制定南沙基地渔业的操作方法和工艺流程。目前，南沙基地渔业发展需要攻克的技术难题具体包括亲鱼培育、人工繁殖、育苗、培育鱼种、饲料供给、病害防治、网箱材料、生态循环和台风防控等，这些技术难题不解决，南沙基地渔业发展就会面临较大的困难。因此，应推动有关国有企业在南海相关岛礁上建立科研基地，攻克南海基地渔业发展中的技术难题，为发展南海基地渔业提供强大的技术支持。

（二）鼓励多样化养殖方式

南海岛礁远离陆地，面积狭小，依托岛礁发展基地渔业，不仅需要巨大的投资，也要求我们必须因地制宜地采取多样化的养殖方式。

1. 深水网箱养殖

可选择有岛礁屏障、避风条件较好、潮流通畅、海水流向平稳、

水质良好且水深 15 米以上的无污染海域发展深水网箱养殖业。目前，永乐群岛、南沙的美济岛近几年都发展深水网箱养殖，效果尚好。今后可以借鉴发挥这一经验，进一步在南沙各岛礁海域发展深水网箱养殖业。

2. 礁盘养殖

南海海域礁盘众多，但大多数礁盘没有开发利用，不仅造成资源的浪费，而且给菲律宾、越南等国留下抢占的空间，今后可以在礁盘上发展基地渔业，创新礁盘养殖模式，开展礁盘底播增养和生态循环养殖，进一步扩大南沙礁盘养殖规模。

3. 建设海洋牧场

鉴于近年来南海渔业资源衰退、鱼种退化的现实，为了促进南沙渔业的可持续发展，可尝试将天然鱼礁与人工鱼礁相结合建设海洋牧场，改善海域生态环境，为鱼类提供繁殖、生长、索饵、避敌的场所，以达到保护南沙渔业资源和丰富南海海洋物种资源的目的。

4. 养殖工船

由于南海具有热带海洋特征，风大浪急，台风出现的频率较高，为了克服这些先天不利条件，可利用废旧的大型船只构建养殖工船，以工船为载体建立移动式网箱养殖体系。这样既可以避开台风袭扰，降低自然风险，又可以培育优良鱼苗，养殖名贵品种，提高养殖附加值。

5. 母岛（礁）带动养殖

由于南海岛礁大小不一，其地理特征差异导致在不同岛礁上发展基地渔业的难度和成本都有很大的差异，因此，可考虑采用母岛（礁）养殖带动的发展模式，即在较大的岛礁上建立养殖基地或补给基地，利用技术和地理优势向外辐射，与周边岛礁形成养殖岛链，从而带动整个南沙养殖业的发展壮大。

(三) 推进南沙渔船管理的专业化和规范化

强化行业协会、公司企业和经济互助组织等机构的渔船管理职能。完善规范渔船股份合作制，建立健全股东协议，明确权利和义务，保障全体股东权益，减少股东矛盾纠纷，稳定渔船生产经营。推进传统的自然人渔业向适应现代市场经营体制要求的法人渔业转变，解决目前渔船股份合作制法律地位不明确、运行机制不规范、约束机制不健全等问题，规范渔船股东之间、股东与渔工之间的关系。当前分散的渔户经营难以适应南沙渔业集群化发展的需要，要通过加强渔业协会建设，通过大力培育龙头企业和专业合作社的办法将分散的渔户联合起来，充分发挥集群的网络协同效应，降低渔业生产成本，提高渔业附加值。

南海渔业权保护固然应主要依靠和发挥国家机器的作用，但渔民自身力量也不可忽视，只要善加组织，关键时候能起到意想不到的作用。笔者认为，前往涉外侵权易发海域作业的渔民组建常态性的类似专业合作社的合作组织，并实行联合作业，即是一个不错的选择。首先，前往上述海域作业的渔民原则上均应参加合作组织，至少临时性参加联合作业；其次，合作组织管理机构由渔民选举产生，主要负责协调、组织联合作业；再次，相关管理成本，包括管理人员的适当报酬等，可由政府承担；最后，合作组织是开放的，允许渔民临时参加。据新华网海南频道报道，2013 年 5 月 6 日，海南省第一次大规模赴南沙海域捕捞生产船队在儋州市白马井启航，捕捞船队主要由渔民合作社组织，这是一次探索远海渔业开发组织化、规模化、产运销和补给一体化的生产经营模式的积极尝试，能为今后大规模科学开发南沙渔场积累经验，为实现南沙渔场的常态化生产打下良好的基础。

第二节　加强集群公共机构网络建设

集群公共机构网络由各种非政府组织以及政府组织所组成，具体包括行业协会、商会、创新中心、大学、研究机构、培训机构等非政府组织，以及为集群企业提供各种公共服务的政府组织，它们一方面拥有集群成长所需要的各种稀缺资源，另一方面也拥有独特的协调集群内市场主体集体行动的能力，在产业集群的发展过程中扮演了重要的角色。

一、集群行业组织的角色与功能——基于交易成本的分析

(一) 不同组织形式的交易成本分析

1. 交易成本的概念

在科斯（1937）提出交易成本的概念之后，交易费用的边际比较便成为分析不同制度形式效率的基本范式，各种制度形式的产生就是为了降低所涉及的交易费用。但是，交易成本概念自提出以来至今并未获得一个准确的界定。有的学者继承科斯描述性定义的传统（Coase，1937），从交易信息搜寻、契约谈判和契约实施的费用方面来看待交易成本，其中尤以威廉姆森的定义最为全面。他将交易成本分为事前和事后费用两部分。事前费用包括信息搜寻、合约起草、谈判、签订和维护费用等。事后费用则包括：(1) 当交易偏离了所要求

的一致性后而引起的不适应成本；（2）为矫正事后不一致性而导致的契约再谈判费用；（3）专门规制结构的设立和运行成本；（4）使承诺可信的保证费用。另一些学者则从较为宏观的层面讨论交易费用，阿罗（K.Arrow，1969）是一个重要的代表，他在康芒斯关于交易定义的基础上，指出交易成本是利用市场价格机制的费用，同时将交易成本泛化为经济制度的运行费用。① 和他的观点类似，张五常以"鲁宾逊·克鲁索孤岛经济"为参照系，指出"在最广泛的意义上，交易成本包括所有那些不可能存在于没有产权、没有交易、没有任何一种经济组织的鲁宾逊·克鲁索经济中的成本"，即包括"一切不直接发生在物质生产过程中的成本"②。可见，交易成本的内涵十分丰富，它不仅包括一种制度形式的实际运行费用，还包括这种制度形式所造成的效率损失等。

2. 社会物品的类型划分

传统经济学一直关注稀缺的竞争性产品（私人物品）的生产与供给问题，并阐明了价格机制在实现这种社会物品供需平衡中的作用，指出竞争是实现私人物品供需帕累托效率的唯一机制。自萨缪尔森以来，经济学开始关注另一种类型的社会物品—公共产品—的供需问题。公共产品具有两个本质的特征，即消费上的非排他性和非竞争性。前者是指不可能把不付费者排斥在公共产品的消费之外，即社会始终存在公共产品使用上的"搭便车"问题；后者是指单个主体对公

---

① See Arrow, The Orgnization of Economic Activity: Issues Pertinent to the Choice of Market Versus Nonmarket Allocation, in Joint Economic Committee, The Analysis of Public Expenditure: the PPB System, Vol.1, Government Printing Office, 1969.

② 张五常：《经济组织与交易成本》，载《新帕尔格雷夫经济学大词典》，经济科学出版社 1996 年版，第 58 页。

共产品的消费不会影响他人从公共产品消费中所获得的效用水平。正是由于这两个特征，使得公共产品不能像私人物品那样主要靠市场价格机制来进行供需调节，而必须引入外部力量，即由政府组织或公共部门来负责公共产品的供给。显然，这种公共产品定义仍然是以完全竞争的市场模型为基础的，它具有理论意义，但在实践中很难确定其边界。为此，代表性的公共治理理论进一步对公共产品进行了细分，他们基于排他性的可行性和消费上的共同性两个维度，将整个社会物品分成四大类：（1）私人物品是指传统经济学所分析的竞争性使用的商品和服务；（2）准公共产品Ⅰ指那些可以排他且能共同使用的收费产品，如剧院、收费公路、有线电视、图书馆等；（3）准公共产品Ⅱ包括那些不能排他的竞争性使用的产品，如公共鱼塘、地下水等；（4）公共产品指不能排他的非竞争性使用的物品，如国防、空气污染控制、环境保护等。

在上述理论的基础上，为了便于分析，我们用竞争性程度这一维度对社会物品进行分类，竞争性维度包含了消费上是否排他与竞争性使用的含义。如果一种物品在消费上排他的可能性和竞争性越低，我们就认为该物品越具有公共产品特征；反之，我们就认为该物品越具有私人物品特征。基于这一维度，我们可以将整个社会物品组合近似地看成一组在竞争性程度上具有差异的连续体，其中私人物品的竞争性程度最高，公共产品的竞争性程度最低；随着竞争性程度的降低，社会物品经历了"私人物品—准公共产品—公共产品"的类型连续变化（参见图8-3）。当然，图8-3中的社会物品分类区间并非是截然分明的，它只是形象地刻画了在"私人物品—公共产品"的变化连续体中，随着竞争性程度的降低，物品的公共性越来越高的情形。

3. 市场机制的交易成本

在市场体系中，理性的经济人通过价格机制实现交易双方的互利，从而实现整个社会的帕累托效率。市场的这种帕累托效率只适合于私人物品的供需，此时市场组织治理交易的成本较低。但随着物品的竞争性程度降低，非竞争性程度提高，市场就会出现"失灵"的情况。这里所说的"市场失灵"，主要是指市场的价格机制在协调竞争性程度较低物品的供需时存在较高的交易成本，会造成社会福利的效率损失。比如，市场机制在协调公共产品供需时存在着较高的交易成本，这是由于价格机制不能解决公共产品的外部性问题。公共产品的外部性有两种，即负的外部性和正的外部性。负的外部性是指经济决策中社会成本大于私人成本的情形，如厂商生产过程带来的污染问题，在没有第三方强制干预的情况下，厂商是不会将治理污染所需成本计入当前经济决策中去的。因此，此时厂商的生产规模会大于污染成本完全由它承担时的水平，导致过量供给和更多的污染。正的外部性是指社会收益大于私人收益的情形，由于私人承担了全部成本，而不能享受全部收益，私人的投资激励不足，导致具有正外部性效应的公共产品供给不足。这两种情况都会导致社会福利的净损失。因此，我们可以假设随着物品的非竞争性程度提高（竞争性程度降低），市场机制的交易成本增加，这种交易成本主要体现为实际的市场均衡偏离了有效的竞争性均衡时所招致的效率损失。

4. 政府组织的交易成本分析

为了弥补市场组织在公共产品供给方面的不足，降低公共产品生产的交易成本，自凯恩斯以来的政府干预论一直把希望寄托在政府这只"有形之手"上。政府被设想成一个没有自我利益的道德集合体，它无私地为弥补市场的不足而运作，这种理想化的假设一直以来不断推动政府组织扩大自己的职能范围。但公共产品的政府治理同样也存在交易成本，有时甚至出现"政府失灵"的情况。

公共选择理论为我们分析政府失灵提供了方便，政府并非道德的集合体，它是由具有私人利益的"经济人"所组成的，也要追求自身效用的最大化（Downs，1957；Niskanen，1971，1975）。政府官员的个人效用函数主要包括货币性收益和非货币性收益两部分。货币性收益指岗位工资收入和在职消费，非货币性收益主要包括个人声誉、个人成就感、对权力的自由支配程度和政治支持等。对于官员来说，非货币性收益与货币性收益同样重要，其中个人对权力的自由支配程度就是官员的"控制权回报"。官员都希望领导更多的人、控制更大规模的资源，从而增加自己的影响力和权力的含金量，这样的控制权回报对政府官员来说是最大的激励，是公众与政府不完备代理合约中的剩余权利（阿尔钦和德姆塞茨，1972）。政府官员对控制权回报的追求会使有关公共产品的决策偏离效率的标准，从而导致较高的交易成本。这种高交易成本的状态有时会因为以下一些因素而得到强化：（1）政府决策缺乏硬性的评价与约束机制。政府决策缺乏一个像市场价格机制那样的硬性评价机制，无法通过价格机制来确定决策的盈亏平衡，政府产品或服务的成本和价值也难以精确地加以界定，因而造成了政府决策不是走得太远就是走得不够远。（2）公共产品的产出难以度量。由于产出的测量困难，导致政府投入与产出关系模糊，对政府产出进行质量监督的难度很大，不利于政府效率的提高。（3）单一的供给渠道容易导致垄断行为和寻租活动，由于缺乏竞争，公共产品供给面临着更多的腐败行为，无疑会大大增加政府决策的成本。

可见，我们对政府在公共产品治理上的交易成本优势也要辩证地看待。虽然，随着物品非竞争性程度的提高（竞争性程度降低），政府组织的交易成本降低，但政府进行公共产品治理的范围是有限的，我们不能盲目地扩大政府的治理范围。

5.非政府组织的交易成本分析

通过以上分析，我们可以看到在社会物品的连续体中，市场在治理私人物品上具有交易成本优势，政府在治理非竞争性程度较高的公共产品上具有交易成本优势。但二者的优势是相对的、有限的，现实中还存在一系列社会物品组合（如图 8-3 中 AB 区间所示），无论是市场还是政府组织在交易成本上都不具有优势。那么，对于这些社会物品的供需应采取何种治理方式呢？我们认为，非政府组织便是这类社会物品的恰当的治理机制。

在图 8-3 中，曲线 M 是市场组织的交易成本曲线，曲线 G 为政府组织的交易成本曲线，曲线 NG 为非政府组织的交易成本曲线。从图中可以看出，在私人物品的 OA 区间，政府组织的交易成本最高，非政府组织次之，市场机制具有治理优势，交易成本最低；在公共产品的 BC 区域，市场机制的交易成本最高，非政府组织次之，政府组织的交易成本最低，具有治理优势；在准公共产品的 AB 区间，非政

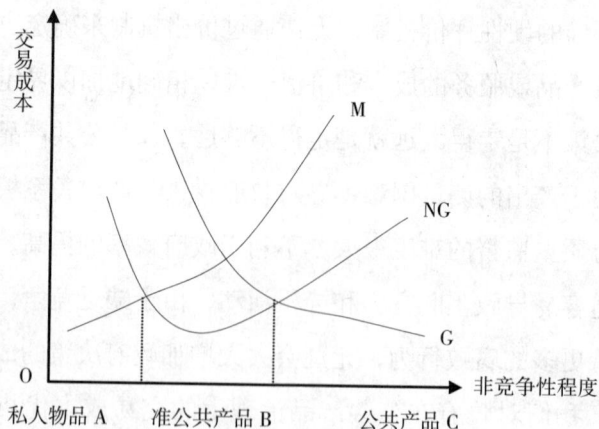

图 8-3　市场、政府与非政府组织的交易成本分析

府组织具有治理优势，交易成本最低。可见，从交易成本的视角，上
述三种制度形式各有自己的交易治理适用范围，三种制度形式的历史
演化反映了制度选择和变迁的效率逻辑。

（二）非政府组织降低交易费用的机制

现代社会的非政府组织种类繁多。按照美国约翰·霍普金斯大
学研究项目所提出的分类，非政府组织可以根据活动领域、范围、方
式、对象或受益者，分为 12 大类和 26 个小类。[①] 但不管何种类型的
非政府组织，都是建立在一个特定的社会群体网络之上的，如社区网
络、专业网络、兴趣网络和行业网络等，其成员相互比较熟悉，分享
了某种共同的社会特征。非政府组织的存在虽然离不开国家正规制度
的支撑，但非正式制度在其实际运作中发挥了巨大的作用。这种非正
式制度是基于社会网络和组织成员间的长期互动所形成的规范、惯
例、信任和意识形态等人类行为的非正式约束规则，是一种组织的社
会资本。它内化于行为者思想意识当中，约定了交换的原则，厘清
了人们的社会义务和权利，其实施不需要外在组织的干预，可以自
我实施（sel-enforceable），因而可以极大地降低有关集体行动的交易
成本。

首先，非政府组织内的群体网络有利于降低交易的信息费用。
在这个网络中，人们长期交往、相互了解，对交易所涉及的供给和需
求曲线比较易于把握，可以省去大量的搜寻过程，因而关于交易对
象（商品或劳务）的信息搜寻费用要比通过市场搜寻低。图 8-4 表明
了社会群体网络对信息搜寻费用的节约。图中 S 曲线和 D 曲线分别

① 参见邓国胜：《非营利组织评估》，社会科学文献出版社 2001 年版，第 5 页。

表明了潜在交易双方对商品 X 的交易愿望，在一个特定的时间段内，商品 X 的卖方难以在 P_0 价格条件下找到一个买方，为此，他不得不等待和搜寻。如果存在一个专业商人，他可以及时地提供一个买方，但在他卖出商品 X 之前，必须花费一定的费用，因此他更愿意在低于 P_0 的 P_2 价格条件下购买。同时，买方也在搜寻卖方，专业商人的存在满足了他购买商品 X 的需要，但由于商人付出了一定代价，他因此向买方索取更高的卖价 P_1。价格 P_1 和 P_2 之间的差额（P_1-P_2）就是因为信息缺乏所引起的交易费用。① 而如果交易双方同处一个社会群体网络中则可以省去搜寻过程，从而节约这笔信息费用，买卖双方因为拥有关系网络的得益分别为 P_1-P_0 和 P_0-P_2。

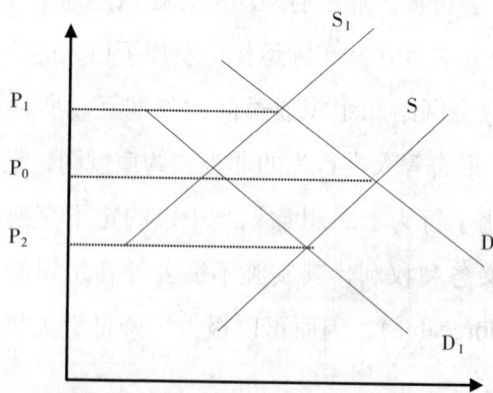

图 8-4　非政府组织对信息费用的节约

其次，非政府组织成员的共同价值观有利于降低集体行动契约的实施成本。在现代社会中，非政府组织主要承担了一些准公共产品的供给，如社区的环境卫生、康乐活动、行业协作和各种俱乐部活动等，这类准公共产品的公共性程度还比较低，基本上是面向特定范

① 参见张军：《现代产权经济学》，上海三联书店 1991 年版，第 8—9 页。

围内的一个社会群体的，其有效供给必须通过群体成员间的良好合作——"集体行动"（collective action）——才能实现。根据奥尔森（Olson，1971）的经典逻辑，这种集体行动必然存在着"搭便车"（free-riding）问题，如何解决"搭便车"问题便成为准公共产品能否实现有效供给的关键。"搭便车"问题的存在源自"经济人"的理性算计，由于准公共产品不能在使用上进行排他，因而导致自利的个体有"免费搭车"的激励。为了保证准公共产品的有效供给，奥尔森（1971）认为只有通过强制和设置选择性诱因两种方法来克服"搭便车"问题。强制指通过强制性法规保证群体成员履行对公共产品所负有的义务，对拒不承担义务的人进行惩罚；选择性诱因指向愿意履行公共产品义务的人提供一些物质或精神的奖赏，而"免费搭车者"则无权享有。但奥尔森的方案存在着成本过高的问题，无论是强制还是奖赏，都将在准公共产品的生产之外形成额外的成本。可见，如果一个社群组织内部能够形成一种互信的关系，势必大大减少准公共产品供给的交易成本。这是因为在多数情况下，集体行动之所以失败是由于某些成员不相信其他人会承担生产公共产品的义务，担心自己的贡献会被"免费搭车者"剥削。但当组织成员分享了共同的价值观，建立了互信关系时，一种群体意识就会鼓励成员之间的合作行为，提高集体行动的水平。以格兰诺维特为代表的新经济社会学认为，个体并非总像一个经济人那样进行决策，社会结构对个体行动的影响是深远的，个体的行动决策离不开当下所处的社会情境（social context），受这一社会情境驱使，个体追求社会认同，并努力按照被他内化的社会规范或价值行动（Granovetter，1973，1985）。蕴涵在社会结构中的资源，如信任、规范和网络等，能够降低群体成员的"经济人"理性计算的倾向，通过促进协调和合作行为提高社会的运作效率（Putnam，R.，

1993)，这不仅有利于个体达成自己的行为目标，也是解决集体行动问题的重要资源（Coleman，1980；E.Ostrom，2001）。非政府组织的成员通常归属于同一个群体网络，分享了某种共同的价值观，这无疑会大大降低契约的执行成本，提高集体行动效率，从而保证有关准公共产品的有效供给。

（三）非政府组织的功能

根据以上分析，非政府组织在我国经济社会发展过程中可以发挥以下几个方面作用。

第一，在经济领域内实现自律管理，降低整个社会的经济活动协调成本，提高社会总产出，为和谐社会建设提供强大的经济基础。博弈论中的"囚徒困境"表明，在市场经济条件下，个体经济理性这只"无形之手"会导致社会集体的非理性。在没有外部约束的条件下，机会主义行为和恶性竞争在给自利的厂商带来超额利润的同时，却给社会施加了高昂的交易成本，这势必导致厂商对相互之间的交易行为形成不稳定的预期，交易活动被限制在狭小的"熟人"范围内而难以扩展，从而损害了厂商的长远利益，并导致整个社会福利水平的损失。为了避免这一损失，社会面临两个选择：其一是通过创设国家这一外部权威组织，通过法令的强制施行来约束微观经济主体的机会主义行为；其二是竞争的厂商在长期交易过程中逐渐认识到遵守共同的交易规则要比机会主义行为，更能促进彼此的商业利益，从而自发地组织成立行业协会，制定交易规则，由所有成员共同遵守。显然，与行业协会这种非政府组织相比，国家作为经济监督的外部组织，在经济监管过程中面临着较高的信息成本和执行成本，其监管职能的发挥受到了极大的限制。因此，为了提高社会整体经济运行效率，必须积极引导成立各种行业组织，通过行业自律，维护市场竞争秩序，协调企业的集体行动，降低社会交易成本。

第二，在社会领域内，协调社会冲突，提供社会服务，促进社会公平和社会和谐。目前，我国正处于社会结构转型期，随着社会阶层和群体的分化，多元化的利益群体不可避免地会相互竞争，甚至引发冲突。很多非政府组织与基层联系密切，在掌握群众需求上具有信息优势，因而更能有效地倾听和反映各社会群体的声音，并把群众的感受转化为政策诉求传达给决策部门，政府可以适时地根据群众意见作出政策调整，协调各方利益。此外，一部分非政府组织成立的目的是为了促进稀缺资源向社会弱势群体流动，缩小社会贫富差距，如各类民间扶贫救困组织等，它们所从事的活动实际上是整个社会财富的三次分配。与政府的二次分配相比，三次分配具有资金成本低、补贴对象更清晰等优点，更有利于优化特定社会弱势群体的配置水平，应在建设和谐社会过程中加以大力提倡。

第三，在公共管理领域，有利于促使政府依法行政，提高政府行政效率，维护社会公正。首先，社会公正是和谐社会的一个基本要求，"搭便车"行为的普遍存在使得在现代社会中，分散的个人要想监督政府行为几乎是不可能的，非政府组织恰恰可以在这方面把社会成员的力量集合起来，对政府进行监督，促进政府透明决策、依法行政，提高行政效率，使政府真正做到权为民所用，利为民所谋。其次，非政府组织的存在体现了对一部分公共权力的分享，过去我国政府管了很多不该管也管不好的事情，今后这方面的社会职能应该交由非政府组织去承担，这将有助于我国政府机构改革的顺利推进，形成高效的公共事务的多元治理结构。

第四，在环境和生态领域，非政府组织可以扮演积极的倡导者和推动者的角色。和谐社会要求人与自然和谐相处，人与自然要和谐相处，就必须处理好资源利用和经济发展的关系问题，这对我们这样一个人均资源占有量较少和生态环境比较脆弱的国家来说十分重要。环境保护具有巨大的正外部性，私人企业缺乏经济激励进行环境保护，需要政府法令规章的强制要求。但如果仅靠政府推动环保，显然是不够的。人与自然和谐相处，要求我们特别加强发展循环经济，建设节约型社会。环境保护问题一直以来就是大量非政府组织关注的重点之一，从世界范围来看，非政府组织一直都是保护环境的先锋。在我国，像自然之友、全国大学生绿色营、地球村等非政府组织一直致力于提高公民的环保意识，推动环保投资，促进了我国环境和经济的协调发展。

（四）行业组织与南沙渔业集群发展

1. 加强南沙渔业行业协会建设

就南沙渔业发展而言，以中国渔业协会南海渔业分会为代表的行业组织是产业集群网络协同效应发挥的关键角色。2003 年，根据农业部的指示，农业部南海渔政局引导广东台山、阳江、电白、廉江和海南琼海等南沙渔船集聚港组建南沙渔民协会，大大提高了南沙渔民组织化程度和行业自律管理水平。2012 年，在各地纷纷组建南沙渔民协会的基础上，在农业部、民政部和外交部等上级部门的大力支持下，中国渔业协会南海渔业分会成立。南海渔业分会是由南海渔业有关单位、渔业组织和渔业工作者自愿联合组成的区域性非盈利社团组织，是中国渔业协会的分支机构，根据工作需要和上级有关部门批准，分会成立后挂靠在农业部南海区渔政局。南海渔业分会成立后，逐步完善自身架构，主动履行职责，配合渔业行政主管部门，为南沙渔业发展做了大量卓有成效的工作，发挥了重要的网络协同效应。具体表现为：凝聚了南海渔民群众的整体力量，高效贯彻中央提出的"突出存在"、"开发南沙、渔业先行"战略方针，在维护我国海洋主权权益上作出了突出的贡献；积极组织引导渔业生产活动，维护渔业生产秩序，减少了渔业涉外事件的发生；强化了渔民生产互助，规范了渔业生产行为，渔业安全生产水平得以大大提高；引导调整优化渔业产业结构，控制捕捞强度，保护渔业资源，提高经济效益，促进了南海渔业可持续发展；为南沙渔业生产主体争取国家各项优惠政策，提供信息、咨询、办证和培训等综合性服务，改善了南沙渔业面临的政策环境。

随着国家重组海洋执法队伍战略的实施，南海 3 省区各级渔业行政主管部门职能将发生较大的改变，未来会有更多的行业服务职能要向非政府组织转移。因此，中国渔业协会南海渔业分会应承担起更多的行业管理职能，在南沙渔业集群化发展中发挥关键的网络协同功能，具体包括以下四个方面：

第一，企业服务。企业服务是行业协会的基本职能之一，通过为会员企业提供各种各样的服务，行业协会可以有效地拓展会员的关系网络，扩大集群的信任基础，增进集群内部的交易机会，有助于南沙渔业集群的规模扩张。行业协会所提供服务主要包括以下几种：（1）提供信息服务，渔业协会通过报纸、简报、报告、定制短信、网上发布等多种形式提供信息服务，内容包括南沙海域海况、渔获产品价格、渔获产量、政策新闻等，协会提供的信息来源多样化，可以根据会员的需求及时调整，通常比官方信息更具有针对性；（2）举办、承办各类渔业展览会、展销会、贸易洽谈会等，帮助企业、渔户开拓市场；（3）提供金融、信息、咨询、培训、检测和法律等专业化生产性服务；（4）接受企业、渔户委托代理特殊事务等。

第二，自律管理。自律管理是一种遵章守法、自我约束、自我管理的行为，由于个体理性对自身利益最大化的追求，有可能导致集群整体利益受损，因此集群需要行业协会这样的组织来发挥行业自律职能，以克服个体的理性不足。具体包括：（1）南沙渔业协会可在政府授权下，制定和推行统一的行业标准，进行行业资格认证，规范集群内的市场秩序；（2）打击假冒伪劣商品，维护企业合法权利，促进集群内部公平竞争；（3）协调行业内船主、渔工、企业和消费者之间纠纷，构建和谐的利益相关者关系；（4）渔获价格协调，渔业协会为行业的系列产品价格确定一个浮动空间，组织企业、船主和渔户签订自律性协议，避免采购方利用自身的优势地位和渔获的保险要求压价收购，提高行业的整体利益；（5）通过规范协调减少产业集群内部的市场失灵，制定和实施南沙渔业生产的技术质量标准，提高渔业生产的规范化水平；（6）生产管理自律。行业协会可根据市场供需、渔业资源和海域生态等情况，通过发放执业许可证、年度许可证等方式组织渔业从业者控制生产规模，采用科学先进的生产方法，防止过度捕捞等破坏性渔业生产行为。

第三，资源整合。通过加强市场营销渠道建设、地区品牌推广、商贸服务和营销模式创新，增强南沙渔民的市场谈判力，提高南沙鱼类产品的市场知名度和产品附加值；推动集群内资源共享和生产合作，通过商户联保、行业协会担保等扩大企业融资渠道；协调渔民生产资料采购、现场作业和渔获销售等行动，提高南沙渔业生产经营活动的组织化水平。积极引导渔业龙头企业和专业合作社发展，促进渔户与企业、合作社之间合作关系的形成与发展。

第四，行业代表。发挥政府与市场之间的中介职能，代表南沙渔业生产经营者反映政策诉求，充当国家南沙渔业各类扶持政策的实施载体，引导建立南沙渔业集群的公共服务平台体系，为南沙渔业的集群化发展提供一个良好的制度和政策环境；代表南沙渔业生产经营者开展国际渔业合作，协调解决涉外纠纷（参见图8-5）。

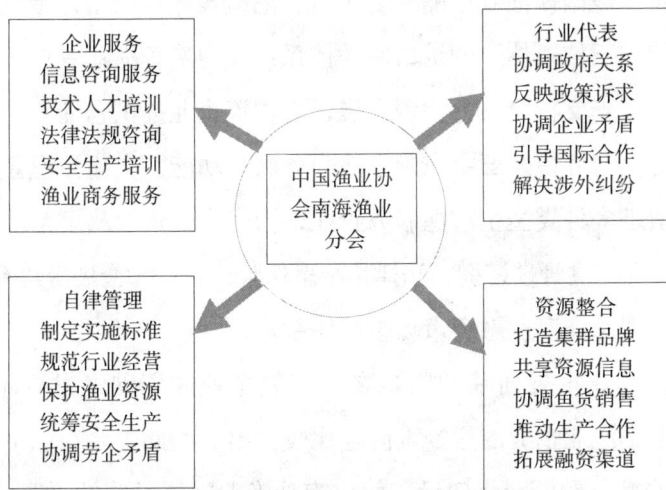

企业服务
信息咨询服务
技术人才培训
法律法规咨询
安全生产培训
渔业商务服务

行业代表
协调政府关系
反映政策诉求
协调企业矛盾
引导国际合作
解决涉外纠纷

中国渔业协会南海渔业分会

自律管理
制定实施标准
规范行业经营
保护渔业资源
统筹安全生产
协调劳企矛盾

资源整合
打造集群品牌
共享资源信息
协调鱼货销售
推动生产合作
拓展融资渠道

图8-5 中国渔业协会南海渔业分会职能

2. 推动海洋生产性服务业集聚

海洋产业集群纵向分工网络的深化离不开生产性服务业的发展。20世纪80年代以来，现代制造业越来越呈现出"服务化"的倾向，工业生产的"服务密集度"不断提高，工业产品的生产包含越来越多的中间服务投入，服务作为一种无形的生产要素正越来越多地进入到生产领域，对提高经济效率和竞争力具有重要影响。目前，南沙渔业集聚区的生产性服务业普遍不发达，在很大程度上影响了南沙渔业产业集群的发展和壮大。因此，要在集群地区大力发展海洋生产性服务业，推动生产性服务业和南沙渔业的融合发展。一要完善本地交易采购功能。一方面，建立有形的渔品专业市场和渔业生产配套市场，为渔户、企业提供展示、洽谈和交易的场所，提高交易效率；另一方面，完善电子网络系统，提供电子商务和网上交易服务，加强现代信息技术在南沙渔业发展中的应用。二要完善本地物流配送功能。加强渔港、岛礁等的物流基础设施和公共信息平台建设，积极培育物流服务市场；构建南沙渔获产品交易平台、港航集疏运网络、金融和信息支撑系统"三位一体"的港口服务体系；大力培育渔业专业化物流企业集团，优先支持第三方物流发展，为物流企业提供仓储、物流场地和良好的经营环境。三要完善本地商务服务功能。在南沙渔业集聚区培育和引进多种类型生产性服务企业，为渔户、企业从事南沙渔业经济开发活动提供管理咨询、法律、金融保险、会计和会展等综合服务。

3. 加强海洋产业融资市场组织体系建设

南沙渔业发展面临的困难之一就是企业融资网络发育不健全，渔户和中小渔业企业的融资难问题比较突出。为此，要在以下几方面加强南沙渔业融资网络建设，解决南沙渔业发展面临的融资难问题：(1) 构建完善的面向海洋产业的金融组织体系。探索建立专门为海洋产业发展提供金融服务的政策性金融机构，按国家政策性银行的管理和运作方式运作，为企业从事包括南沙渔业在内海洋渔业活动提供全方位的金融服务与支持。探索设立南沙渔业产业投资基金，引导社会资本投向南沙渔业、渔业技术开发和海洋基础设施建设等。加强中小型地方性商业银行的建设，稳步推进小额贷款公司试点，落实相关扶持政策。扩大民间资本准入水平，尝试引导民间资本组建新的社区银行，逐步调整村镇银行的股权结构，推动村镇银行发展。组建金融租赁公司，为从事海洋经济开发的企业提供杠杆租赁、回租租赁、委托租赁、风险租赁和项目融资租赁等服务，缓解企业设备和技改投资困难。发展私募股权投资基金，鼓励风险投资和私募股权基金等设立创投企业，逐步建立以政府资金为引导、以民间资本为主体的海洋产业创业资本筹集机制。（2）完善企业融资担保体系。突破传统融资担保方式，建立多种资金来源、多种形式参与、多层次结构的企业信用担保体系，并放大担保金比例，扩大担保贷款总量。进一步理顺政府、中小企业信用担保机构、协作银行、行业协会和专业化中介服务机构之间的权利义务关系，建立合作机构间的长效合作机制。引导政策性银行以软贷款形式参股地方担保机构，充实担保机构资本实力。鼓励探索建立集群内公共担保基金或联户担保基金，采取第三人财产担保、商户联保、行业协会保证等多种适合中小企业的担保形式，不断创新担保机制，缓解企业融资担保难问题。（3）解决中小企业抵押物不足问题。中小企业普遍采取租地经营的方式，可抵押资产缺乏，企业融资普遍面临抵押难题。为此，要大力推进抵押物创新，发展存单质押、仓单质押、动产质押业务，创新驰名商标质押、专利技术质押、仓储保全业务等信贷业新产品。（4）发展多层次资本市场。首先，要加强海洋产业企业的上市培育工作，按照有利于推动海洋经济壮大升级的原则，认真做好上市后备资源培育工作，支持优质企业进入国内外资本市场，引导上市企业进行战略性并购重组，积极参与产业整合。加大中小企业上市前期辅导培育力度，完善中小企业上市育成机制，不断扩大中小企业板和创业板市场的"海洋板块"规模。其次，加快海洋产业场外股权交易市场建设，填补多层次资本市场短板。促进非上市企业在产权交易市场自由进行市场报价和股份转让，引导全省各地产权交易机构通过联合、合作、兼并、托管等方式进行整合，逐步形成各地联动的产权交易统一市场。在统一市场联网的基础上，为涉海自然资源、生产要素、海洋企业股权等提供一个高效的交易转让平台。（5）出台鼓励外商投资海洋产业的优惠政策，扩大海洋产业吸引外商直接投资的规模，引导外资企业、港澳企业和个人成为海洋产业的投资主体。同时，积极争取外国政府和国际金融组织的优惠贷款，扩大对海洋技术开发和基础设施建设项目的投资力度。

4.加强南沙渔业科技创新体系建设

南沙渔业的可持续发展归根到底要靠海洋科技进步，在这方面今后要做好两方面工作：第一，加快制定规范海洋渔业科技投入、科学技术普及、知识产权保护、科技成果转化等方面的地方性法规，形成与区域科技创新体系运行相适应的科技政策法规体系。第二，应结合南沙渔业发展实际，重点在南海沿海省份推进一批高水平的大学（如中山大学、华南理工大学、华南农业大学、广东海洋大学等）和研究机构（如中国科学院南海海洋研究所等），加强这些高校和科研机构在南海渔业开发和利用方面的学科建设，充分发挥它们在海洋科技创新中的带动作用。在加强海洋渔业基础研究的同时，重点围绕科学养殖、水产深加工、新兴海洋产业（如保健食品、海洋医药、生态旅游和海洋能源等）与海洋环境保护四大领域开展科技攻关，为南沙渔业的可持续发展提供创新技术支持。

二、政府组织与南沙渔业集群发展

（一）加快推进南沙渔业管理体制变革

21世纪是海洋的世纪，党的十八大提出了建设海洋强国的战略目标。2013年，根据全国两会期间公布的《国务院机构改革和职能转变方案》，将原国家海洋局及其下属中国海监总队、原公安边防海警部队、原农业部中国渔政、原海关总署海上缉私警察的队伍和职责整合，重新组建国家海洋局，并以中国海警局名义开展海上维权执法，同时接受公安部业务指导。从此，掀起了中国海洋执法新的一页，可以说，中国海警局的成立具有里程碑式的重大意义。

长期以来，我国的海洋管理特别是海洋执法力量分散，社会上关于海上执法部门重复检查、重复建设、效率不高等方面的议论很多，很多人都说是"五龙治海"甚至是"九龙治海"。整后我国有海监、渔政、海事、海警、海关等执法队伍，分属国家海洋局、农业部、交通部、公安部、海关等不同部门，各执法队伍各执其法，致使海上行动难以协调；重复建设，导致国家投入大力的人力物力，造成资源的浪费；由于职能交叉，造成互相扯皮，执法效率不高：(1) 中国公安边防海警部队隶属于公安部边防局，主要负责近海海上治安，编制列入武警序列，由公安部领导管理，是中国海上执法机构中最为准军事化的力量。海警部队主要装备"海豹"高速巡逻艇和218型巡逻艇。2007年12月，中国海军移交给海警的2艘1700吨级"江湖"级护卫舰在改装后正式服役（编号为"海警"1002与"海警"1003号舰）。(2) 中国海监总队隶属于国家海洋局，其重要职责之一是代表国家以行政执法的方式维护中国的海洋权益。中国海监现拥有海监飞机9架，各类执法船、艇260余艘，执法专用车辆280余部。未来1000—3000吨的大型执法船将逐渐成为海监执法力量的主体。近年来，在中国专属经济区、大陆架及争议海域监视国外非法科考、外军抵近侦察等涉外维权执法，成为海监部门的重要职责之一。(3) 中国海事局是交通部下属的海上执法机构，主要负责行使国家水上安全监督和防止船舶污染、船舶及海上设施检验、航海保障管理和行政执法，并履行交通部安全生产等管理职能。(4) 中国渔政隶属于农业部，其职责是对内维护渔业生产的正常秩序，对外代表国家保护中国的渔业权益。中国渔政的"渔政"311船，是目前中国渔政系统吨位最大、航速快、通导设备较先进的渔政"巨舰"。(5)中国海关缉私局，其所属缉私警察实行海关和公安部双重领导，以海关领导为主。海关总署缉私局既是海关总署的一个内设局，又是公安部的一个序列局。中国海关缉私局除拥有陆上武器装备，还装备有212艘缉私快艇，舰艇总吨位达到近2万吨。其中大部分巡逻缉私艇都是100吨级和200吨级，只是在近年，才建造了少部分排水量近500吨的缉私艇。

2013年全国两会期间，国家宣布对海洋管理部门进行重组整合，将国家海洋局及下属中国海监、农业部中国渔政、海关总署下属缉私警察、公安部边防海警重组国家海洋局，对外以中国海警局名义执法（参见图8-6）。按照《国家海洋局三定方案》的制度设计，农业部南海区渔政局所有人员全部整合到国家海洋局，南沙渔业现场执法由中国海警负责，但对由哪个部门牵头南沙渔业管理工作还未明确。

南海是一个整体，当前前往南沙作业的渔船由广东、广西、海南三省区渔民组成，南沙渔业是一个牵扯国际国内诸多方面的大棋局，由南海沿岸省区各自进行渔业管理必然导致较高的协调成本，降低管理效率，因此，南沙渔业需要有一个跨行政区的国家级机构来负责统一管理和协调工作。鉴于此，建议今后南沙渔业实行由农业部渔业主管部门领导，重组后的国家海洋局南海分局（中国海警南海分局）参与配合①，各南沙渔船集聚港所在渔业主管部门分级管理的管理体制。同时，要充分发挥中国渔业协会南海分会行业管理和协调职能，使其真正承担南沙渔业集群化发展中心协调者的角色。中国渔业协会南海渔业分会具有协助南海区渔政局管理、协调南沙渔业发展的

---

① 南沙渔业作业现场执法由中国海警局负责。

丰富经验，对发展壮大南沙渔业有着其他部门无法比拟的优势，应该借此次机构改革重组之机，赋予南海渔业分会更多的行业管理和服务权限。

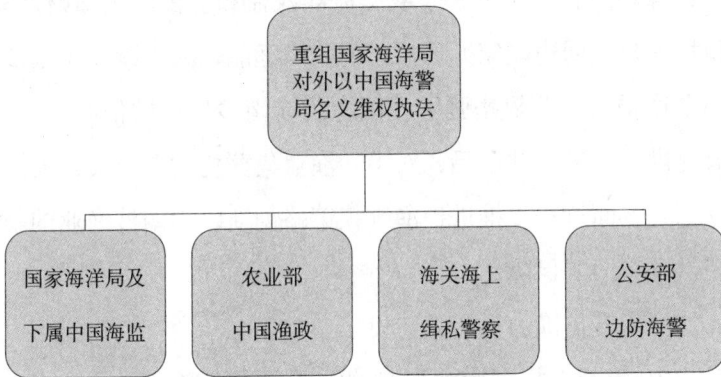

图8-6　中国海警机构重组架构图

（二）大力推进南沙护渔维权策略创新

人类经营海洋必须拥有对海洋的控制权。由于海上活动的变化性、海上资源的流动性，特别是当前南沙海域周边六国七方，主权争议复杂激烈，财产侵权行为会随时发生，海洋资源的"公地悲剧"更容易上演，海洋经济产权的维护成本很高，市场主体难以独自承担产权维护的责任，必须要政府部门的强力介入。由于南沙渔业的特殊性，维权护渔的力度决定了南沙渔场的范围、作业和养殖生产的边界，而渔业的大规模存在也决定了我国在南沙海域的话语权。当前，南沙周边各国纷纷提出主权要求，视我"九段线"传统疆界线如虚设。多年来，中国出于同南海周边各国友好的大局出发，多方予以忍让。但一味地忍让换来的却是周边菲越等国的得寸进尺，步步为营，一步步蚕食我国南沙权益，我国在南沙正常作业的渔船渔民不时受到非法抓扣，渔船被没收，渔民被殴打、罚款甚至坐牢，一度使我国南沙作业渔船数量大幅度下滑。有鉴于此，自 2010 年开始，我们加大了在南沙护渔力度，在南沙域部署海警力量开展常态性的巡航护渔，与对方针锋相对，坚决维护了我国海洋权益和渔民的生命财产安全，多次现场解救被周边国家无理抓扣的我国渔船，大大减少了南沙渔民的生命财产损失，明显增强了我国渔民在南沙生产的信心。可以说，由政府提供安全的公共产品，对南沙渔业集群化发展意义重大。今后要在以下几方面进一步推进护渔维权策略创新，为南沙渔业的集群化发展提供强有力的保障。

1. 加强南沙护渔力量装备建设

自 2010 年起，根据南沙形势的需要，南海区渔政局组织 3 省区渔政力量在南沙海域开展伴随式巡航护渔，进一步突出了我国在南沙的存在。由于护渔维权任务十分繁重，船舶周转十分频繁。南海区渔政管理局属下仅有 3 艘 1000 吨级、1 艘 2500 吨级（可载直升机）、1 艘 4500 吨级（退役军舰）和 1 艘 5000 吨级渔政船，担负着整个南海的执法和维权，包括南沙美济岛守礁、南沙巡航护渔、西沙海域监管、北部湾联合监管等的执法和维权，装备力量显得较为薄弱。因此，要有效地维护南沙海域 80 万平方公里我国作业渔船的生产安全，应急处理突发事件，须增加 3000 吨以上配置直升机的大型海警船 15 艘以上。

2. 健全完善南沙海域常态化巡航护渔机制

中国海政开展的南沙海域巡航护渔，周边国家反应比较激烈，并多次派出武装舰艇干扰我巡航护渔，为应对复杂态势和可能出现的紧急突发事件，亟须健全完善南沙海域常态化巡航护渔机制。可参照北部湾等海域做法，建立由外交部、总参、公安部、国家海洋局、中国海警局等多个部门参加的南沙海域巡航护渔联动机制，一旦发生我国南沙渔船被周边国家抓扣事件，各方快速联手反应，使我国渔民损失减少到最低。

3. 加强南沙渔民民兵队伍建设

针对南沙渔业面临的错综复杂态势，单靠中国海警执法力量还不够，可将常年赴南沙生产的骨干渔船渔民组织起来，建立一支有特色的南沙渔民民兵队伍。通过培训南沙渔民，提高渔民应对复杂形势、与周边国家军警周旋和互救互助的能力，形成有组织的群防合力。发挥渔民民兵队伍的独特优势，配合军事、外交需要，利用渔船常年在南沙大范围活动的便利，侦察他国在占驻岛礁采取的新行动，收集和报告南海周边国家有关方面的动态以及区外有关力量在南海的活动情况；并在有关部门统筹安排下，干扰他国在西、南、中沙海域的勘探、调查活动，强力维护我国南海主权权益。

4. 加强两岸南沙护渔合作行动

太平岛是南沙群岛的主岛，扼南沙群岛要冲，也是南沙群岛上唯一有淡水资源的岛屿，由中国台湾派舰船守护，岛上建有机场、码头和医院，各种设施相对齐全。菲越对太平岛虎视眈眈，以台湾当前守护力量，很难与菲越对抗，一旦发生冲突，吃亏的是台湾。故我们要充分估计南沙局势，主动与台湾当局沟通，开展渔业交流合作，在共同维护中华民族南沙这一"祖权"的民族大义旗帜下，两岸携手相助，寻求最大"公约数"，共谋南沙渔业发展大计。当前，台湾执政党更迭，民进党再次上台，给两岸共卫南沙祖权带来了挑战。我们要尽快先从共享渔业信息、气象信息以及联合救助等方面入手，探索允许我国行政执法力量、南沙作业渔民使用太平岛避风、补给，推动两岸南沙联合护渔机制建设，将太平岛作为南沙护渔的一个重要平台。

5. 进一步加强我国在南沙的法理研究探索

我国在南沙的海洋权益历史绵长，九段线有充足的法理依据。由于各种原因，当前南沙的主权和海洋权益出现尖锐的纷争，国际法院也于 2016 年 7 月对菲律宾单方面提起的南海仲裁案做了仲裁。我们要主动作为，除与有关国家开展双边的谈判协商外，还要在国际上争取更多的国家支持中国的立场原则，打造更大的"朋友圈"。让更多的人知道，无论是从历史传统来说，还是从国际法理来说，中国在南沙的主权和海洋权益都有充足的依据。老祖宗留给我们的祖权，我们一定要把它守护好，为我们南沙渔业的集群化发展提供坚实的法理依据，为我国在南沙的维权护渔提供充足的底气。

第三节　南沙渔业集群的配套措施分析

一、加大政策扶持力度

南沙渔业属弱小行业，自 1985 年恢复生产以来，虽然取得了较大的发展，但由于存在上文所分析的一系列问题，导致目前行业举步维艰。在周边国家大力发展南沙渔业、争夺南沙海洋权益的新形势下，南沙渔业发展迫切需要系统性、针对性的政策扶持，通过构筑完善的政策扶持体系推动南沙渔业集群化发展，具体包括以下几个方面的政策扶持。

（一）资金扶持

目前国家对南沙渔业的资金扶持主要为南沙渔船提供柴油补贴，

国家每年针对南海 3 省渔民设定南沙燃油补贴的总额，然后按照办理南沙渔业专项许可证的渔船赴南沙生产的油耗量，给予每艘船一定的补贴，以鼓励渔民办证赴南沙生产。多年来，这项油补政策对促进南沙渔业生产起到了积极的引导作用，但从实施的结果来看，存在以下三个问题：一是总量有限。虽然近年来南沙燃油补贴总额每年均有所提高，但总额仍然不大，对南沙渔业的整体支持力度不足。二是总额固定。由于每年南沙燃油补贴总额是固定的，并由实际赴南沙生产的渔船来分享，这种补贴方法导致赴南沙生产的渔船数量越多，单艘渔船所能获得的补贴就越少，这无疑不利于提高渔民赴南沙生产的积极性。三是政策实施的监督成本较高，滋长了渔民的机会主义行为，部分渔民不求如何改善渔业生产，而把心思用在钻政策空子，从而获取更多的油补上。由于主管部门根据装在每艘南沙渔船上的卫星定位系统核实渔船赴南沙生产的情况，并以此来计算分配每艘船赴南沙生产的燃油补贴。有的渔民为了多获得补贴，就在一艘渔船上挂多个北斗系统船位监控器虚增渔船数量；也有的渔民组织多艘渔船赴南沙礁盘后，并不实际生产，坐耗天数再返航等。由于当前南沙渔业油补总数是固定的，由当年所有去南沙生产的渔船分享，上述机会主义行为使得这些补贴政策的效果大打折扣，对真正去南沙从事渔业生产者的积极性造成了较大的伤害。四是缺乏政策配套。目前单一的油补政策直接指向从事捕捞的渔户，虽然促进南沙捕捞业的发展，但由于缺乏综合的配套措施，政策实施的整体效果不强。

因此，我们建议在以下几方面进一步改进南沙渔业的财政金融扶持政策：一是改革南沙油补机制。在现在每年固定数额的基础上争取逐年扩大额度，加大政策资金对南沙渔业捕捞的扶持力度。同时，改进油耗补贴机制，杜绝船主的机会主义行为。二是扩大资金补贴项目范围。设立专项资金对南沙渔船及设施升级改造、南沙渔获补价收购、南沙海域养殖、南沙渔工培训和保障等进行补贴，营造有利于南沙渔业发展的经济环境。三是设立南沙渔业发展基金和专项贷款，重点扶持南沙渔业配套基础设施项目建设。四是政策性资金先行，综合运用担保、贴息、保险等金融工具，带动民间资本进入南沙渔业领域。按照党的十八届三中全会精神，大力引进民间资本进入南沙渔业领域，对民间资本进入南沙渔业开发活动提供投资补助、贷款贴息和税费优惠等扶持政策，激发社会资本参与南沙渔业开发。五是在南沙海域探索实行海域、无居民海岛等资源的经营性开发使用权公开招标、拍卖，建立海域使用权抵押贷款制度，拓宽融资渠道。

（二）设备及技术扶持政策

据不完全统计，当前赴南沙生产的渔船中，钢质渔船所占比例不到 40%，但船龄达到 15 年以上的却超过 40%。在这些老旧渔船中，船体老化，性能较差，雷达使用超过 10 年现已不能正常使用的超过 60%，未配备卫星电话或卫星电话因信号等技术问题不能正常使用的超过 70%，未按要求配齐救生设施设备的约有 50%；船上缺少冰库等保鲜制冷系统，靠带冰生产，渔获保鲜时间短，不能处理高经济价值鱼种，造成金枪鱼捕获回来仅售 8—10 元/斤的怪状；缺少海水淡化设备，船上生活用水困难，渔民生活艰苦。此外，目前的南沙船位监控系统功能比较单一，除日常船位定位、报警定位等功能外，其他通信、预警功能有待进一步完善加强，特别是目前通信方面只支持文字短信，不支持语音，不便于联络沟通。这些渔船已经不适宜在南沙从事渔业生产，万一遇上周边国家武装舰船袭扰甚至抓扣时更显被动，因此南沙渔船设备更新改造任务十分紧迫。

为此，要用好当前国家钢质船升级改造专项资金项目，新建功能先进、设备较齐全的现代化渔船，选择适合当前南沙渔业的捕捞方式，扩大罩网捕捞应用范围，积极引导符合条件的渔船进行升级，大力推进渔业生产设备更新，推进渔业生产工艺升级、产品升级和功能升级。同时，建立南沙渔业的"产学研"合作体系，充分发挥研究所、大学的作用，加大对南沙渔业生产的研究，研究发展新型捕捞技术和新型养殖技术，加强南沙渔业资源的监测调查，摸清南沙渔业"家底"，及时掌握南沙渔汛规律，为南沙渔业生产经营主体提供高效的技术服务。

(三) 配套设施及服务扶持

由于南沙渔业天然的弱质性，因此对配套设施及服务的要求较高，为此，应加大南沙渔业配套基础设施建设，通过南沙渔船集聚渔港的建设，与西沙、南沙的渔业基地相配套，形成三级渔业配套补给体系，提高南沙渔业的综合配套服务水平。首先，要加强对南沙渔船集聚港建设。根据渔港赴南沙作业渔船集聚度等情况，在广东、广西、海南各选取 3 个南沙渔船集聚港，大力建设后方综合补给基地，建设南沙渔船专用渔港或提供南沙渔船专用泊位，疏浚港池，兴建冰库、加工车间等。其次，加强南沙作业海域的配套设施建设，选取适合海域建设综合补给基地，加大航标建设、避风设施建设力度等。尽快对南沙美济岛渔业基地进行规划、立项，合理布置潟湖内的锚地和渔船避风港必备的相关设施，努力把美济岛建设成我国驻南沙群岛的渔业基地，包括渔业生产指挥中心和科学实验基地，渔产品交易中心以及旅游（休闲渔业）中心。根据南沙渔业的布局和不同作业方式等特点，以及渔政巡航护渔的需要，在永暑岛建设渔业简易补给基地供渔政船和南沙西南部拖网渔船补给、休整停靠；在渚碧岛建设简易补给基地供岛礁作业渔船补给、休整停靠。除美济岛、永暑岛等礁点外，在我国驻守各岛礁点，创造条件增设锚泊点，增设航标、浮筒，疏浚航道，在南沙各作业渔场，条件具备的建设航标等标识。在海上基地建成前，建造 5000 吨级的补给船 3 艘，为远离大陆的南沙生产渔船提供海上补给，解决燃眉之急。第三，以自愿为原则，由政府补贴、个人配套在 9 个南沙渔船集聚港附近建设南沙渔民聚居点，根据渔民意愿，选取有条件的南沙岛礁迁移南沙作业渔民上礁居住（主要是作业期间居住），更好地体现我国对南沙权益，也便于南沙渔业停港期间集中交流生产信息技术和行业管理。最后，在广州建南沙渔业指挥培训基地，加强对南沙渔业的管理和指挥，为南沙渔业提供有力的综合后勤保障。

二、大力推进南沙渔业"互联网+"信息化

由于南沙渔业的特殊生产环境，为了保证南沙渔业能够安全、高效地发展，有必要加大利用现代信息技术的力度，具体来说，要做好以下几方面工作：第一，推动建设海陆一体的南沙渔业生产安全管理信息体系，以渔船全面配备卫星定位导航等信息终端为基础，建立网络化的渔船通信基站，完善 CDMA、AIS 和卫星网络"三网"为主体的南沙渔业安全监控系统和信息管理平台。第二，构建南沙水产养殖信息服务平台。鼓励养殖企业应用渔业物联网技术，试点建立基于环境感知、实时监测、自动控制的水质远程在线监控系统和现代数字渔业与物联网智能管理系统，开展养殖渔情信息采集、水质在线监控、精准投放、疾病自动诊断、废弃物自动回收系统等的应用推广。

第三，加强渔业信息化基础建设，构建覆盖南海的渔业数据中心。在现有政务网和渔业数据资源的基础上，建立南沙渔业主管部门业务网，升级完善覆盖南海沿海省区的渔业信息数据中心；加大视频监控系统建设，建立覆盖主要岛礁、渔港、保护区、重点工程等监控网络；优化南海渔业综合信息管理平台，创新试点渔业生态环境数据信息融合，以重点渔港为核心，构建南沙渔业大数据平台。第四，完善南沙渔业灾害预报、预警和防灾减灾信息体系。加强互联互通，构建南沙渔业安全生产管理电子信息平台，建立渔业灾害预测预警信息共享机制和防灾减灾应急预案，实现与各地区渔业安全生产管理服务平台间的互联互通。第五，支持"互联网＋"南沙渔业电子商务体系。鼓励南沙渔户、企业利用电子商务平台优化采购、分销体系，引导传统商贸流通企业与电子商务企业整合资源，按区域优化布局大型冷库，积极向供应链协同平台转型，实现线上线下无缝对接；鼓励大型水产企业面向个性化、定制化消费需求深化电子商务应用，提高南沙渔业生产和营销信息化水平。

三、加强人才队伍建设

(一) 加强南沙渔业实用人才培训

当前许多南沙渔民年事已高，"接班人"问题比较突出。由于从事南沙渔业较为辛苦，风险较高，经济效益也不明显，现在年轻一代肯继承父辈衣钵继续从事南沙渔业生产的不多。许多渔船雇用外省流动劳动力作为渔工，不仅工资水平较高，折合每天约300元/人；而且他们当中很多人原先并不从事渔业工作，没有相应的工作经验，船东还要出钱对新从业者进行培训，有的渔工掌握技术后还会跳槽，因此南沙渔业的熟练劳动力十分欠缺，渔业人工成本居高不下。

为此，有必要出台措施加大南沙渔业劳动力要素的保障力度：一是在南沙渔业集聚港兴办南沙渔民劳动力就业中心，促进南沙渔业劳动力市场形成。二是对南沙渔业从业者提供培训服务，切实提高从业者的素质。南沙渔业不同于近海渔业，涉及远海航行、外交、救生等诸多领域，对从业者的综合素质要求较高，因此，要对从业人员进行专门的培训。三是加大对南沙渔船船东、从业者社会保障的投入力度，在子女教育、就业、医疗和社保等方面给予相应的扶持。四是充分利用阳光工程、新型农民培训等各种渠道，加强渔业科技示范户、带头人、水产经纪人等农村渔业实用人才培养。五是加强渔业行业技能鉴定工作，提高职业技能覆盖面，逐步形成运行规范、布局合理、覆盖全面的渔业行业人才培养和培训体系。在我国南海沿海省区，建立现代渔业职业教育集团，促进教育链与产业链有机融合，共建校企（所）合作实训基地、培训基地，创新新型职业渔民培育模式，增加渔民创业能力和就业技能，全面提升南沙渔业从业人员素质。

（二）加强渔业管理和科技人才培养

继续加强渔政执法人员培训，严格实行持证上岗制度，加大验船师、职业船员、执业兽医、乡村兽医、渔政执法人员等渔业管理和专业技术人才培养力度，推进注册验船师制度；有针对性地加强渔业科技人才培养，支持南海沿海省区科研机构、高等院校涉渔学科建设，加快高层次渔业科技人才培养；推进海洋工程职业技术学院建设，着力培养渔业应用型和技能型人才；制订水产技术推广人员培训规划，开展水产技术推广机构人员轮训、交流和继续教育，提升推广人员素质。积极落实激励政策，创新人才培养模式，探索建立多渠道培养、多方式引进、多元化评价、多层次使用、多措施激励、多方位服务的人才工作机制。

四、积极开展国际渔业合作

中国与南海沿海国的渔业资源纠纷源于专属经济区的重叠①，和传统捕鱼权与专属渔业管辖权的冲突。南沙沿海各国主张权益重叠海域不单是两个国家，有的还是多个国家，问题十分复杂。关于沿海国及其专属经济区生物资源的养护和利用方面的主权权利及义务，《联合国海洋法公约》第六十一、六十二条规定，沿海国可以规定其区内生物资源的可捕量以及其他管理和养护措施，确保区内生物资源的维持不受过度开发的危害，在制定这种措施时，应考虑到捕捞方式、种群的相互依存以及任何一般建议的国际最低标准。此外，沿海国还应决定其捕捞专属经济区内生物资源的能力，在没有能力捕捞全部可捕量的情形下，应通过协定或其他安排，准许其他国家捕捞可捕量的剩余部分。如准许其他国家捕捞，沿海国可以决定可捕鱼种和确定渔获量的限额，并发给其他国家渔民、渔船执照，规定其应缴纳的规费和

① 专属经济区是第二次世界大战后基于《联合国海洋法公约》的规定而确定，并为国际社会所广为接受的制度。《联合国海洋法公约》自 1982 年获得通过，并于 1994 年 11 月 16 日正式生效，中国及南沙海域周边国家均已批准加入了《联合国海洋法公约》。根据《联合国海洋法公约》第五十六条规定，专属经济区是领海以外并邻接领海的一个区域，该区域从测算领海宽度的基线量起，不应超过 200 海里。沿海国在该区域拥有"以勘探和开发、养护和管理海床上覆水域和海床及其底土的自然资源（不论生物或非生物资源）为目的的主权权利，以及关于在该区域内从事经济性开发和勘探，如利用海水、海流和风力生产能等其他活动的主权权利……"其中述及的生物资源，现阶段主要是指渔业资源。

其他形式的费用。沿海国还可以规定渔汛和渔区，可使用的渔具和渔船的种类、大小和数量，确定可捕鱼类和其他鱼种的大小，规定渔船应交的与渔获量及船只位置有关的情报等。由此可见，专属经济区渔业资源是一个沿海国家的主权权利，但同时也明确规定"沿海国在没有能力捕捞全部可捕量的情形下，应通过协定或其他安排，准许其他国家捕捞可捕量的剩余部分"，这对开展国际渔业合作给出了明确的指引。

当前南沙渔业问题十分敏感复杂，牵涉六国七方，它不是简单的渔业纠纷问题，背后是岛屿礁盘和专属经济区等海洋权益的争夺。南沙自古以来就是中国领土不可分割的一部分，任何国家的占领和控制都是对我们主权的侵犯，都是非法和无效的，我们有权在适当的时候采取措施坚决维护我们的领土主权和海洋权益。但是鉴于当前的国际形势和南海的实际情况，以及南沙渔业资源保护的迫切性，开展南沙渔业国际合作是及时有效养护南海渔业资源，缓解南海矛盾，维护我国南沙主权权益，争取南沙海域和平与稳定的切实有效措施。按照党中央提出的"主权属我、搁置争议、共同开发"、"开发南沙、渔业先行"的总体部署，我国可与南海沿海国在遵循"搁置争议、联合开发"原则的条件下，在中国与东盟全面经济合作的框架协议内积极开展渔业协作。依靠双边、多边渔业协作，推动南海渔业资源的区域共同管理和养护。并且，南海周边各国，如菲律宾、印尼、马来西亚、文莱等，海域渔业资源丰富，但我国渔业生产力有限，存在着广阔的国际渔业合作空间。实际上，多年来我国与南沙周边国家已经开展了一定程度的渔业合作，取得了积极的成效。在我国与南海周边国家现有渔业双边合作的基础上，今后应本着由易到难、循序渐进、重点推动的原则，推进双边和多边渔业合作，为南沙渔业的集群化发展提供良好的外部环境。

(一) 双边渔业合作建议

1. 中越渔业合作。目前中越双方在南沙海域争议较大，尚不具备良好的合作氛围，我国应在加强中国海警巡航执法的同时，争取双方实行在有争议海域对渔业资源实行共同养护或实行禁渔。

2. 中印渔业合作。目前我国与印尼双边渔业合作总体势头较好，但在有争议区域难以开展实质性的渔业合作。可在设立共同渔区、进行渔业资源共同养护或管理、推动渔业共同执法、开展争议区域内渔业资源的共同调查等方面加强合作。印尼是千岛之国，渔业资源十分丰富，自身开发能力不足。我国可争取在印尼的其他海域开展更多的渔业合作，赢得其对南沙渔业合作的支持。

3. 中菲渔业合作。多年来我国与菲有美济岛之争，近年来又有黄岩岛之争，双方芥蒂较深。近年来美国战略重返亚太，菲恃仗有美支持，甘当美马前卒，在中菲争议海域油气开发、渔业资源管理执法动作频繁，态度强硬。我国应一方面加大争议海域的执法力度，必要时晓以利害；另一方面推动与菲在争议海域设立共同渔区，进行渔业资源管理合作。

4. 中马渔业合作。目前中马双边渔业合作态势良好，应将其作为我国在南沙双边渔业合作的重点对象，争取进一步扩大合作范围和领域，构建双边渔业合作机制。一是构建海洋渔业资源管理的省部级对话机制，加强双方互访互信。二是构建远洋渔业资源开发的合作机制，积极参与马方的国际渔业合作。三是构建渔业科技交流与合作机制。四是构建海洋渔业水产品经贸交流与合作机制。继续举办中国与马来西亚的渔业商务合作论坛及经贸洽谈会。五是构建海水产品质量安全管理交流与合作机制。

5. 中文渔业合作。文莱海域渔业资源丰富，双方合作有很大的潜力。应本着合理开发、互惠互利的原则，以企业为主，鼓励我国渔业公司与文莱开展更深层次的渔业合作。此外，文莱地理位置得天独厚，沿海没有工业，沿海滩涂、浅湾水质良好，很适宜开展海水养殖，还可开展水产收购和加工。通过我国企业与文莱渔业合作，带动当地技术提升，增加就业，扩大出口，为当地实施经济多元化作出贡献，从而为中资企业在区域内更广阔地开拓市场和利用资源奠定基础。

（二）多边渔业合作建议

南沙海域渔业多边合作必须遵守《联合国海洋法公约》等有关国际法规则，坚持以《中国——东盟经济合作框架协议》为指导①，协调各方利益和解决争端。一是建立渔业管理部门的高官会议制度。就渔业合作管理养护、渔业发展、食品安全、渔业信息化和区域渔业预警系统建设开展广泛的交流与合作，并将共识和合作项目付诸组织实施。二是构建渔业合作框架协议。指引渔业合作方向，解决渔业贸易与合作争端。推动民间组织多渠道的渔业合作，鼓励区域内渔业行业协会的发展，充分发挥其行业自律、自我管理的作用。组建区域渔

---

① 2001 年生效的《联合国鱼类种群协定》为养护公海渔业资源和管理公海渔业行为提供了统一的规范，为建立区域渔业管理组织提供了法律基础。《经济合作框架协议》确定农业为优先合作的部门，为中国与东盟渔业合作指出了方向；同时签署的《中国与东盟农业合作的谅解备忘录》把捕捞业、水产养殖业作为农业中长期合作的重点，以及在《南海各方行为宣言》中各方承诺开展包含海洋环保和海洋科学研究在内的合作。2004 年签署的《中国—东盟〈全面经济合作框架协议争端解决机制协议〉》，为化解包含渔业纠纷在内的区域冲突设置了程序。

业管理委员会。在争议激烈海域设置共同渔区,由利益相关方协商具体区域和管理措施,协商不成时由渔业管理委员会参考各方意见作出决定。三是建立区域渔业协会论坛。加强沟通交流,寻求合作商机。此外,南沙周边各国还可以在渔业技术与知识产权、渔业关联企业(如渔船建造修理、鱼饲料生产、水产品加工)、渔业基础设施和海洋渔业环境监测保护等方面开展广泛而深入的合作。

参 考 文 献

1. 陈文华：《产业集群治理研究》，经济管理出版社 2007 年版。

2. 邓云峰：《中国渔业中介组织研究》，中国海洋大学出版社 2007 年版。

3. 杜跃平：《资源型产业集群的动力机制与生命周期研究》，中国经济出版社 2010 年版。

4. 郭文路、黄硕琳：《南沙争端与南海渔业资源区域合作管理研究》，海洋出版社 2007 年版。

5. 黄硕琳：《国际渔业管理形式与发展趋势》，《渔业管理理论与实践》（2008 年东海渔业论坛论文集），上海辞书出版社 2009 年版。

6. 李凯：《产业集群组织分析》，经济管理出版社 2007 年版。

7. 马建会：《产业集群成长机理研究》，中国社会科学出版社 2007 年版。

8. 麦贤杰：《中国南海海洋渔业》，广东经济出版社 2007 年版。

9. [美] 迈克尔·波特：《国家竞争优势》，中信出版社 2012 年版。

10. 孟韬：《网络视角下的产业集群组织研究》，中国社会科学出版社 2009 年版。

11. 农业部渔业局：《全国渔业发展十二五规划（2011—2015 年）》，见农业部网站，http://www.moa.gov.cn/ztzl/shierwu/hyfz/201110/t20111017_2357716.htm 2011。

12. 农业部渔业局：《中国渔业年鉴》，中国农业出版社 2007—2013 年版。

13. 邱永松、曾晓光、陈涛：《南海渔业资源与渔业管理》，海洋出版社 2008

年版。

14. 世界各国和地区渔业概况研究课题组：《世界各国和地区渔业概况》，海洋出版社 2002 年版。

15. 唐利如：《产业集群的竞争优势：理论与实证》，中国经济出版社 2010 年版。

16. 陶情颖：《我国农业产业区域集群形成机制与发展战略研究》，中国经济出版社 2010 年版。

17. 王苧萱：《我国渔港经济区产业集群化发展研究》，海洋出版社 2012 年版。

18. 王成勇：《基于产业集群的区域经济发展战略》，中国社会科学出版社 2011 年版。

19. 王晓霞等：《产业集群升级研究：地方政府视角》，中国社会科学出版社 2012 年版。

20. 魏德才：《渔民与南海》，法律出版社 2013 年版。

21. 吴士存：《南沙争端的起源与发展》，中国经济出版社 2010 年版。

22. 夏章英、卢伙胜、郭锦富等：《南沙群岛渔业史》，海洋出版社 2011 年版。

23. 伊始等：《南海！南海！》，广东人民出版社 2009 年版。

24. 张晓波、阮建青：《中国产业集群的演化与发展》，浙江大学出版社 2011 年版。

25. 张聪群等：《产业集群升级研究》，经济科学出版社 2011 年版。

26. 赵强、孟越、王春晖：《产业集群竞争力的理论与评价方法研究》，经济管理出版社 2009 年版。

27. 赵祥：《产业集群与中小企业融资机制》，经济科学出版社 2008 年版。

28. 赵祥：《产业集聚、扩散与区域经济协调发展》，广东人民出版社 2013 年版。

29. 郑风田、程郁、温铁军等：《中国农业产业集群研究》，中国农业科学技术出版社 2011 年版。

30. 中国科协学会学术部：《三沙设施渔业模式》，中国科学技术出版社 2013

年版。

　　31. 朱华晟：《浙江产业群——产业网络、成长轨迹与发展动力》，浙江大学出版社 2003 年版。

　　32. 白福臣、罗鹏：《南沙海洋渔业面临的挑战及其对策》，《中国渔业经济》2011 年第 4 期。

　　33. 陈文河、刘学东、卢伙胜：《南沙群岛海域鱼类群落结构的季节性变化研究》，《热带海洋学报》2010 年第 4 期。

　　34. 池仁勇、郭元源、段姗等：《产业集群发展阶段理论研究》，《软科学》2005 年第 5 期。

　　35. 车斌、熊涛：《南海争端对我国南海渔业的影响和对策》，《农业现代化研究》2009 年第 7 期。

　　36. 都晓岩：《对创新我国渔业生产组织方式的思考》，《渔业经济研究》2007 年第 3 期。

　　37. 范其伟、王福林、郭香莲：《日本远洋渔业支持政策及其对我国的启示》，《中国渔业经济》2009 年第 5 期。

　　38. 高式英、姚家万、欧阳友权：《基于产业集群的政府引导型区域产业构建研究》，《经济地理》2015 年第 4 期。

　　39. 郭香莲：《我国远洋渔业发展的支持政策研究》，中国海洋大学硕士学位论文，2009 年。

　　40. 郭淑芬、高策：《产业群概念解释与发展阶段划分》，《经济问题探索》2005 年第 10 期。

　　41. 韩立民、卢宁：《关于海陆一体化的理论思考》，《太平洋学报》2007 年第 8 期。

　　42. 黄瑞芬、苗国伟：《海洋产业集群测度——基于环渤海和长三角经济区的对比研究》，《中国渔业经济》2010 年第 3 期。

43. 江青虎、颜清阳、张慧：《全球化背景下产业集群的升级——以浙江慈溪、义乌、桐乡典型产业集群为例》，《经济地理》2007 年第 1 期。

44. 李祥秀：《南沙渔业发展状况及思考——以广西北部湾渔业总公司为例》，《中国渔业经济》2007 年第 3 期。

45. 李毅：《与中国有关的专属经济区渔业争端及其解决途径之思考》，《东北亚论坛》2007 年第 2 期。

46. 李娟、金麟根：《论我国渔业保险体系的改革》，《渔业经济研究》2007 年第 2 期。

47. 李琳、熊雪梅：《产业集群生命周期视角下的地理邻近对集群创新的动态影响——基于对我国汽车产业集群的实证》，《地理研究》2012 年第 11 期。

48. 李晨光、张永安：《集群科技政策全要素关键路径及企业响应效果研究》，《管理评论》2015 年第 2 期。

49. 雷宏振、张敬博：《动漫产业集群发展中"政策租"效应及其对集群知识创新绩效的影响》，《经济经纬》第 201 期。

50. 吕祥、李璐、骆乐：《我国远洋渔业的发展浅析》，《渔业经济研究》2007 年第 3 期。

51. 楼加金等：《新区背景下舟山捕捞渔业转型升级战略研究》，《渔业信息与战略》2012 年第 11 期。

52. 刘恒江、陈继祥：《国外产业集群政策研究综述》，《外国经济与管理》2004 年第 11 期。

53. 刘炜、李郇、欧俏珊：《产业集群的非正式联系及其对技术创新的影响——以顺德家电产业集群为例》，《地理研究》2013 年第 3 期。

54. 刘媛媛、孙慧：《资源型产业集群形成机理分析与实证》，《中国人口·资源与环境》2014 年第 11 期。

55. 龙小宁、张晶、张晓波：《产业集群对企业履约和融资环境的影响》，《经济学（季刊）》2015 年第 4 期。

56. 马志荣、林苏红：《南海资源开发与岛屿管理政策建议》，《开放导报》2013
年第 1 期。

57. 宁清同：《南海涉外侵权中我国渔业权制度的需求、供给和创新》，《法律科
学》（西北政法大学学报）2015 年第 2 期。

58. 秦宏、陈旭：《GEMS 模型框架下海洋渔业产业集群竞争力评价研究》，《山
东大学学报》2015 年第 5 期。

59. 全毅、汪洁、刘婉婷：《21 世纪海上丝绸之路的战略构想与建设方略》，《国
际贸易》2014 年第 8 期。

60. 阮建青、张晓波、卫龙宝：《危机与制造业产业集群的质量升级——基于浙
江产业集群的研究》，《管理世界》2010 年第 2 期。

61. 阮建青、石琦、张晓波：《产业集群动态演化规律与地方政府政策》，《管理
世界》2014 年第 12 期。

62. 邵桂兰、张希：《我国渔业产业化国际合作研究》，《中国渔业经济》2007 年
第 2 期。

63. 盛国勇等：《湖北渔业集群化发展的研究与思考》，《安徽农业科学》2008 年
第 4 期。

64. 史磊、高强：《我国远洋渔业发展的困境及支持政策研究》，《中国渔业经济》
2009 年第 2 期。

65. 绳立成：《政府促进产业集群升级机理的 agent 仿真研究》，《经济与管理研
究》2012 年第 1 期。

66. 王珺：《产业组织的网络化发展——广东专业镇经济的理论分析》，《中山大
学学报》（社会科学版）2002 年第 1 期。

67. 王珺：《论簇群经济的阶段性演进》，《学术研究》2002 年第 7 期。

68. 王战营：《交易费用、网络协同与产业结构优化——兼论政府干预产业集群

发展的经济效应》,《财政研究》2012 年第 10 期。

69. 王晓霞:《我国地方政府集群升级政策的问题探析》,《科技管理研究》2013
年第 5 期。

70. 王晓惠:《促进我国海洋经济发展的财政政策分析》,《海洋经济》2011 年第
4 期。

71. 王文平、汪桥红、欣慧君:《我国制造业集群中企业技术创新、网络嵌入与
集群升级》,《东南大学学报》(哲学社会科学版) 2009 年第 6 期。

72. 韦有周、赵锐、林香红:《建设"海上丝绸之路"背景下我国远洋渔业发展
路径研究》,《现代经济探讨》2014 年第 7 期。

73. 吴义爽、蔡宁:《我国集群跨越式升级的"跳板"战略研究》,《中国工业经
济》2010 年第 10 期。

74. 项枫:《基于核心企业网络构建的产业集群升级研究》,《浙江学刊》2012 年
第 5 期。

75. 徐丽华、王慧:《区域农业产业集群特征与形成机制研究——以山东省寿光
市蔬菜产业集群为例》,《农业经济问题》2014 年第 11 期。

76. 许培源:《民营企业产业集群升级策略研究》,《经济地理》2011 年第 4 期。

77. 许浩:《论南海渔业执法模式的构建——美国海岸警备队的经验借鉴》,《中
国渔业经济》2013 年第 4 期。

78. 许强、应翔君:《核心企业主导下传统产业集群和高技术产业集群协同创新
网络比较——基于多案例研究》,《软科学》2012 年第 6 期。

79. 姚丽娜:《现代海洋渔业发展战略研究——以舟山海洋综合开发试验区为
例》,《管理世界》2013 年第 5 期。

80. 叶晓凌:《海洋渔业保险财政补贴及其运行效率分析》,《财经论丛》2015 年
第 12 期。

81. 俞荣建、吕福新:《由 GVC 到 GVG:"浙商"企业全球价值体系的自主构建

研究——价值权力争夺的视角》，《中国工业经济》2008 年第 4 期。

82. 张尔升、刘妍玲、张晨琦：《南海海洋设施渔业组织模式探析》，《浙江海洋学院学报》（人文科学版）2013 年第 8 期。

83. 赵祥：《一个关于非政府组织的交易成本分析框架》，《前沿》2009 年第 8 期。

84. 郑小碧、陆立军：《产业集群转型升级视阈下的区域创新平台研究》，《科学学与科学技术管理》2011 年第 8 期。

85. Altenburg，T.and J.Meyer-Stamer. *How to Promote Clusters*. Policy Experiences from Latin America，World Development，1999，Vol.27，No.9：1693-1713.

86. Baldwin R.，Martin P and Ottaviano，G. I. P. Global Income Divergence，Trade and Industrialization：the Geography of Growth Take-offs. *Journal of Economic Growth*，2001，88 (6)：5-37.

87. Belussi，F. and Sedita，S.R. Life-cycle vs. Multiple Path Dependency in Industrial Districts，*European Planning Studies*，2009，17 (4)：505-528.

88. Bergman，E.M. Cluster life-cycles：An Emerging Synthesis，*Vienna University Institute of Regional Development and Environment*，SRE Discussion 2007/04.

89. Brusco，S.，*The idea of the industrial district：Its genesis*，in Pyke，F.，Becattini，G.and W.Sengenberger，*Industrial Districts and Inter-firm Cooperation in Italy*. Geneva：ILO.1990：20-37.

90. Ciccone，A. and R. Hall. Productivity and the Density of Economic Activity. *American Economic Review*，1996，86 (1)：54-70.

91. Castilla，E.；Hwang，H.；Granovetter，E.；and Granovetter，M. Social networks in Silicon Valley. In Lee et al. (Eds.)．*The Silicon Valley edge*. Stanford，Stanford University Press，2000：218-408.

92. De Propris，L. and Lazaretti，L. Measuring the Decline of a Marshallian Industrial District：The Birmingham Jewellery Quarter，*Regional Studies*，2008，

43: .1135-1154.

93. Fujita, M., Krugman, P., and Venables, A. J., *The Spatial Economy*: *Cities, Regions and International Trade*. MIT Press, 1999.

94. Forslid, R and Ottaviano, G.I.P.An Analytically Solvable Core-Periphery Model. *Journal of Economic Geography*. 2003, 3: 229-240.

95. Giuliani, E. The structure of cluster knowledge networks: uneven and selective, not pervasive and collective. *Paper presented at 4th European Meeting on Applied Evolutionary Economics* (EMAEE), Utrecht University, The Netherlands, 2005: 19-21 May.

96. Grabher, G. and Powell, W. Introduction. In G. Grabher and W. Powell (Eds.) . *Critical Studies in Economic Institutions*: Networks—Volume 1. London, Edward Elgar, 2004.

97. Henryk Gurgul Pawe Majdosz. The Modified Diagonalization Method for Analysing Clusters within Economies. *Managing Global Transitions*, 2008, 6 (1) : 53-73.

98. Humphrey, J. and Schmitz, H. *Governance and Upgrading*: *Linking Industrial Cluster and Global Value Chain*. IDS Working Paper 120, 2000.

99. Humphery J, Schmitz H. How does Insertion in Global Value Chains Affect Upgrading in Industrial Clusters. *Regional Studies*, 200236 (9): 1017-1027.

100. Iammarino, S. and McCann, P. The Structure and Evolution of Industrial Clusters: "Transactions, Technology and Knowledge Spillovers", *Research Policy*, 2006, 35: 1018-1036.

101. Joana T. Almodovar. and Aurora A. C. Teixeira. *Conceptualizing clusters through the lens of networks*: *a critical synthesis*. FEP Working Papers, 2009, 7, No.328.

102. Krugman, P. Increasing Returns and Economic Geography. *The Journal of*

Political Economy, 1991, 99（3）：483-499.

103. Maggioni, M.A. *The Rise and Fall of Industrial Clusters：Technology and the Life-cycle of the Region"*, Institut d' Economia de Barcelona, Document 2004/6.

104. Martin, P. and Ottaviano, G. I. P., Growing Locations：Industry Locations in a Model of Endogenous Growth. *European Economic Review*, 1999, 43：281-302.

105. Nooteboom B. Innovation, learning and cluster dynamics, in：R. Martin, B. Asheim & PH. Cooke, *Clusters and regional development；Critical reflections and exploration*, 2006：137-163. London：Routledge.

106. Padmore, T, Gibson, H., Model System of Innovation：a Framework for Industrial Cluster Analysis in Region. *Research Policy*, 1998, 26（6）：625-641.

107. Peter Maskell and Leïla Kebir. *What qualifies as a cluster theory?* DRUID Working Paper No. 05-09

108. Popp, A. and Wilson, J.Life-cycles, Contingency, and Agency：Growth, Development and Change in English Industrial Districts and Clusters, *Environment and Planning A 39*, 2007：.2975-2992.

109. Porter, M.Clusters and the New Economics of Competition. *Harvard Business Review*, 1998, Vol.76 No.6：77-91.

110. Potter, A.J. and Watts, H.D.Evolutionary Agglomeration Theory：Knowledge Transfers, Increasing Returns and the Industry Life-cycle, *Journal of Economic Geography*, 2010 11：417-455.

111. Rabellotti, *R. External Economics and Cooperation in Industrial Districts, A Comparison of Italy and Mexico*, Macmillan Press Ltd.1997.

112. Rabellotti, R., Carabelli, A. and Hirsch, G.Italian Industrial Districts on the Move：Where are They Going? *European Planning Studies*, 2009, 17（1）：19-41.

113. Rosenfeld, S.Bringing Business Clusters into the Mainstream of Economic

Development. *European Planning Studies*, 1997, Vol.5: 3-23.

114. Ron A. Boschma and Jan G. Lambooy. Knowledge, Market Structure, and Economic Coordination: Dynamics of Industrial Districts. *Growth and Change*, 2002, 33: 291-311.

115. Saxenian, A.*Regional Advantege: Culture and Competition in Silicon Valley and Route 128*. Harvard University Press.1994.

116. Schmitz, H.Collective Efficiency: Growth Path for Small Scale Industry. *The Journal of Development Studies*, 1995, 31 (4): 529-566.

117. Schmitz, H.Does local co-operation matter? Evidence from industrial clusters in South Asia and Latin America, *Oxford Development Studies*, 2000, Vol.28: 326-336.

118. Schmitz, H.and K.Nadvi., Clustering and Industrialization: Introduction. *World Development*, 1999, Vol.27, No.9: 1503-1514.

119. Wolfe, D. and Gertler, M. Clusters from the inside and out: local dynamics and global linkages. *Urban Studies*, 2004, 41 (5&6): 1071-1093.

后　记

　　作者在本书研究撰写过程中，专程赴广东台山、阳江，海南琼海、三亚，广西北海、合浦等多个南沙渔船集聚港进行实地调研，问计于渔民群众，得到了当地渔业主管部门、渔民协会等的大力配合和支持。原农业部南海区渔政局曾晓光、彭昌翰、杨生等同志也对我们的研究给予了大力支持，提供了许多宝贵的帮助，在此一并表示衷心的感谢！

责任编辑：方国根

图书在版编目(CIP)数据

海上丝绸之路背景下南沙渔业集群化发展研究/赵祥,张德明 著. —北京：
人民出版社,2018.2
ISBN 978－7－01－018233－9

Ⅰ.①海…　Ⅱ.①赵…②张…　Ⅲ.①海南-海洋渔业-产业发展-研究
Ⅳ.①F326.4

中国版本图书馆 CIP 数据核字(2017)第 223236 号

海上丝绸之路背景下南沙渔业集群化发展研究
HAISHANG SICHOUZHILU BEIJING XIA NANSHA YUYE JIQUNHUA FAZHAN YANJIU

赵　祥　张德明　著

人民出版社 出版发行
(100706　北京市东城区隆福寺街 99 号)

北京中科印刷有限公司印刷　新华书店经销

2018 年 2 月第 1 版　2018 年 2 月北京第 1 次印刷
开本:710 毫米×1000 毫米 1/16　印张:17
字数:210 千字

ISBN 978－7－01－018233－9　定价:45.00 元

邮购地址 100706　北京市东城区隆福寺街 99 号
人民东方图书销售中心　电话 (010)65250042　65289539